福澤諭吉自傳

開啟日本明治維新的啟蒙大師

福澤諭吉——著
楊永良——譯

日本萬元鈔的福澤諭吉肖像

1984年11月，日本發行新鈔，將原本舊鈔上的聖德太子等政治人物改為福澤諭吉、新渡戶稻造、夏目漱石三個文化人，代表日本已進入文化大國。其中萬圓大鈔的肖像就是福澤諭吉。

目錄

【導讀】

萬延元年，咸臨丸上的改革家

戶田一康

萬延元年（一八六〇年）一月十九日，德川幕府派遣一艘軍艦前往舊金山。這艘荷蘭製的蒸氣船，名為咸臨丸，是只有一百馬力的小軍艦，在日本歷史上卻意義重大。嘉永六年（一八五三年），美國東印度艦隊提督培里率領四艘軍艦來到浦賀港口，要求德川幕府開國是八年前的事。幕府向荷蘭人開始學西式航海技術才五年而已，日本人只靠自己的力量，決定要橫渡太平洋。這就是前所未有的一大壯舉。

萬延元年的咸臨丸

在咸臨丸上有日本近代史上的兩位重要人物——一位是勝海舟[1]，另一位是福澤諭吉。前者是江戶末期至明治初期的大政治家，後者為明治初期最偉大的教育家及啟蒙大師。因為有他們，咸臨丸成為極具戲劇性的舞台，同時也象徵了德川幕府的混亂及矛盾。

什麼是德川幕府的混亂及矛盾呢？福澤諭吉與勝海舟都出身於下級武士階層。眾所周知，江戶時代是封建主義的社會，人民的身分有「士、農、工、商」之分。雖然武士的身分最高，但武士階層裡面卻存在著細微且複雜的 hierarchy（階級制度）。這種制度世世代代流傳已久，不被允許跨越。但無論如何，勝海舟是「旗本」（可以謁見將軍的幕府家臣）；至於諭吉，只是一介九州小藩（文中的豐前國中津藩）的下級武士罷了，怎能登上咸臨丸，並目睹日本人從未見過的歷史性一刻？《福澤諭吉自傳》是可以解開這個謎團的一級資料。此外，它也是日本近代以來最好的勵志故事、熱血沸騰的青春物語。

明治三十年（一八九七年），福澤諭吉在六十四歲的時候，先口述《自傳》的大概內容，然後從翌年七月開始，在《時事新報》上連載。連載中亦引起熱論，明治三十二年（一八九九年）六月正式出版後，馬上成為暢銷書。因為初稿是口述的關係，文體較為白話，感覺好像坐在諭吉的面前，津津有味地聆聽著他的一代傳奇。

是所有愛看書的人，絕對不能錯過的一本好書！

1　勝海舟（一八二三年～一八九九年）：原名義邦，後來改名為安芳。通稱為麟太郎，號海舟。以咸臨丸指揮官的身分前往舊金山。回國後擔任軍艦奉行。明治維新後，歷任參議兼海軍卿、樞密院顧問官等。

富實驗精神的頑童

光是讀到他幼少期的軼事，肯定會被吸引。

福澤諭吉出身於豐前國（現在的大分縣）中津藩的下級武士家庭。有一天，因不小心踩到寫著主君名字的紙而遭兄長三之助的嚴厲責罵。那時諭吉的心理反應十分特別。「在寫著主君名字的紙上用腳踩踏是不好的事，那麼踩在寫著神名字的木牌上又會如何？」他真的就試著踩踩看！結果沒事。接著他竟將神牌拿到廁所再次踩踏看看，結果又沒事。少年越發大膽起來，對神社的神龕中到底放了什麼感到好奇，趁著四下無人，打開一看發現原來是塊石頭。諭吉丟掉原有的石頭，然後將在路旁隨便撿的石頭放進神龕裡。廟會當日，看著善男善女以恭敬的態度膜拜他撿到的石頭大人，諭吉不禁竊笑。

當然，你可以說這只不過是小孩子的惡作劇罷了。但換個角度來看，在無人懷疑神佛存在的時代，諭吉的行為簡直是一個極勇敢的科學實驗。

人生第一個轉捩點——修習蘭學

安政元年（一八五四年），二十一歲的諭吉為了學「蘭學」，離開中津赴長崎。這算是他人生的第一個轉捩點。

「蘭學」是指荷蘭文及透過荷蘭文吸收之西洋知識、技術等學問。持續大約三百年的江戶時期，德川幕府一直都堅持鎖國政策。位於九州長崎「出島」（一種人工島）的荷蘭商館是一例外。也可以說長崎是當時僅有的朝向西洋國家之窗，學荷蘭文則是能夠學習西洋文化及文明的唯一手段。

不只是諭吉，我們從勝海舟的身上亦能看到同樣經歷。雖然貴為旗本，但勝家的經濟狀況卻是連過年所需的麻糬都買不起。後來因為他的荷蘭文能力受到幕府高層的注目，於是打破武士等級制度的前例，提拔他為「蠻書翻譯御用」。

階級的不公，使得在長崎學荷蘭文好不容易學到一半的諭吉突然被叫回。中津藩家老（家臣的最高位）之子奧平壹岐同時也在長崎遊學。諭吉在各個方面都表現優異，因此壹岐漸漸視他為眼中釘，最後用卑鄙的手段讓諭吉離開了長崎。

諭吉的父親百助也有同樣遭遇。原來百助是位精通四書五經的知識分子，但中津藩派百助到大阪，讓他負責理財方面工作，因此諭吉的出生地為大阪。在武士社會的觀念裡，金錢固然很重要，但同時被視為「骯髒」的東西，因此這種低等業務是由下級武士來負責。

百助在諭吉虛歲三歲時病逝。後來諭吉從母親的口中得知父親曾要自己當和尚一事。雖然百助並沒有告訴妻子理由，但諭吉推測父親之所以要他出家，是因為在僧侶的世界裡，只要有實力，成為最高位的大僧侶也不是不可能。諭吉深深感受到父愛及父親一輩子的委屈，痛哭了一場。「門閥制度是父親的敵人」，這是本書中著名的一句話。

如果諭吉沒有活在日本歷史中數一數二的動蕩年代，可能也會跟他父親一樣一生不得意。他曾形容中津藩「如同一切的東西皆整然有序地放置在箱子裡」。這不是中津藩才有的情況，而是江戶時期「幕藩體制」的構造問題。像鋼鐵般堅固的箱子受到時代的衝擊才開始動搖而出現裂痕，從其間隙裡跳出了和平時被埋沒的人材。諭吉也是，勝海舟亦是。

赴大阪求學的青春時代

安政二年（一八五五年），被迫離開長崎時，已對中津藩徹底失望，再也不想回中津。諭吉去江戶之前，先去了兄長三之助居住的大阪。大阪是諭吉的出生地，尚有人記得他，令他感受到彷佛回到故鄉般的溫暖。三之助也建議：「與其去江戶，不如在大阪學蘭學。」於是諭吉決定留在大阪，拜蘭學學者緒方洪庵為師，並進入洪庵開設的「適塾」繼續讀蘭學。

進入適塾後，諭吉如魚得水。在大阪的日子，無疑是諭吉的青春時代。

諭吉這個人很愛喝酒。但書生的身分當然沒有多餘的錢可以買酒。於是諭吉充分發揮了他惡作劇的本領。諭吉為了酒錢而做的種種軼聞趣事，一定會令讀者心裡感到痛快、拍掌叫好，甚至捧腹大笑。

在適塾嶄露頭角的諭吉，於安政四年（一八五七年）當塾長。諭吉的存在終於受到中津藩高層的注目。翌年秋天，諭吉奉命赴江戶，在鐵砲洲（現在的東京都中央區湊）開設教授蘭學的私塾。這就是「慶應義塾」的前身。

安政六年（一八五九年），有一天諭吉到橫濱，參觀「外國居留地」時，竟發現他無法跟那裡的外國人溝通，連商店的招牌都看不懂。原來國際上通用的主要語言不是荷蘭文而是英文！那時諭吉所感受到的震撼，改變了他的一生。

抄寫辭典，苦學外文

在江戶末期，學習外文的艱苦並非現代人所能想像。例如，勝海舟二十二、三歲開始學荷蘭文的時候，欲購買蘭和辭典全套需要六十兩（大約現在的一百八十五萬日圓）！無法準備如此大筆錢的勝海舟，找到擁有該辭典的醫生，以付給他一年十兩的使用費為條件，成功借書。事實上，勝海舟連十兩的使用費都付不起。於是他花了一年的時間，居然用手抄寫「兩套」蘭和辭典，一套是賣給別人，另一套則是留給自己用。賣給別人的費用，當然拿來當給醫生的使用費[2]。

諭吉也做過同樣的事。有一次，那個家老之子奧平壹岐在諭吉面前炫耀他買的荷蘭築城兵書。雖然諭吉心裡充滿憤怒，但至少表面上很禮貌地拜託壹岐說：「願我能夠有機會翻閱

2　參考勝部真長〈勝海舟傳〉《冰川清話》，角川學藝出版，一九七二年。

這本書裡面的圖片和目錄，不知您肯不肯借我四、五天？」壹岐以為只有短短幾日做不了什麼，裝大方借給了諭吉。結果，諭吉偷偷全部抄寫下來，然後若無其事地將書還給壹岐。

對下級武士而言，學外文就是這麼一回事。所以諭吉立志學英文時，需要極大的勇氣及決心。當時能教授英文的人幾乎不存在，諭吉只好自學。為了要理解英文的發音，諭吉甚至到處去找曾經出海遇難，漂流到美國的漁夫來請教。

福澤諭吉之所以能夠登上咸臨丸，正因為他是當時非常罕見懂得英文的人才之故。

登上咸臨丸——背後的努力與犧牲

咸臨丸橫渡太平洋，萬延元年二月二十五日，到達舊金山。受到當地的熱烈款待後，同年五月五日回到浦賀。福澤諭吉與勝海舟，他們在美國到底看了什麼？思考了什麼？

根據勝海舟的回想錄《冰川清話》（一八九八年），幕府高層曾經問勝海舟：「美國到底是什麼樣的國家？」勝海舟回答道：「在美國，政府也好，民間也好，只要是上面的人，一定比下面的人聰明能幹。這點與日本恰好相反！」

經過明治維新、德川幕府的瓦解、明治新政府的成立，日本終於成為了近代國家。新政府在「四民平等」的口號之下，於明治四年（一八七一年）宣布「廢藩置縣」，這意謂著封建主義的身分制度的廢除。諭吉後來在《福翁百餘話》（一九〇一年）裡回顧此時的感動，寫著「死而無憾」。

「上天不在人上造人，亦不在人下造人」是諭吉的名言，也是明治時期初期的大暢銷書《勸學》（一八七二年至一八七六年）裡開頭的一句話。在如今活在民主社會的我們眼裡，是理所當然、沒什麼特別的這句話，其背後到底隱藏了多少犧牲、努力、失望及希望？

請讀者看完這本《福澤諭吉自傳》後，靜靜地想一想……。

（本文作者為真理大學應用日語學系系主任暨專任副教授）

【譯序】

福澤諭吉與《福澤諭吉自傳》

楊永良

一九八四年十一月，日本發行新鈔，將原本舊鈔上的聖德太子等政治人物改為福澤諭吉、新渡戶稻造、夏目漱石三個文化人，代表日本已進入文化大國。其中萬圓大鈔的肖像就是福澤諭吉。至二〇〇四年十一月再度發行新鈔，樋口一葉（小說家、詩人）與野口英世（細菌學家）分別被選為五千圓與一千圓的肖像，而萬圓大鈔仍是福澤諭吉。

福澤諭吉（一八三五～一九〇一年）是活躍於日本江戶時代後期至明治時代的啟蒙大師，二十三歲就創辦了慶應義塾大學的前身學堂。他出生於一個貧窮武士的家庭，從小即嶄露其超群絕倫的才華。他極為不滿封建時代的死滯社會，對西方的新學問則充滿好奇與求知慾。

他年幼時學漢學，青年期改學荷蘭學，在閉關自守的德川幕府體制下，荷蘭學是唯一能接觸歐洲文明的管道。而在當時的亞洲諸國中，相較之下，日本是最能虛心地承認西方文化優點的國家（雖然日本也有激烈的排外份子）。一八六〇年幕府派遣使節赴美國時，福澤諭吉要求以僕從的身分隨團赴美。翌年，他又參加幕府的赴歐使節團，遊歷法國、英國、荷蘭、德國、俄國、葡萄牙諸國。

明治維新之後，福澤諭吉數次拒絕官位，始終堅持其在野的立場。然而他的思想影響了明治政府的要人並表現在施政上，另一方面，他的門生也有多人擔任官職，參與政治。他的名著《勸學》（共十七篇，一八七二～一八七六年出版）及另一本著作《西洋事情》（一八六六年出版）是明治時代的暢銷書，也成為明治初期的教科書。尤其《勸學》一書共發行七十萬部，第一篇若連同盜版，大約銷售了二十二萬部，換言之，當時的人口每一百六十人當中就有一人讀過此書。《勸學》一書的中心主題，充分表現在書中的首句：「上天造人一律平等，天下沒有人上人，亦沒有人下人。」福澤諭吉在此書中，一再地大力鼓吹自由平等、自主獨立的精神。

一八八五年三月十六日，福澤諭吉在《時事新報》發表著名的「脫亞論」，他呼籲日本人，不要眷顧落後的中國與朝鮮，日本應盡速加進歐美先進國的行列。他的「脫亞論」其實就是「脫亞入歐論」，這種想法至今仍存在於某些日本人的思想當中。身為亞洲人，我們除了對此「脫亞論」感到遺憾外，還應該了解產生這種思想的癥結所在。

從美國東印度艦隊司令長官培里（M. C. Perry，一七九四～一八五八）挾著船堅砲利向日本叩關以來，經過明治維新，直到太平洋戰爭，日本舉國上下的目標就是想脫離「二流國」而成為世界「一流」大國。這所謂的「世界一流大國」當然不僅是包括文化、科學方面的進步（西化），同時也包括當時「一流國」的擴張主義。如果不了解此隱藏於日本人心靈深處的情結，我們就無法解釋高聲疾呼民主、獨立、平等的福澤諭吉，其晚年竟然會提出「脫亞入歐」論，並且在對外政策上支持明治政府採取強硬的手段。

福澤諭吉雖因「脫亞入歐」論而引起亞洲人的反感，但其實在辛亥革命前後的中國，福澤諭吉在中國小學生的心目中仍是日本近代化的偉人。一九一四年日德戰爭結束後，守備長官神尾光臣上將於巡視地方途中，走到一間中國鄉下的小學堂。中國教師為了禮遇日本的高官，特別向神尾說可以讓他向小學生問些問題。神尾上將問：「你們認為中國人誰最偉大？」全班回答：「孫逸仙！」神尾接著問：「那麼日本呢？」大部分的小學生都毫不遲疑地回答：「福澤諭吉！」神尾大吃一驚，他的隨扈也瞠目結舌。因為當時（大正初期）日本人在造神運動下，認為明治天皇、乃木希典、山縣有朋、伊藤博文等人才是日本的風雲人物。

一八九七年（明治三十）秋天，有一個外國人希望福澤諭吉撰述明治維新前後的親身經歷，福澤諭吉靈機一動，認為倒不如撰述自己從小至大的經歷及成長過程，於是他找來當時著名的速記員矢野由次郎，由他親自口述，矢野記錄，福澤諭吉將這速記原稿再加以修改成自傳的草稿，這就是後來成為日本自傳文學中經典之作的《福澤諭吉自傳》（日文原名《福翁自傳》）。

這口述一個月分四次進行，一次大約四小時（大都在晚上進行），每次原稿整理出來之後，福澤諭吉都親自潤筆校正，然後才進入下一節。口述時，福澤諭吉只拿著年表，憑著他的記憶敘述（後來日本學者發現，福澤諭吉在口述前事先準備了筆記）。福澤諭吉的記憶力甚佳，對於四、五十年前的人物、事實敘述甚詳，而且根據後來學者的考證，自傳的內容大致相當正確。然而由於福澤諭吉口述時，已屆六十四歲（虛歲）高齡，因此難免在時間、人名、地名方面有些記憶錯誤，這些錯誤，譯者皆已參考日本學者的通說加以改正，為了方便讀者閱讀，本譯文不再一一指出錯誤所在。

《福澤諭吉自傳》起先刊登在《時事新報》，從一八九八年一月開始連載，至翌年二月十六日結束。單行本則於一八九九年六月出版。一九三四年由北星堂出版了英譯本，英美各報章雜誌皆佳評如潮。此英譯本於一九六〇年出版新譯本。一九六六年，哥倫比亞大學也出版了英譯本，據云至今銷售仍然不惡。一九七一年，在德人琳茲希勒的主持下，由慶應義塾大學德國文學會的全體教授共同翻譯德文譯本。

我們從《福澤諭吉自傳》一書中，不但可以了解福澤諭吉的生平與心路歷程，更可以從具體的事實中管窺明治維新前後的社會動態，書中詳細地描寫著東西方文化的強烈衝擊。由於福澤諭吉本人的思想影響明治維新既大且深，所以本書的重要性遠遠超過中國的《西潮》。

即使以文學作品來看，本書的敘述手法甚為高明，內容的精采絕不輸暢銷小說，其前半段甚至可以媲美《頑童歷險記》。例如福澤諭吉拿神名牌到廁所踩踏、偽造妓女的信件作弄名漫畫家手塚治虫的祖父等等，都是幽默風趣的場景。另一方面，在《福澤諭吉自傳》中，我們也可以看到他因讀書而廢寢忘食，以及日本人小組討論的情形，至今日本大學的研究所仍是採用這種小組研讀方式做研究。

福澤諭吉的眾多著作，雖然大多仍發揮其影響力，一再出版。但唯有他的《福澤諭吉自傳》至今仍然歷久彌新，擁有最多的讀者。他在日本近代化的關鍵時期，以一個思想家、教育家的先知角色，以及獨創一格的敘述故事口吻，發揮其獨特的個性來完成這本《福澤諭吉自傳》。在自傳中，福澤諭吉對自己的缺點也頗為坦白，他對儒學的排斥態度讓我們想起中國近代化過程中主張全盤西化的學者。然而，單以他對教育的主張「人應自立自強」而言，《福澤諭吉自傳》一書對於已經進入二十一世紀的東亞諸國仍具有重要的啟示作用。

（本文作者為國立交通大學教授）

I

童年

我暗自偷笑：「一群傻瓜！竟然對著我放的石頭敲大鼓、敬神酒祭拜，太好笑了。」我從少年時代便一點都不畏懼神，而且也不認為應該感謝菩薩的保佑。卜筮靈異等一切都不相信，關於狐仙附身等事也都一笑置之。我雖然是個小孩，但精神方面卻不受舊有習俗約束。

我的父親是豐前中津奧平藩[1]的武士福澤百助，母親是同藩的武士橋本濱右衛門的長女，名於順。由於父親的身分勉強可以晉見藩主，所以應該比足輕[2]還高數等，屬於下級武士，相當於明治時代的判任官。他在藩內負責會計工作，在大阪的中津藩倉儲批發處任職，所以我們全家搬到大阪。我們家的小孩都在大阪出生，兄弟姊妹共五人，哥哥是長子，接下來是三個女孩，我是老么。我生於天保五年十二月十二日（一八三五年一月十日），當時父親四十三歲、母親三十一歲。天保七年六月，父親不幸病逝，留下母親一人與五個孩子。當時哥哥十一歲，我虛歲三歲。如此一來，我們無法待在大阪，五個兄弟姊妹只好隨著母親返回中津藩地。

手足無法適應中津風土

返回中津之後，我記得，我們兄弟姊妹五人無論如何都無法與中津人融洽相處。之所以無法融入他們的生活，並非有特別的理由，而是堂表兄弟姊妹太多了。既有堂兄弟姊妹，也有表兄弟姊妹，總共數十人。此外，附近的小孩也很多。雖然有很多小孩，可是我們無法與他們打成一片，最大的原因是由於語言差異而覺得可笑。我們兄弟姊妹說大阪話，中津人覺得我們的語言很怪異，我們也覺得中津方言很好笑，彼此因而很少講話。

其次，雖然母親出生於中津，但是長久居住大阪，習慣大阪的風俗，不管是小孩的髮型或穿著都依照大阪的方式。由於我們穿著原本的衣服，當然與中津的樣式不同。除了穿著、語言不同之外，再沒有其他原因。不過，小孩子總覺得害羞，自然而然不願出外與別人遊戲，兄弟姊妹只好自成一個孤立的團體遊玩。

此外還有一個原因。家父原本是個學者，普通的漢學者。他在大阪的工作是負責與加島屋、鴻池等大阪富商交際，並掌管藩債的事務。父親對他的工作很不滿意，他原本只想當個專心讀書的學者，不想整天沾滿銅臭味，偏偏他的工作是要拿著算盤數錢，還得負責談判藩國債款延期等事。從前的學者與今日的洋學者不同，他們看到錢就認為眼睛受到污染。這麼純粹的學者竟然去做這麼純粹的俗事，難怪他會忿忿不平。因此他在教育孩子上完全依照儒家傳統。

儒家傳統的教育

在大阪時，我年紀還小，尚不用學寫字。當時哥哥大約十歲，姊姊七、八歲，他們在倉儲批發屋內習字讀書。該處聘請一位教寫字的老師，附近商人的小孩也來學習。當時教寫字

1 今九州大分縣中津市。
2 最下級的武士。

母是理所當然的，可是大阪是個商業城，所以老師也教九九乘法。當父親聽到兄姊在學「二二得四、二三得六」時，大發雷霆地說：「教些莫名其妙的東西，小孩子學什麼算術，真是豈有此理。我不讓小孩子在這種地方學習，以後不知還會教些什麼東西？立刻叫他們回來！」上述的事情是母親告訴我的。

我可以推測，家父是個對任何事物都很嚴格的人。從父親遺留的手書來看，便足以證明他是個徹底的漢儒。他特別崇拜京都古義學派的伊藤東涯，即使在別人看不到的地方也絕對不會做虧心事，所以他的作風自然而然地影響了我們家人。一母五子，不與人交往，也絕少參加社會上的交際，不管是白天或晚上，只聽母親的教誨。父親雖然去世了，卻宛如活在我們身邊一般。

我們居住在中津，語言、衣著與當地人不同，兄弟姊妹自然形成一個團體，在沉默之中，顯現出自己的高尚氣質。在我們眼裡，中津人都是俗物，甚至具有血緣關係的堂表兄弟姊妹，在我們心裡無形中也都低了一等。我們與中津的小孩交往，從不責備他們，一方面是因為我們寡不敵眾，另一方面是因為根本無從指責。在我們內心，完全忽視他們的存在，換言之，打從心底瞧不起他們。我至今還記得，年少時我在家中非常饒舌，整天蹦蹦跳跳極為活潑；然而我卻不會爬樹，也不會游泳。其原因大概是我們無法與同藩的子弟打成一片，一直處於孤立狀態的緣故吧！

雖然家風不嚴但極為規矩

如前所述，我們與中津人的語言、風俗迥異，所以有時非常寂寞。雖然寂寞，但是我們的家風極為規矩。並非有嚴格的父親在監督我們，可是我們母子和睦相處，兄弟姊妹從不吵架。不只如此，無論如何絕不做下流之事。沒有人教導我們，母親也絕不是嘮叨的人，我們自然而然如此，這大概是父親的遺風以及母親感化的力量吧！

以樂器來說，我不曾想聽三味線琴等音樂，更別說是彈奏了。也不曾想要看戲。每到夏天，中津即有地方戲演出。遇到廟會，地方戲照例演出七天。如果是由鄉下演員演出，藩方會貼出布令：戲曲演出日，武士不准觀賞，禁止涉足住吉神社石牆之外。這布令看起來非常嚴格，然而畢竟只是一只布令，因此下級武士只插一把小腰刀，用頭巾遮著臉，大膽地破壞劇團的圍籬進去看戲。如果有人責備他們，反而會被他們大聲責罵，所以大家都不敢有所指責。商人工人都付錢去看戲，身為士農工商之首的武士卻化裝易容，大搖大擺地看霸王戲。在中下級武士當中，大概只有我們一家不看戲，我們絕對不去。只要公布了不准超過哪個界線，我們即不越雷池一步。母親雖是婦道人家，她絕不在孩子面前談到一句有關戲曲的事；哥哥也不曾說要看戲，我們全家都不提這件事；到了夏天，我們會去乘涼，如果那附近有戲曲演出，我們既不心動，也不會討論演出什麼戲曲，我們全家都對此漠不關心。

前面說過，父親不甘於當個俗吏，其實他可以脫離中津藩到外面獨立發展，可是他沒有這麼做。當時的局勢使他無法自由進退，所以不論什麼事他都忍氣吞聲、安貧樂道。我至今仍為父親的遭遇感到同情而深覺遺憾。

長大之後要我當和尚

譬如，父親生前曾說要我當和尚。如今我推測父親當時的想法應當是這樣的：他認為福澤家由長子繼承即可，然而我這個老五卻出生了。我一出生就是個骨骼粗壯但肌肉消瘦的嬰兒，產婆說：「這小孩只要多餵乳，將來一定長得很好。」父親聽了很高興，好幾次都對母親說：「真是個好孩子，這小孩將來長到十、十一歲時，我會把他送到佛寺當和尚。」母親每每提起此事，總是說：「當時你父親為什麼會想讓你當和尚，我實在想不通。如果他還活著，你大概已經是和尚了。」我成年之後推測父親說那句話的當時背景：中津藩在封建制度之下，就如同一切的東西皆整然有序地放置在箱子裡一樣，經過幾百年都沒有變動。生在大臣之家，即為大臣，生在兵卒家庭即為兵卒；子子孫孫，大臣永遠為大臣，兵卒永遠為兵卒，中間的階級亦然，不管經過多少年，絲毫沒有改變。我站在父親的立場，可以推知，他看清了不管我們怎麼努力也無法功成名就，而當和尚則不同。一個平凡魚販的兒子，也可以當上最高階的僧官，諸如此類的事情還不少。我推測父親大概是如此考量，才會想讓我當和尚。

門閥制度是父親的敵人

一思及此便為父親感到遺憾。父親四十五年的生涯都被封建制度給束縛了，終究一事無成，飲恨而逝。他擔憂初生兒的未來，下定決心讓兒子當和尚。我每次想到父親心中的痛苦，以及親情的濃郁，除了痛恨封建的門閥制度，也經常因同情父親的苦衷而暗自啜泣。對我而言，門閥制度是父親的敵人。

我並沒有當和尚。沒當和尚而居住在家，理應做學問，可是沒有人可以指導我做學問。我雖有兄長，但哥哥只大我八歲，中間都是女孩，母親也一人忙著家事。我們並非富裕的家庭，可以請傭人幫忙，母親一人燒飯煮菜，還要照顧五個小孩，無暇顧及我們的教育，可說是放任我們發展。中津藩內，雖然也有小孩讀《論語》、《大學》等書，但是並沒有人獎勵。特別是沒有一個小孩愛念書，並非只有我不愛念書，可以說天下的小孩都討厭念書。我當時很討厭讀書，所以不去學堂，整天遊手好閒。既不習字，也不讀書。

十四、五歲立志讀書

我雖然整天無所事事、遊手好閒，可是到了十四、五歲，附近的人都已經開始讀書，只有我一個人不讀書，自己也覺得羞愧。因此我開始立志求學，到鄉下的私塾學習。由於十四、五歲才開始學習，覺得極為靦腆。別人已經開始研讀《詩經》或《書經》的內容了，我才開始念《孟子》的發音。

奇怪的是，當我參加那家私塾《蒙求》、《孟子》、《論語》的研讀會時，或許是我具有少許文才天賦，竟然能夠了解文章的含意。早上教我發音的老師，到了下午與我一起參加研讀會時，我反而勝過老師。老師是一位只會讀字而不甚了解文義的書生，所以在研讀會上要贏他並不難。我曾換過兩、三次私塾，其中教我最多漢學的是白石老師。我在白石老師處學了四、五年的漢學，古書的文義對我而言並不難，我的漢文程度突飛猛進。

熟讀《左傳》十一遍

在白石私塾所讀的漢書如下：該處以經書為主，《論語》、《孟子》當然包括在內，所有的經義都要研讀，特別是老師喜歡的《詩經》、《書經》學得最多。此外，老師傳授《蒙求》、《世說新語》、《左傳》、《戰國策》、《老子》、《莊子》等書，我都專心聽講。之後我開始獨自研讀。史書方面，我讀了《史記》、前後《漢書》、《晉書》、《五代史》、《元明史略》等。我最拿手的是《左傳》，一般書生只讀《左傳》十五卷中的三、四卷，而我全部讀完，前後大約讀了十一次，比較有趣的地方就背誦下來。

由於專心向學，我總算勉強成為半個漢學者。我們屬於龜井學派[3]，我的老師極為崇拜龜井南冥[4]，與其說他不大教我們作詩，還不如說他瞧不起詩歌要來得恰當。他批評廣瀨淡窗[5]是個半調子詩人[6]，連題詩都不會，也不會寫漢文，真是個下三濫。老師如是說，弟子也如此認為，真是不可思議。他不僅批評廣瀨淡窗，對賴山陽（一七八〇～一八三二年）等漢學者也極不推崇，甚至輕視他們。他嚴厲地批評說：「真是拙劣的文章。賴山陽等人寫的東西若算是文章，那麼天下沒有人不會寫文章。」老師這麼教，我們也就對賴山陽心存輕蔑。不只是白石老師如此，家父亦如此。

父親居住在大阪時，山陽先生住在京都，父親理當和這位大儒學家交往才是，可是他並沒有這麼做。有一位名叫野田笛浦的人是父親的好友，野田先生是何許人我不清楚，可是家父避山陽先生而就野田笛浦，大概是家父認為笛浦先生是一位傳統典型的學者吧！龜井南冥等儒學家也不取朱子學，只立經義一說，所以龜井學派的人總是不喜歡山陽學派。

3 古文辭學派。
4 龜井南冥（一七四三～一八一四年），漢學者。
5 廣瀨淡窗（一七八二～一八五六年），漢學者。
6 原文是「俳諧師」，俳諧是日本的短詩，漢學者認為俳諧不入流，漢詩才是正統。

手藝精巧

以上是有關學問的事情。與藩中武士階級的小孩相比，我的手藝相當靈巧。譬如，物品掉落井中，我會想辦法將它撈起；櫥子的鎖打不開時，我會將鐵釘等物彎曲用來開鎖。這些我都覺得很有趣。此外，我對裱褙紙門也很在行，我們家的紙門當然是我裱褙的，有時還被雇到親戚家裡去裱褙。總之，不管做什麼事，我的手藝都很精巧，而且做事認真，當然我自己也興致勃勃。隨著年齡的增長，我的工作也增加了。本來我就是中下階級的貧窮武士，所以樣樣自己來。我會做木屐帶，竹皮屐剝落了我也自己縫，不僅是我自己的，連母親、兄弟姊妹的都由我修理。有時還買榻榻米針來換榻榻米的表蓆，有時則削竹子製作桶箍。此外，修理門的破洞或屋頂的漏水也理所當然是我的事，而且是自己一個人做。接著更進一步，我開始做起副業；有時做木屐，有時做刀劍的配件。我不會磨刀，但會塗刀鞘、捲刀柄、其他金屬的加工，雖然是鄉下的技術，但也有模有樣。現在我家裡還有一支我用「蟲眼塗法」塗的腰刀鞘，不過我並不滿意。這些雜事都是我向附近兼差副業的武士學來的。

看到製作鋸銼大吃一驚

製作金屬工藝，銼刀是首要的工具，而且也是由手工打造而成的，我為了製作銼刀花費了相當多的苦心。一般的銼刀我也能夠用鋼鐵製造，但是鋸銼對我來說就相當難了。後來，我到江戶時大吃一驚；我來到江戶之後，在芝區田町，地點我至今仍記得很清楚，也就是進入江戶之後大路右手邊的房子，有一個小工匠在敲打鋸銼的紋路。他將皮革置於銼刀底下，用鏨刀雕刻，刀法俐落純熟。我在那裡佇足，邊看邊想：「不愧是大城市，能夠做出如此困難精巧的東西。我作夢都沒想到！我從沒想過要製作鋸銼。江戶的一個小孩竟然能夠做得如此精巧，此地工藝進步得令人難以置信。」換言之，我來到江戶的第一天就看到令我佩服的事物。

我從少年時代開始，除了讀書之外，盡做些俗事，也盡想些俗事。即使上了年紀，仍對手工藝感興趣，經常買些鉋刀、鑿子等，想製作、修理一些東西，這些也盡是俗物。我不具所謂的審美思想。我一生都極為煞風景，對衣著、家居等物都不執著，不論住什麼房子，穿什麼衣服都無所謂。上衣也好、內衣也罷，都不講究，何況對流行的花紋式樣更是漠不關心，可說是完全不解情趣。在器物欣賞方面，我最拿手的是鑑賞刀劍製作得精良與否，以及器物是否具品味與勻稱等事。我雖居住在鄉下，但經常製作手工藝品，自然而然培養出鑑賞的眼光。

光天化日拿著酒瓶上街

對世間的一切都不在乎是我與生俱來的個性。我對周遭的事情都無動於衷。藩國內的中下級武士欲買酒、油、醬油等民生用品時，由於沒有屬下，必須親自到店家購買。然而當時的武士階級，認為身為士農工商之首，上街買日常用品有失武士的身分，因此他們皆綁著頭巾在晚上出門。

我最討厭頭巾了，打從出生起就沒綁過頭巾。我心想，買東西有什麼不對？花錢買東西根本不須顧慮別人的看法。我買東西時，總是拋頭露面。由於我是武士階級，必須配帶長短兩支武士刀[7]。晚上就不用說了，即使白天，我也公然提著酒瓶去商家。血氣方剛的我自鳴得意地想：錢是我家的錢，又不是偷來的；其他的武士綁著頭巾，那種優越感反而欲蓋彌彰，看起來真可笑。

當家裡招待客人時，如果母親吩咐我煮蘿蔔、牛蒡等東西招待客人，我會遵從她的吩咐，因為那是應該的。可是我最討厭一大堆客人在家裡喝酒喧鬧，我心想：他們真是俗物，要喝酒的話趕緊喝完回家去吧！然而他們偏偏不回去，而且家裡狹窄，我沒地方可去。當客人喝酒時，我沒辦法最後只好躲進棉被櫥裡睡覺。因此，只要有客人要來，我總在客人來之前工作，一到傍晚，由於自己也喜歡喝酒，所以迅速地喝酒、吃飯，然後躲進棉被櫥。等客人回家之後，我才到平常睡覺的地方睡。

家兄年紀較大，朋友形形色色。有時我聽他們談論時勢，自己根本無置喙的餘地，只有被到處差遣的份。當時中津藩的學者最崇拜的人物是水戶藩主，亦即烈公[8]、與福井藩主春嶽[9]。眾學者都對水戶藩主敬佩有加，尊他為水戶大老，或隱居大人。由於這些學者都是譜代大名[10]的部下，所以不敢直呼水戶大老的名字，視他為天下首屈一指的人物。當時我受他們的影響，也如此認為。

還有江川太郎左衛門[11]，他也是幕府的旗本[12]，他在中津很受敬重，大家在背地裡仍以尊稱稱呼他，不敢直呼其名。有一次，我聽哥哥他們說，江川太郎左衛門是晚近少見的英雄，即使在嚴冬也只穿一件有襯裡的衣服而已。我聽了心想這有什麼了不起，任何人都能做到。於是每天晚上我只穿著一件鋪棉的睡袍睡覺，榻榻米上也不鋪墊被。母親看到這光景，

---

7 佩刀與姓氏為武士的特權。

8 德川齊昭（一八〇〇～一八六〇年），諡號烈公，主張尊王攘夷與愛民的德治主義。

9 松平慶永（一八二八～一八九〇年），號春嶽，致力於藩政改革，獎勵富國強兵。

10 德川家康稱霸日本之前的臣子。

11 江川太郎左衛門（一八〇一～一八五五年），西洋砲術家。

12 能晉見大將軍的階級。

屢屢訓誡我：「別傻了！你會感冒的。」可是我依舊我行我素，就這樣過了一個冬天。當時我十五、六歲，一切只是為了不服輸，當然我當時身體也很健康。

在那個時代，說到學問就是指漢學，家兄當然也是只專攻漢學的人。不過他與其他漢學者相異之處是，他受到九州大分縣帆足萬里[13]的影響，因此他也學習數學。帆足先生是個大儒，然而他喜歡數學。他曾說：「槍砲與算盤是武士應該注重之物。如果認為算盤應該交給小吏、槍砲交給步兵掌管，那就大錯特錯了。」帆足先生的說法在中津廣為流傳，武士階級中的有志之士欲學習數學者甚眾。家兄效法前輩，算盤打得相當不錯。這一點他與一般的儒者有點不同，但其他方面，他與純粹的漢學者一樣注重孝悌忠信。

兄弟問答

有一次，家兄問我：「你以後想當什麼？」我回答：「首先，我想當日本最有錢的大富翁，這樣就可隨心所欲花錢。」哥哥頗不以為然，還教訓我一頓。因此我反問他：「哥哥想做什麼事？」他認真地回答：「至死為止都是孝悌忠信。」我只說了一聲：「喔！是嗎？」就不再說下去了。

總之，哥哥就是這樣的人，不過他也有怪異之處。有一次他對我說：「我是長子，目前繼承父親的家長地位，其實我很想去一戶極難以相處的人家，當他們的養子。我一直希望能夠服侍非常頑固、挑剔的養父母。我相信我們之間絕不會起風波。」他還說，養父母與養子的關係若不好，一定是養子不對。可是我持相反的意見，我說：「當養子很不好，我最討厭當養子了。誰會把一個不是父親的人當作父親來侍奉？」[14]我們的看法經常迥異，當時我約十六、七歲。

母親也喜好做些怪異的事，她做的事情有些脫離社會常軌。譬如，她喜歡與下等社會的人來往，她不但與農工商階級來往，連乞丐、賤民她都毫不避諱，既不輕視他們，也不討厭他們，而且對他們也非常有禮貌。

在宗教方面，母親似乎不像附近的老婦人那樣虔誠。譬如，我們家信仰淨土真宗[15]，可是母親卻不去聽佛法，還常對我們說：「我覺得到佛寺去拜阿彌陀佛實在很可笑，也覺得害羞，我做不到。」然而她每個月一定拿著米袋到佛寺掃墓，從不間斷（現在這個米袋還保存得很好）。她雖然不拜阿彌陀佛，可是待和尚甚好。對我們所歸依的佛寺和尚就不用說了，她連私塾中各地各宗派的書生和尚到我家玩時，都很高興地款待他們，要請他們吃飯。從此處看來，她似乎並不討厭佛法。總之，她具有一顆慈善的心。

---

13 帆足萬里（一七七八～一八五一年），儒學家、荷蘭學家。

14 福澤諭吉雖然一直與母親、兄姊同住，但他從幼年時即是叔父中村術平的養子，改姓中村。

15 為親鸞所創，信仰阿彌陀佛的他力本願宗派。

替乞丐抓頭蝨

現在要介紹一則不潔淨的奇談。中津有一個女乞丐，既有點傻又有點瘋，眾人皆避之唯恐不及。她的名字（不知是否他人所取）叫阿結，每天在市區到處乞討。這又臭又髒的女人，衣服穿得破破爛爛，頭髮宛如蓬草，而且可以看到頭蝨在頭髮上爬動。天氣好的時候，母親每見到她，就會對她說：「阿結，到這裡來。」

母親叫她到外面的庭院來，並令她坐在草地上。母親自己則一副工作的打扮，開始替乞丐抓頭蝨，而我則被叫來幫忙。阿結的頭髮長滿頭蝨，隨便一抓就是一隻。母親將頭蝨放在庭院的石頭上，她自己不敢用指甲掐死，所以叫我坐在身邊，要我用石頭打扁頭蝨，於是我揀來一塊石頭在旁邊伺候。母親每抓一隻放在石頭上，我就用力搥打；有時抓五十隻，有時一百隻，總之能抓多少就抓多少。抓完之後，母親和我都要拍拍衣服，用米糠洗手，還要給乞丐吃一碗飯以作為獎賞。這件事或許對母親來說是種樂趣，可是我覺得骯髒得不得了。現在回想起來仍感到噁心。

踩踏神名字的木牌

我十二、三歲左右時，有一次哥哥在地板上擺著一些用過的舊紙張，我從上面走了過去。哥哥大喝一聲，叫我停住，然後大罵我一頓：「你沒長眼睛嗎？你瞧！這裡寫著什麼？這裡不是寫著奧平大膳大夫嗎？」他很生氣，我說：「是嗎？可是我不知道。」他又說：「即使你不知道，你總有長眼睛吧！你踩踏主君的大名，居心何在？臣子之道何在？」他講了一大堆道理，並且嚴厲地責罵我，我不得不道歉：「我錯了，請原諒。」我雖然敬禮賠不是，但心中卻不以為然：「究竟怎麼一回事？又不是踩了主君的頭，只踩了一張寫了名字的紙，有什麼大不了的？」

我極為不滿，小小的心裡想著，如果像哥哥所說的，在寫著主君名字的紙上用腳踩踏是不好的事，那麼踩在寫著神名字的木牌上又會如何？於是我背地裡去踩踏寫著神名字的木牌，結果沒事。我心想：「好極了，沒事！真有趣。下次我要拿到廁所去踩。」於是我更進一步，拿到廁所踩踏。那時，雖然我有點害怕會發生什麼事，但結果也沒事。我自認為發現了一件大事：「看吧！哥哥說了一堆廢話！」這件事，我不敢跟母親說，也不敢跟姊姊說，她們一定會罵我，所以我一個人保守這個祕密。

窺伺稻荷神偶像

一、兩年之後，我的膽子更加大了起來，完全不相信老年人所說的神罰冥罰之類的事。我興起一個偉大的念頭，那就是去窺伺稻荷神[16]。我到養父中村術平家的稻荷神社，我想知道神龕中到底放些什麼東西，打開一看，原來裡面放著石頭，我將那些石頭丟掉，放進別的石頭。我也到鄰居下村家的稻荷神社去，打開神龕一看，原來神是個木牌，我將它丟掉，裝做若無其事的樣子。沒多久便到了二月廟會的日子，眾人豎起旗幟，敲大鼓，敬神酒，熱鬧非凡，我真想捧腹大笑。我暗自偷笑：「一群傻瓜！竟然對著我放的石頭敲大鼓、敬神酒祭拜，太好笑了。」我從少年時代便一點都不畏懼神，而且也不認為應該感謝菩薩的保佑。卜筮靈異等一切都不相信，關於狐仙附身等事也都一笑置之。我雖然是個小孩，但精神方面卻不受舊有習俗約束。

有一天，從大阪來了一個怪異的女人。我們住在大阪時，有一個碼頭工人的頭子名叫傳法寺屋松右衛門，經常出入倉儲批發處。而她就是傳法寺屋松右衛門的女兒，年紀大約三十左右。她來到中津，說她能夠差遣稻荷神，不管誰拿著祭神紙幣木棒，她一祈禱作法，稻荷神就會附在那個人身上。她到我家來，不停地吹牛。那時我大約十五、六歲，我說：「真有趣，妳作法讓我看看。我拿著祭神紙幣木棒，神幣飄動起來一定很有趣。妳開始作法吧！」

她一直看著我，然後說：「你是小孩子，沒辦法施行法力。」我才不理會，我說：「妳不是說任何人都可以嗎？來吧！作法讓我看看。」看她的窘態真有趣。

不滿門閥

我從少年時期即居住於中津。我滿腹牢騷是有原因的，原因是我不滿當時中津藩的風氣。當地武士階級的門閥制度非常嚴謹，一成不變，不僅公事上如此，個人的交往上，甚至小孩的交往，都嚴守著身分貴賤的等級；上級武士的子弟對我們下級武士的子弟使用不同的語言，連小孩子的遊戲都扯上門閥制度，難怪我會滿腹牢騷。可是，我和上級武士的子弟到了學校，在讀書討論會上，每次都是我成績較好。不僅學問如此，在體力方面我也不輸他們。儘管如此，在朋友交往或小孩的遊戲中都擺脫不了門閥制度，真是霸道。雖然我尚年幼，但仍感到忿忿不平。

16 稻荷神為日本民間信仰。根據調查資料顯示，日本的企業幾乎都會祭拜「稻荷」神。稻荷神的原意是「稻成」，亦即掌管稻子收穫之神，也有人將之追溯到日本神話中的食物之神。不過這農耕之神到了後世卻成為商業之神。

因「尊鑒」兩字挨罵

小孩的遊戲尚且如此，遑論大人的交往，或是在藩政府任職的人，其貴賤的區分更加嚴格。我記得有一次，家兄寫信給大臣，他在信封上寫著學者風味的「某某大臣尊鑒」，結果被大罵一頓：「尊鑒是什麼意思？尊鑒不足以表示大臣身分的高貴，要改成『尊前』。」說完便把信件當面退回。我在旁邊看到這個光景，非常生氣，終於哭了出來。我始終想著：真無聊，誰還能待在這種地方？我無論如何一定要脫離中津藩。

我逐漸長大，雖然還年少，但對社會上的人情世故已經稍微了解。我的堂表兄弟之間也出現了一、兩位學者，書讀得相當好。他們都是下級武士，有時他們與哥哥談話時，會發洩心中的不滿，提到中津藩風氣欠佳等事情，我總是制止他們說：「不要說了！說了又有什麼用。只要你還在中津藩，這些空論又有什麼幫助？你有什麼不滿，可以離開中津；你不想離開的話，就不要抱怨。」這就是我天生的個性。

喜怒不形於色

有一次，我在讀漢文書籍，讀到「喜怒不形於色」這一句，我頓時大徹大悟，認為這是金玉良言，下定決心要遵守這句名言。換言之，不管誰誇獎我，我只在表面上適度地回應，內心絕不歡喜；不管受到什麼輕蔑，也絕不生氣；不管發生什麼事，絕不動怒。因此我不曾和朋友吵架，也沒和人扭打或被人毆打。不僅是少年時代如此，從少年時代到老年為止，我的手從沒因為生氣而觸碰別人的身體。

不過，在二十多年前，我所創辦的慶應義塾[17]的書生當中，有一人行為極為放蕩。多年來我供給他飲食衣物，在各方面照顧他，可是他依舊行為不檢。有一次他半夜喝醉了酒，大搖大擺地回來，我訓誡他：「你今天晚上不可以睡覺，罰你正襟危坐。」沒多久，我過去看他，沒想到他已經睡得鼾聲如雷。我罵他：「你這混蛋！」我抓住他的肩膀，把他拉起來，雖然他已經醒了，但我仍然用力搖晃他。後來我反躬自省：「我做錯了。我一生不對別人使用暴力，今天晚上的事讓我很後悔。」就好像和尚犯了戒律似的，至今仍不能釋懷。

另一方面，我從少年時代開始就愛說話，比一般人饒舌。但不論做什麼事情都很勤快，絕不輸人。我不會和一般書生那樣與人爭論，就算與人爭論，也不會為了一心求勝爭得面紅耳赤。如果有所爭論，對方明顯已經情緒激動，我就退一步讓他平息下來。我絕不會認為「這小子盡說些傻話」而繼續與他辯論。因此不管到何處，吃什麼苦都無所謂。只是，我無法繼續待在中津，我經常祈禱能夠離開中津。終於，到長崎的日子已然來臨。

17　慶應大學的前身。

2

遊學長崎

不管是學文學也好，學武藝也罷，只要能夠離開中津，我就心滿意足了。我離開故鄉時，一點都不覺得留戀。我心想：「這種地方有什麼好留戀的呢？我離開之後，永遠不再回來。今天終於美夢成真了。」我記得當天，我回頭朝背後吐了口水，毫不眷戀地離開中津。

之後，我去了長崎。時間是安政元年（一八五四年），亦即我二十一歲（實歲是十九歲三個月）之時。當時，中津藩不僅沒有人看得懂洋文，連橫寫的洋文都沒見過。在大城市裡，一百年前就有所謂的洋學，而像中津這種鄉下地方，就連洋文也沒看過，原文書就更不用說了。然而當時正值東印度艦隊司令長官培里[1]到達日本，要求日本開國。即使在鄉下也知道美國軍艦來到江戶，同時，大家都在談論砲術，當時的砲術都是學荷蘭流派。

家兄說：「要研究荷蘭的砲術，必須讀原文書。」我問：「何謂原文書？」哥哥回答：「所謂的原文書，就是荷蘭出版的橫寫洋文書。雖然現在日本有介紹西洋事物的翻譯書籍，但是要認真研究一件事情，一定要讀原文的荷蘭文書籍。不知道你對研讀原文書是否有興趣？」我在學習漢文的時候，在同年的朋友當中，我的成績一向很好，在讀書研討會時，我一點都不覺得辛苦，所以對自己的學習能力也自然產生信心。我回答：「只要別人讀得來的東西，不管是橫寫文字也好，還是其他文字，我都有興趣。」

我們兄弟商量之後，當時剛好哥哥要到長崎，我便順道陪他同行。抵達長崎之後，我首次學習橫寫的西洋文字ａｂｃ。目前日本各地都可以看到橫寫的洋文，甚至酒瓶上的標籤都有西洋字母，已經見怪不怪了。可是初學時相當困難，光是二十六個字母便足足花了三天才學會，可是到了後來，我覺得並沒有那麼難，漸漸變得容易了。其實我並不只是為了學荷蘭學才到長崎，我到長崎的真正原因，僅只是我極度討厭中津侷促狹隘的鄉下氣息。因此不管是學文學也好，學武藝也罷，只要能夠離開中津，我就心滿意足了。我離開故鄉時，一點都不覺得留戀。我心想：「這種地方有什麼好留戀的呢？我離開之後，永遠不再回來。今天終於美夢成真了。」我記得當天，我回頭朝背後吐了口水，毫不眷戀地離開中津。

寄居寺院　開始活動

我抵達長崎之後，一開始是投靠桶屋町的光永寺。之所以投靠那裡，是因為有一個名叫奧平壹岐的人，他是中津藩大臣的兒子，他與光永寺的住持有親戚關係。我透過奧平的介紹成為光永寺的食客，我在那裡住了一段時期。當時，小出町有一個名叫山本物次郎的人，他是長崎當地的官吏，也是砲術家。由於奧平向他學習砲術，我再度透過奧平的介紹成為山本家的食客。我一生的活動即從此展開。我在山本家做過所有的工作，可以說天底下沒有我沒做過的事情。

山本老師的眼睛不好，無法讀書，因此我為他朗讀各大師所寫的漢文書籍，包括各種時事論壇等。山本老師有一個十八、九歲的獨生子，雖然不很聰明，但書還是非讀不可，所以老師要我負責教他漢文書籍。這是我的工作之一。山本家並不富有，生活開銷卻很大，而且負債。我幫他們辦債款的延期，或申請新借款，有時還幫他們寫借錢的信函。

1　譯註：M. C. Perry，一七九四～一八五八年。

山本家有一個婢女，也有一個男傭。但是那個男傭經常生病或請假，因此我得做那男傭的工作，有時還得提水。每天除了早晚固定的打掃之外，山本老師洗澡時，我必須幫他刷背、提熱水。山本夫人喜歡養小貓、北京犬等動物，所以我也必須照顧貓、北京犬、大狗，以及其他的動物。上上下下所有事情都是我一個人打理，因此他們認為我是個好幫手。不但對他們家幫助甚大，而且有幹勁、品德高超、工作賣力。由於以上的原因，我漸漸受到山本家族的疼愛，甚至老師問我要不要當他的養子。如前所述，我乃中津藩的武士，從小即成為叔父家的養子。我向老師說明我的身世背景，老師得知之後，每每對我說：「既然如此，更應該當我家的養子，我可以好好地栽培你。」

當時坊間的砲術家，其所擁有的鈔本乃密傳的藏書，要將該書借與人時，必取相當的報酬。如有人想抄寫，必須付抄寫費，這抄寫費即成為山本家的外快。這些砲術書，不管是要借閱或抄寫，由於老師眼睛不好，所以都是我經手辦理。因此我成為砲術家的總務，所有的事務都由我辦理。當時諸藩國的西洋學家，譬如宇和島藩、五島藩、左賀藩、水戶藩等西洋學家來到長崎時，有人想去長崎港內的出島町荷蘭商館，有人想看鑄大砲圖，這些都是由山本家負責的，但實際是由我經手。我本來是個門外漢，不曾看過槍砲射擊，但是對翻閱圖片則極為拿手。我能迅速地翻閱圖片寫說明。各藩國的人來訪，我都能獨當一面，宛如學過十年的砲術，儼然是個偉大的砲術家。總之，裡裡外外都由我打點，處理一切事務。

話說當初介紹我到山本家當食客的人就是奧平壹歧，到了後來，壹歧和我主客易位，我好像變成他的主人似的，想起來真令人莞爾。壹岐原本是漢學者中的才子，但是度量狹小。他雖然出身小藩，但起碼也是大臣的兒子，所以極為任性。我來長崎的目的，主要是學習讀原文書，也就是到荷蘭學派醫生的家裡，或是到荷蘭文翻譯員的家中，專心一意地讀原文書。

我雖然是到了長崎才第一次接觸原文書，但是經過五十天、一百天之後，逐漸了解原文書的內容。而奧平壹岐是個養尊處優的少爺，是個公子哥兒，根本無法讀縝密的原文書。我逐漸地有所成就，而這也就成為和主公不和的開端。總括來說，奧平絕非擅於權謀詐術的壞人，他只是一個權臣的任性少爺，沒有智慧，也沒有度量。當時要是他好好地籠絡收買我，我很可能成為他忠誠的部下，可是他卻嫉妒我，真是個傻瓜。他比我年長十歲，卻一副小孩子氣。他運用計謀想把我弄回中津，這是我的一大災難。

遭人算計　長崎難居

事情的經過如下。奧平壹岐的生父名叫與兵衛，他是中津藩的元老，我們都尊稱他為大老。家父雖於二十年前去世，然而家兄長大之後繼承父業，也同樣到大阪任職，中津只留母親一人，沒有其他的親人。姊姊也都已出嫁，最親近的年輕一輩當中，只有我的表哥藤本元岱一人，他是個醫生。表哥相當懂事，也是熟讀詩書的學者。

不料，在中津的那個大老卻做出令人不齒的行為。他那旅居長崎的兒子壹岐與他密謀欲算計我。有一天，這名大老叫藤本表哥到他官邸，大老說：「你把諭吉叫回來，那傢伙在長崎只會妨礙我兒子求學，你趕快把他叫回來！不過，你要騙他說他母親生病了。」由於是大老親自下令，表哥根本無法拒絕，只好回答：「遵命！」他將此事告訴家母之後寫了兩封信，一封信寫道：「令堂罹病，請速回。」另一封則寫：「其實，大老要我如此這般，我無法拒絕，只好寄出那封信，你不要擔心令堂的健康。」他將事情的原委一五一十地寫在信上，我看完之後，勃然大怒。

竟然做出這種卑鄙無恥的勾當。他們父子倆耍陰謀，佯稱家母生病，手段真是陰險之至。起先我心想：「我豁出去了！我要找他算帳！」但是後來又想：「不行！不可以這樣，現在跟那個大老吵開了，我一定輸，不戰即敗。我不跟他鬥！與其跟他爭吵，不如考慮自身的安危。」

經過一段時間之後，我佯裝一副垂頭喪氣的模樣對奧平壹歧說：「中津來信，告知家母生病。家母身體一向很好，我覺得非常意外！不知現在病情如何？我住那麼遠，只能乾焦急。」我裝出愁眉苦臉的樣子說道。

奧平也露出驚訝的臉色說：「哎呀！你一定憂心如焚，我看你還是早點回國去吧！等令堂病癒之後，我一定會安排你再到長崎來。」雖然他表面上安慰我，但是心中一定想著，我的計謀得逞了。我接著說：「就遵照您的指示，我會立刻回國。您有沒有事情要我向大老轉達，我回國之後，一定會去拜訪大老。如果您有東西託我帶回去，我也可以轉交您的家人。」

當天我向他告別之後，隔天早上再到他的住處。奧平拿出一封信，要我送到他家裡，並吩咐我向他父親轉達一些話。另外，他還交給我一封信，要我轉交給名叫大橋六助的舅舅。他說：「你把這封信帶到六助那裡，這樣你很快就能再到長崎來。」那封信他故意不加封，很明顯地是要我看內容，然而我對他的陰謀了解得一清二楚。我彬彬有禮地向他告別，回到住處之後，我把那封信拿出來，裡面寫道：「諭吉由於母親生病，向我報告務必回國一趟。我尊重他的意思讓他回去，不過目前他還在求學，希望你安排讓他再來長崎。」我看了之後，更加火冒三丈，在心裡罵著：「這混蛋！王八蛋！」我也不敢讓山本老師家裡知道這件事，如果真相大白，奧平一定會惱羞成怒，屆時我將大禍臨頭。因此我僅說母親生病，必須向老師告辭還鄉。

立志前往江戶發展

正好那時有一位名叫鐵屋總兵衛的中津商人來到長崎。他說要回去中津，於是我和他約定一起同行，然而其實我完全無意返回中津。我認為江戶才是男子漢該去的地方，所以決定直接到江戶去。但是這件事必須找人商量，而當時有一位荷蘭學的書生從江戶來，他名叫岡部同直。岡部是醫生的兒子，個性極為風趣，而且看起來相當可靠。我向岡部說明內情：「因為如此這般，所以我無法待在長崎。我忍無可忍，想直接到江戶，可是在江戶沒有熟人，也摸不清方向。你家在江戶，聽說令尊是開業醫生，我能不能充當你家的食客？我雖然不是醫生，但會搓藥丸、打雜。請你務必幫助我。」

或許岡部同情我的遭遇，他也為我抱不平，因此很快就答應我的要求。他說：「沒問題，你到江戶去吧！家父在日本橋檜物町開業，我幫你寫一封介紹信。」他寫完之後，把信交給我。我很高興地拿著那封信說：「這件事如果讓別人知道，我就必須返回中津，你絕對不可以告訴奧平或山本老師，也不可以讓其他人知道，你要守口如瓶，絕對不可洩漏祕密。我現在要到下關，從那裡搭船到大阪，大約十天、十五天就能到達。你計算日程，等我到達大阪之後，你就對奧平說中村（福澤諭吉當時改姓中村）一開始就不想回中津，他說要到江戶去，已經離開長崎了。這對奧平而言，也是一種諷刺，讓我來挖苦他。」說完，我們捧腹大笑。我們推心置腹，完成密約。

接著我開始寫信給中津的「大老」，我必須把奧平的吩咐及其他事情交代清楚。我用慎重禮貌的文體寫道：「我從長崎出發，本打算回中津。但是到了諫早時，突然想改道至江戶，因此我現在即往江戶出發。令公子壹岐託我轉達一些話，其要點如此這般。他要我轉交給您的信也附上。」此外，奧平要我轉交大橋六助的信，我也要託人帶給他。我另外寫了一封信附在該信上：「他故意不上封，實在是可笑的行為。雖然如此幼稚，我還是將此信轉達與你。這可謂自作自受，他企圖叫我回去，表面上又佯裝同情我、幫助我的樣子，真是卑鄙到極點。我不返回中津，要直接到江戶去，請你自己看他寫給你的信。」我準備好之後，與鐵屋總兵衛一起從長崎出發前往諫早，這當中約有七里的路程。

於諫早與鐵屋別離

我們於傍晚到達諫早，當時是二月中旬，晚上月亮極為明亮。我對鐵屋總兵衛說：「我從長崎出發時，本打算返回中津，但現在臨時改變心意，不想回去了。請你把我的衣物箱連同你的行李一起帶回去，我只帶一、兩件換洗的衣服就夠了。我現在要到下關，經由大阪到江戶去。」總兵衛大吃一驚說：「你想清楚了嗎？你年紀那麼小，從小養尊處優，又不慣於旅行，自己一個人怎麼去？」「哪有這回事！你沒聽過有志者事竟成。自己一個人從長崎到江戶有什麼困難？」「可是我回到中津，要怎麼向令堂交代？」「你不用擔心，我死不了的。你轉告我母親，只要跟她說我到江戶去，她就明白了。」

鐵屋聽了說不出話來。我又說：「我現在打算到下關，可是對下關不熟。你遊走四方，對下關的港邊旅館熟嗎？」「有一間旅館我很熟，叫做船場屋壽久衛門。你只要到那裡就沒問題。」我之所以故意問鐵屋旅館的事情，其實是因為我阮囊羞澀，錢袋空空如也。家裡給了我一分錢，此外，我還賣了一本《譯鍵》的荷蘭字典，湊到二分二朱[2]。單單這些錢是無

2　一分等於四分之一兩，一朱等於四分之一分。

法搭船到大阪的，所以我才問港邊旅館的名字。

我與鐵屋離別之後，從諫早搭「圓木船」渡過有明海。我花了五百八十文錢搭船，隔天早晨到達佐賀。船上一路風平浪靜。於早晨抵達佐賀之後，開始步行。我既沒有人帶路，又身無一物，連經過的村名及住宿的地點都不知道，只一路往東走。我沿路問人小倉怎麼走。我通過筑前，行經太宰府附近，三天之後抵達小倉。

偽造書信獲得照顧

這三天的旅程甚為艱辛。我一個人旅行，特別是在別人的眼中只是一個年紀輕輕、不知來歷的窮武士，旅館的人怕萬一我生病賴著不走，或是在旅館內蠻橫鬧事，所以都不大願意讓我投宿。因此我已經無法選擇旅館的良窳，只要能棲身就好。我不斷地走著，想盡辦法住了兩晚，第三天抵達小倉。

在旅途中，我寫了一封信，亦即偽造鐵屋總兵衛寫的信。我用正式、嚴肅的文體寫：「這一位是中津家臣中村某某的公子，鄙人經常出入其府上。本人保證他是正人君子，尚請兄台多多海涵照顧。」我簽上鐵屋總兵衛的名字，並寫上「下關船場屋壽久右衛門勛啟」，之後將信封好，準備翌日渡海至下關時拿出此信。可是到達小倉時，卻倉皇失措，因為到處都找不到住宿的地方。好不容易找到一家可以住宿的旅館，那家旅館卻顯得有點髒。客房內有人與我同住。到了半夜，我的枕邊傳來小便的聲音，原來是中風的老人在尿瓶中小便。我猜想他不是客人，而是旅館家中的病人。我竟然與病人同寢，怪不得房間髒得一塌糊塗。

我渡海至下關，找到「船場屋」，將預先寫好的偽造信件拿出來。「船場屋」似乎與鐵屋交情很好，看完信，立刻安排我住宿，並百般照顧我。到大阪的船費要一分二朱錢，此外，還須付一天若干文錢的伙食費。我僅僅付了船費，便只剩兩、三百文錢，根本沒有辦法付伙食費。因此我告訴「船場屋」到了大阪的中津倉儲批發處再付伙食費，「船場屋」也答應了。我雖然做了壞事，但這完全是拜偽造信件之賜。

渡海至馬關

從小倉搭船至下關[3]時，發生一件極為恐怖的事。當船開至海中時，突然興起狂風巨浪。船老大驚慌呼叫，他叫我拉住船纜，並指示我這樣做那樣做。我說：「好！沒問題！」我拉住船纜將船桅拉起來，我覺得很有趣，一直幫助他。最後船很順利地抵達下關。我到達旅館後，我說：「今天船不知怎麼了？遇到這麼大的風浪，可說是有驚無險，我的衣服都被淋濕了。」旅館的老闆娘說：「你太幸運了！那個人並不是船老大，他其實是個農夫。現在

3「馬關」為「下關」的雅稱，因「下關」古稱「赤馬關」。

正值農閒時期，他是兼副業的。農夫做與農業無關的事，每次稍有風浪，就會出差錯。」我聽了這番話，嚇得臉色發白。怪不得他拜託我幫忙。

馬關搭船

我從船場屋壽久右衛門處搭上船，由於是陰曆二月，船上盡是赴京都大阪地方觀光賞花的乘客。船上的乘客形形色色，有窩囊的小老闆，也有禿頭的老爺；有京都大阪地區的茶藝館女郎，也有下關的妓女，此外還有和尚、農夫，以及應有盡有的動物。一群人擠在狹小的船中喝酒賭博。有人為了芝麻小事大聲吆喝，有人卻細聲細語，眾人皆自得其樂，唯有我沉默不語，好像遺世獨立似的。

船開到了安藝的宮島，可是我去宮島也沒什麼事，只因既然來了，就上島瀏覽一番。其他人因為是朋友的關係，相偕去喝酒。我雖然也極想喝酒，可是身上沒錢，只好在宮島瀏覽。回到船上後，只顧埋頭吃飯，船老大想必也討厭這樣的客人，我至今還記得，當時他用很奇怪的眼光看我。在到達宮島之前，我也是無可奈何地參觀了岩國的錦帶橋。船從宮島啟航之後，下個目的地就是讚岐的金刀比羅宮。船在多度津靠岸，據說距離金刀比羅宮有三里路。我雖非不想去，但是口袋空空如也，所以無法去。其他的人皆下船，唯獨我一人留守。住宿一晚後，一夥人醉醺醺地、興高采烈地回來。我一肚子怨氣，但又有什麼辦法呢？

明石登陸

在這種不愉快的氣氛中，總算於第十五天抵達播州明石。在早晨八點鐘左右，船老大宣布明天若是順風便啟航。可是我想到與這群人為伍將沒完沒了，所以我問到大阪還有幾里路？回答是：「十五里。」我說：「好！那麼我就從這裡走到大阪。我的船費，到了大阪後，請向中津的倉儲批發處請款。我的行李放在船上託你們帶去。」船老大不答應，他說：「不行！結完帳才可以走。」問題是我錢袋空空如也。

當時，我有　件印花布的衣服，以及一件繭綢的衣服，我用大包袱巾包著。我說：「這裡有兩件衣服，用這兩件衣服可以抵得上伙食費吧！我雖然還有書籍，可是不管用。你把這兩件衣服賣掉，應該可以抵得上伙食費。我把長刀與短刀抵押在你這裡也沒關係，可是我是個武士，不能不攜帶武士刀。你的船抵達大阪，隨時都可以到中津倉儲批發處請款。」然而船老大仍舊堅持不肯，他說：「我雖然知道中津倉儲批發處，可是我不認識你。無論如何，你必須搭船去。關於伙食費，我們已經約定了，你可以到了大阪再付，你要延遲幾天都沒關係，但是你不可以中途下船。」

我越拜託越低聲下氣。不管我說什麼理由，船老大都不接受。船老大越來越強硬，嗓門也大了起來。想吵架也不行，正感困惑時，同船中有一位看起來像是下關的商人走出來，他說：「我來負責。」接著他向船老大說：「你何必那麼刻薄不通人情。他不是用衣服來抵押伙食費嗎？這位年輕人是個武士，我看他應該不會欺騙你。如果他騙你，就由我來付錢。你上岸吧！」船老大聽了之後，覺得放心，也不再堅持。我向下關的商人深深地道謝，然後下船。我覺得好像在地獄遇到活菩薩似的，不禁在心中向這位商人頂禮膜拜。

從明石到大阪這之間的十五里路，我無法投宿。因為我的錢袋裡只剩六、七十文錢，不到一百文錢根本無法住宿一晚，只好不斷地走路。途中，我在一個不知名的地方停下來，道路的左邊有一間茶店，我在那裡喝了兩杯酒，一杯十四文錢。我還叫了一盤滷大筍，共吃了四、五碗飯。接著我又不停地走，走到現在的神戶附近，當時我究竟走什麼路線全都忘了。到大阪附近時，渡過數條現在已成鐵路的河川，幸好我是武士，所以渡船費全免。

太陽一下山，四處便漆黑一片，如果路上沒人就無法問路。然而，半夜走在淒涼的地方，遇到可疑的人物反而覺得恐怖。那時我所佩帶的刀子，短刀是「祐定」名刀，銳利又堅固；而長刀則顯得纖細，似乎不太中用，心中暗覺不安。其實在大阪附近，不可能有那麼多的殺人事件，因此不應該如此畏縮。只是當時我孤單一人，周遭又漆黑一片，不禁心生膽怯，竟想動用起武士刀來。後來回想起來，覺得動用武士刀反而危險。

我在問路時，憑著幼年時的記憶，中津倉儲批發處在大阪堂島玉江橋，因此我逢人就問大阪的玉江橋如何走？大約過了晚上十點，我終於抵達中津倉儲批發處，與家兄久別重逢。當時我只覺得兩腳痠痛不已。

抵達大阪

抵達大阪之後，不僅與家兄久別重逢，倉儲批發處的裡裡外外，很多人從我幼小時就認識我。我三歲時返回中津，二十二歲再至大阪，因此我出生時即認識我的人甚眾。據說我的臉形與幼兒時甚為相似，認識我的人當中有一位是我的奶媽，她是搬運工人的妻子；還有一位是從中津陪同家兄來到大阪的莊稼漢，他名叫武八，極為純樸，早年也曾在我們大阪的家中幫傭，照顧過我。我到大阪的第二天，他隨同我到堂島三丁目、四丁目時說：「你出生時，我半夜到這條巷子的產婆那裡接你。這產婆現在還很健康。後來你慢慢長大，那時港邊為了替佛寺籌款，舉辦相撲表演，我每天都抱著你去看相撲練習。那產婆的家在那裡，港邊的相撲練習場在這裡。」他用手指著說道。我因為懷舊之情而心生難過，不禁熱淚盈眶。

我到大阪之後，全是懷著這樣的感情，完全不像在行旅中，可以說是回到真正的故鄉，心中充滿喜悅。家兄問我：「你為什麼突然到大阪來？」我照實跟他說。他回答：「若是我不在大阪，那還有話說。照你的旅程來看，你從長崎來應該會順道經過中津，可是你卻沒去探望母親。如果我不在大阪那就另當別論，今天我們在此相遇，若讓你到江戶去，可說是兄弟共謀。那我怎麼對得起母親呢？母親或許不會怪我，可是我總覺得耿耿於懷。你與其去江戶，不如在大阪學荷蘭學，大阪應該也有荷蘭學的老師。」我在家兄處尋找老師，結果打聽到一位名叫緒方的老師。

遊學長崎二三軼事

我在粗鄙之事具有獨特的才能。在長崎期間，我成為山本家的食客兼學生，由於努力向學，對荷蘭學也大概能夠掌握個方向。另一方面，我幫忙老師家中的家事，上上下下的工作全由我一人處理，我不曾說我不會做，或是不想做。在京都、大阪附近的大地震時，我剛教完老師的兒子讀漢文書籍的發音，在井邊提水。我肩挑一大桶水，當我踏出一步時，突然天搖地動，我的腳打滑，差點摔死。

長崎有一家佛寺，名為光永寺，隸屬於東本願寺，其下尚擁有三家佛寺。光永寺在長崎是有名的大佛寺，該寺的住持和尚據說已經亡故；他曾到京都，飛黃騰達地返回長崎。當時我受雇為陪同和尚至長崎衙門拜會寒暄的隨從，該和尚穿著極長的衣服，他在衙門口下轎後，我跟在他後面，提起他的衣襬，靜靜地跟在他後面，那模樣真令人噴飯。一到過年，我即陪同這名和尚至大施主家裡拜年，和尚在房裡喝酒，我在門口等著。此時，家屬也拿出煮年糕等食物請我吃，我毫不客套地，心存感謝地享用。

我還曾在「節分」[4]時拿過當地居民的施捨。依照長崎的風俗，「節分」當晚，和尚要吹著法螺，高喊類似經文的言詞。這相當於東京「除厄運」的習俗。和尚為居民除厄運，在施主門口站立，即有人會施捨金錢或白米。當時山本老師家的隔壁有一位名叫衫山松三郎（衫山德三郎的兄長）的年輕人，他極為風趣。他慫恿我說：「我們今夜去除厄運！」我當然同意。他不知道從哪裡借來法螺，我們兩人蒙著面出門，衫山吹法螺，我則負責念經文。我不懂經文，胡亂地高喊著少年時背誦的《蒙求》及《千字文》：「王戎簡要天地玄黃……」結果圓滿成功，領了不少錢和白米。我們用那錢買年糕和野鴨子烹煮，大快朵頤一番。

師生易位

剛到長崎初次學習洋文時，認識一位薩摩藩的醫學生，名叫松崎鼎甫。當時的薩摩藩主崇尚西方文物，因此藩中的醫生特別注重荷蘭學。松崎也奉命至長崎學習荷蘭學，他在長崎租屋而居。我拜託他教我荷蘭學，他應允了。我至他的住處，他寫了abc，並用日文字在上面注音，我第一次看到這種文字，當場瞠目結舌。我心想這也能算是文字嗎？我為了記住這二十幾個字母花了不少時間，然而一分耕耘一分收穫，我逐漸了解荷蘭文的單字。

我觀察松崎老師的面相與應對舉止，認為他絕非聰明絕頂的才子。因此，我暗忖：「他的才能有限，要是今天讀的是漢文書，我一定是比他高數段的老師。不管是漢文也好，荷蘭

4　立春的前一天。

文也罷，同樣都是讀字音了解文義，因此我不用那麼怕他。我一定要努力學習，改天換我教他荷蘭文。」所謂初生之犢不畏虎，我當時血氣方剛，才會有這種天大的野心。

話說我從長崎到大阪之後，由於在長崎念過一年的荷蘭文，所以在緒方老師處亦進步神速，兩、三年之間，已在八、九十個同學中嶄露頭角。而且人生的際遇真不可思議，後來松崎從九州來到大阪，進入緒方學堂時，我比他高了好幾級。在荷蘭文研討會時，我當下級生的指導員，當時松崎也參加該研討會，只經過三、四年的時間，師生已經易位。我那如同白日夢的企圖心竟然得以實現。當然，此事不足為人道也，同時也不應該向他人說，所以我守口如瓶。然而我當時真是喜出望外，經常獨自飲酒，不覺喜上眉梢，樂不可支。

因此，軍人的彪炳功勳、政治家的飛黃騰達、有錢人的囤積財富，對他們而言，都是一生癡狂追求的目標，乍看似乎俗不可耐，若更加以深思，則益見其傻氣，但是他們絕非我們的笑柄。那些批評他們的學者，雖然振振有詞，言之成理，其實自己也逃脫不了世俗的癡傻與貪念。

3

大阪修業

日本全國皆隸屬漢學的世界，西洋的學問究竟是行不通的。在那烏煙瘴氣的時代，只有東印度艦隊司令長培里至日本的消息撼動人心，大家公認只有砲術必須向西方學習。這件事可說是為西學開了一條血路，也因此我才能用學習砲術的名義順利申請出藩國。

既然大哥如此建議，我也不能反抗，只好留在大阪，於安政二年（一八五五）三月入緒方老師的學堂。在此之前，我居住長崎時，當然也學過荷蘭學。學習的地點有：名為楢林的日荷口譯官員邸、同姓楢林的醫生邸，以及一位名叫石川櫻所的荷蘭學派醫師。石川在長崎開業，門面恢宏氣派，是長崎首屈一指的大醫師，不輕易收門徒，因此我只好在其玄關處向配藥師學習。如上所述，只要有人願意教一些荷蘭學，我立刻就到該處學習，可謂學無定所。由於沒有透過特定人士的介紹在固定地方密集學習，因此，至大阪入緒方學堂方為荷蘭學正式修業之始。於緒方學堂，我才能循序漸進地學習荷蘭書籍，而且我的學業突飛猛進。緒方學堂中，雖然書生眾多，但是我自認為是其中的佼佼者。

兄弟皆罹病

安政二年結束了，安政三年三月，春天來臨。本應迎接新春的喜氣，卻遭逢厄運。於大阪倉儲批發處的家兄罹患風濕，病情相當嚴重，手腳皆不聽使喚。眼看著要痊癒了，病情又惡化，在起起伏伏之中，他的右手終不聽使喚，只能靠左手寫字。

安政三年二月，來自加賀國的岸直輔，他是我在緒方學堂的同窗，也是曾經照顧過我的學長，他罹患了嚴重的傷寒。他是我的恩人，我必須看護他。此外，還有一位來自加賀國的鈴木儀六，與岸直輔有同國之誼，所以我與鈴木兩人晝夜輪流，交替看護。我們照顧了大約三個星期左右，雖竭盡心力，終究回天乏術，撒手人寰。因岸直輔是加賀國人，又信仰淨土真宗，所以我與鈴木兩人商量，決定將他火化，再將骨灰送回他的老家。我們將他的遺骸運到大阪的千日火葬場火化，並將骨灰送回加賀國。

事情總算告一個段落。我從千日回來的三、四天之後，身體感到不適。我判斷不是普通的感冒，因身體發燒，而且非常痛苦。由於我的同學都是醫生，我請一位同學幫我看病。診斷之後，認為是傷寒，並說是被岸直輔傳染的。這事傳到了緒方老師的耳裡。當時我臥病在堂島倉儲批發處的連棟屋內，不料，老師至此探望，並對我說是傷寒沒錯，這病不可大意，一定要接受治療。

師恩比山高

我至今仍然無法忘記緒方老師的關愛之情。他說：「我一定會幫你看病。雖然會幫你診斷，可是我無法親自為你開處方，因為我會猶豫不決究竟開什麼藥方才好；開了藥方之後，若覺得不佳，還要重新開，到最後恐怕連自己在治療什麼病都不清楚。這本是人之常情。我會幫你看病，至於藥方，我會請別的醫生幫你開。但願你能了解我的想法。」於是，老師請他的朋友——梶木町一位叫內藤數馬的醫生開處方，並在內藤家拿藥。老師只是每天來觀察我的病情，並指示療養的方法。

今日的學校或學堂，由於人數眾多，老師無法照顧每個學生，師生的關係也形同公事一般。往昔的學堂裡，師生如同父子。緒方老師為我看病，卻無法為我開處方，就如同為自己家的小孩診斷而猶豫不決一般。他的所作所為，都與對自己的小孩完全沒有兩樣。我想到了後世，時代逐漸進步，這種師生之情大概會杳無蹤跡吧！

我在緒方學堂時的心情，與現今日本國內的學堂生相較，可謂大相逕庭。我自認為是緒方家的一員，而且周遭的條件使我別無選擇地認同它。現在言歸正傳，我的疾病由如同生父般的緒方老師照顧，以及內藤數馬醫師的調藥，儘管接受最好的治療，但是我沉痾難起，危如累卵。患病之後，經過四、五天，開始不省人事，如此經過了一星期左右，幾乎陷入昏迷狀況。幸好最後得以痊癒，雖然身體仍屬衰弱，但是我還年輕，平常生龍活虎，所以恢復得甚快。到了四月，我開始可以到外面走動。此時家兄罹患風濕，我則是大病初癒，兩人可謂坐困愁城。

手足同返中津

當時剛好家兄任期屆滿，也就是當初約定在大阪任職滿兩年後必須回中津國；至安政三年（一八五六）的夏天，正好滿兩年。而我大病初癒，即使留在大阪，也無法讀書，所以決定回國。我們兄弟兩人於當年的五、六月，一起搭船返回中津。我身體日益康復，而家兄的風濕雖然仍未痊癒，但並非什麼要緊的病。

同年八月，我說：「我要再去大阪。」當時已非病後調養期，我的身體可謂否極泰來，恢復往日康健的體魄。我抵達大阪後，借用中津倉儲批發處的連棟空屋，獨居自炊。我用土鍋煮飯，每天早上至傍晚則到緒方學堂上學。

家兄去世　難返大阪

但禍不單行。九月十日左右，中津國來信：「九月三日令兄去世，速回！」我接到此信，真如晴天霹靂，只好盡速返鄉。我匆匆忙忙整理行李搭上船隻，此次一路順風，迅速抵達中津港。回到家時，喪禮早已結束，連一切相關事務都已經辦妥。我本是叔父的養子，如今生父家的一家之主去世，儘管還有女兒，但是女兒不能繼承戶長的地位，因此由弟弟繼承。親戚認為這是理所當然的事，經由他們商量之後，擅自決定我為福澤家的一家之主。他們並不等我回國後讓我參與討論，而是擅自決定，然後通知我：「你已是福澤家的一家之主了。」

既然繼承了戶長，家兄即如同父親，所以我必須服五十日的喪服。而且繼承戶長的地位，也必須擔任相當的公職，我因此奉命擔任藩國內中下級武士所適任的職位。然而我的心在九霄雲外，根本無心戀棧。我完全沒有想過要待在中津，然而按照藩國的規定，則必須擔任公職，無法抗命。

擔任公職之後，我謹言慎行，不管上位的人怎麼說，我總是回答：「是！遵命！」我在心裡雖然已經決定克服一切困難，再到大阪求學，可是周圍的氣氛卻澆了我一頭冷水。藩國內一般的說法姑且不論，連我的親戚都極度討厭西方的文物，使我完全沒有開口表達心聲的機會。

我尋個機會特意到叔父那裡，然後製造一些話題，順便透露再次赴大阪求學的心聲。不料叔父以泰山壓頂之勢狠狠地教訓我：「你的話成何體統？令兄去世之後，既然你繼承了戶長地位，就應當盡忠職守，服務公職。搞什麼荷蘭的學問，你的頭腦到底清不清楚！」我記得他在教訓我的時候，瞪著我說了一句：「你的情形就如同軟腳力士虛張聲勢。」我猜想這句話是不自量力的意思吧！

其實我並無意求叔父贊成我的意見，只是我朝思暮想，自然而然地說出了口。既然說出了口，在那小小的地方，每個人也就都知道這件事。我家附近的人都在我背後指指點點。有一位婆婆名叫八重，比我母親稍微年長，她住在我家對面，我仍清楚地記得她的模樣。有一天，她到我家來，她說：「我聽說諭吉又要到大阪去了，阿順（家母）！妳該不會讓他去吧！妳要是讓他再到大阪，豈不是腦筋有問題？」總之一般人的看法皆如此。當時我的處境，就如同流行歌曲中的一段歌詞：「我所能依靠的，只是岸邊的一條廢棄小舟。」

與母親商量

我暗自思量：「如此下去不是辦法，目前唯一的希望就是母親。只要母親答應，那麼不管任何人反對我都不怕。」於是我仔細地對母親分析：「媽，目前我所學的荷蘭學是這種東西，我從長崎到大阪去，現在才學到這種進度。我的想法是，希望能夠完成學業，以便對將來的事業有所幫助。我在中津藩，無論如何都不能出人頭地，只能庸庸碌碌地過一生。我絕不想將我的前途斷送在此地。我離開之後，妳一定會感到孤單寂寞，可是我還是希望妳能讓我離開。我出生的時候，爸說要讓我當和尚，現在希望妳就當我是去做小和尚了。」

我想過，要是我離開了，家裡只剩母親與亡兄的女兒，換言之，只剩一個三歲女娃和五十幾歲的老母，她們一定感到孤立無援。然而，當我說：「家裡只剩下妳們兩人，我想到大阪去，」母親當機立斷地說：「好！」「既然媽這麼說，我再也沒什麼好顧慮的了。」「你放心，你哥哥雖然死了，但這是命中註定，不能怨天尤人。你現在外出，說不定會客死他鄉，但是生死有命，你可以到你想去的地方。」於是我們母子倆詳細計畫，準備外遊他鄉事宜。

典賣家產還債

既然要出遊，就得將借貸關係處理好。所謂的借貸關係，就是在家兄生病或值勤時所欠下的約四十兩的債務。在那個時代，這四十兩錢對我們家而言是個天文數字。如果放置不管，將會不可收拾，無論如何必須解決。怎麼辦呢？只有一個辦法——把所有的家產賣掉。

我心想只好把家裡的一切東西都賣掉，唯一讓我稍微感到安心的是，家父是個學者，他擁有的藏書在藩國中名列前茅；其總藏書約一千五百冊，其中包含不少稀世珍本。以我的名字「諭吉」的「諭」字為例，天保五年（一八三四）十二月十二日晚上，這是我出生的時日，家父就在這一天買到他盼望多年的漢文書——清朝的《上諭條例》[1]，共六、七十冊。母親說父親喜出望外，而且當晚又生得男孩，因此就從書名的「上諭」取出諭字為我命名。

即使是這麼珍貴的漢文書，我還是與母親商量之後，將所有的藏書及家物全部典賣。比較值錢的東西有：賴山陽的對開掛軸賣二分錢，大雅堂的柳下人物掛軸賣二兩二分，雖然也有荻生徂徠[2]與伊藤東涯[3]的書法，但都不值錢。其他都是雜七雜八的東西，我只記得大雅堂與賴山陽。武士刀是二尺五寸的天正祐定名刀，配件完整，賣了四兩。

其次是藏書。中津人沒有人買，因為沒有一個武士能夠拿出幾十兩錢。我有一位漢學老師，即白石老師，他在藩國中發表評論，被趕出中津藩，因而成為臼杵藩的儒學者。我認為拜託白石老師應該有辦法把藏書賣掉，所以特意到臼杵去。我向老師說明之後，經過老師的斡旋，將所有的藏書以十五兩的價錢全部賣給臼杵藩。如此，一口氣就獲得十五兩。此外，將所有的東西，如盤子、飯碗、湯碗、大小陶瓷器，全部賣掉，好不容易湊齊四十兩。用這四十兩錢把債務全數還清。

家父的藏書之中，有一套《易經集註》十三冊，乃是大儒伊藤東涯親筆加入詳細眉批的珍本。此套書係家父生前在大阪收購而來，他特別珍愛這套書。在家父所寫的藏書目錄當中，他特別註明：「東涯大儒所加眉批《易經》十三冊，乃天下稀有之書，子子孫孫應典藏之。」家父的語氣宛如立遺囑似的，因此我不忍心賣掉這套書。我心想，這套書絕對不賣，我要保存下來。因此這十三本書，至今仍收藏在我家裡。

此外，仍保存在我家的尚有兩個清朝湯碗。那是因為我在拍賣雜物時，收購舊物品的商店只願出三分錢，這三分錢是中津國紙幣的單位，若換算為幕府錢幣，只值十八文錢。這未免太瞧不起人了，十八文錢有沒有都一樣，因此我決定不賣了。這兩個湯碗，經過四十幾年仍舊保存完好，不過現在我卻用它來洗毛筆，世事變化真值得玩味。

1《上諭條例》，清朝乾隆治世的編年體法令集，共六十四冊。現藏於慶應大學。
2 荻生徂徠（一六六六～一七二八年），儒學者。
3 伊藤東涯（一六七〇～一七三六年），儒學者。

偷抄築城兵書

言歸正傳。這次因家傳噩耗，回到中津。在中津居住期間，我完成了一件事情。因為當時奧平壹岐從長崎回來，當然我必須去問候他。有一天我到他家拜訪，我們久別重逢，天文地理無所不談。奧平拿出一本原文書，他說：「這本書是我從長崎拿回來的荷蘭新版築城兵書。」我在大阪求學的緒方學堂是個醫學堂，除了醫學與物理學的書籍，從沒看過那種原文書，所以我承認那是一本極為珍貴的書籍。當時正好美國的東印度艦隊司令長官培里到達日本，日本全國都對海防軍備議論紛紛，因此我看到那本築城兵書自然感到非常珍貴，想要一睹為快。可是我一開口向他借，他立刻回絕。

後來，在談話之中，奧平透露：「這本原文書我買得很便宜，只花了二十三兩。」對我這種兩袖清風的窮書生而言，這句話只讓我聞風喪膽。我絕對買不起這本書，而且他也無意借我，所以我只好望著原文書感嘆自己的貧窮。突然，我腦海中閃現一個計謀。我不經意地說：「這本原文書實在太了不起了。要把這本書讀完，絕不是短時間內可以做到的。但願我能夠有機會翻閱這本書裡面的圖片和目錄，不知道您肯不肯借我四、五天？」沒想到他回答：「好，我借你。」真是天助我也。

我把那本書帶回家裡，立刻準備好鵝毛筆、墨水、紙張，開始動手抄那本原文書。那本書大約有兩百多頁，我抄書的時候小心翼翼，唯恐被別人看到，當然更不敢告訴人家抄書的事情。我躲在家中深處，謝絕訪客，夙夜匪懈，埋頭抄書。

當時我在藩國中擔任公職，必須看守城門。我兩、三天輪一次，一次一晝夜。輪到我看守城門時，白天暫停抄書，晚上則偷偷地拿出來抄寫，一直抄到天露曙光為止，經常整天都不睡覺。另一方面，我心中忐忑不安，我拚命地抄書，可是隔牆有耳，我想，說不定風聲已經走漏，現在奧平就要來叫我還書。萬一事情敗露，不是單單還原文書就能解決的，藩國的大老必然震怒，一思及此，我不禁打冷顫。雖然我生平未曾偷過別人的東西，但是我猜想，當小偷大概就是這種心情。終於抄完一本書，連書中的兩張圖也一併抄寫下來，總算大功告成。

雖然大功告成，但是必須找人幫我校對。當我正在為找不到校對人才發愁時，突然想到中津有一個人會念讀荷蘭文。他是藤野啟山醫師，他與我們家關係頗深。家父在大阪時，啟山是個學醫的書生，寄居在我家，母親經常照顧他的起居。我堅信藤野是一個可以信賴的人，所以到他家拜託他：「我跟你說個大祕密。因為如此這般，我抄寫了奧平的原文書，可是沒有人幫我校對，你能不能幫我看原文書，由我來念抄寫的稿子，我們看看稿子是否正確無誤。我本想白天做，但是怕洩漏天機，所以我只好晚上過來你這裡。我知道你一定會很辛苦，但我還是想請你幫忙。」藤野當場爽快地答應，之後我到他家三、四晚，便完成校對。

我如同拿到和氏璧似的，欣喜若狂。原文書我保管得很好，奧平絕對不會發現此事。我來到奧平壹岐的家，若無其事地說：「真是感激不盡，我生平第一次看到這種兵書。這種船來的新原文書，如果能夠翻譯成日文，一定對海防家有益。這麼好的書，像我這種窮書生是絕對買不起的。謝謝你。現在我將原書歸還。」真是神不知鬼不覺，我暗自竊喜。我不記得花幾天的時間抄寫此書，只知道前後約二十幾天，而原文書的主人一點都沒察覺。我吸取了那本寶書的精髓，就如同竊賊進入藏寶庫一般。

向醫生學習砲術

當時母親經常嘮叨：「你到底在幹什麼？每天都通宵達旦，豈不是都沒睡覺嗎？究竟怎麼回事？萬一感冒了怎麼辦？讀書也不可以認真過頭。」我回答：「媽，這沒什麼，我只是在抄書而已，我身體很好，不會因為這樣就出什麼問題。妳放心吧！我不會讓妳操心的。」

正當我準備到大阪去時，發生了一件可笑的事情。這次離開中津藩，必須向藩方提出申請書。結果發生了一件想笑都笑不出來的事情。以前我不是戶長，離開藩國時不需要提出申請，便可以自由進出。而現在既然是一家之主，就得提出申請書。由於我事先已經和母親商量了，因此沒有必要與叔父、嬸嬸商量。

我一提出想要學習荷蘭學的申請書，與我交情深厚的當局人士提供我內部消息說：「你不可以這樣寫，中津藩沒有學習荷蘭學的先例。」我問：「那到底要怎麼寫？」他回答：

「你可以這麼寫，你只要寫『學習砲術』就可以通過。」「可是，大家都知道緒方是一位開業醫生，到醫生那裡學習砲術這不是與一般社會的認知不符嗎？這樣子行得通嗎？」「不，因為沒有學習荷蘭學的先例，所以只好這麼寫。儘管與事實不符也沒關係，你還是必須寫學習砲術才行得通。」我聽完之後說：「既然這樣，我就照您的指示。」

我在申請書上寫道：「余欲至大阪緒方洪庵處學習砲術……」結果審查通過，獲准前往大阪。從這件事即可看出當時處理事情的方法。這不僅是中津藩如此，日本全國皆隸屬漢學的世界，西洋的學問究竟是行不通的。在那烏煙瘴氣的時代，只有東印度艦隊司令長培里至日本的消息撼動人心，大家公認只有砲術必須向西方學習。這件事可說是為西學開了一條血路，也因此我才能用學習砲術的名義順利申請出藩國。

母親生病

獲准出藩國之後，正準備搭船到大阪時，不料母親突然生病，使我頓時坐困愁城。我東奔西跑，找了好多醫生，經過診斷之後，原來是寄生蟲作怪。我問醫生哪一種藥物對治療寄生蟲最有效？那時還沒有山道寧（santonin），所以醫生說西門希納（Semen cinae）是最有效的藥。這種藥價錢極高，在鄉下的藥店不容易買到。中津藩只有一家藥店賣這種藥，因為是母親生病，由不得考慮藥價的高低。由於我剛還清債務，手邊只剩微不足道的錢。我籌出一文錢左右，買了西門希納給母親服用。

我不知道這藥是否有效，鄉下醫生的話本來就不可信，只能聽天由命，不分晝夜地專心看護母親。幸好似乎不是什麼大病，經過兩星期左右，便痊癒了。於是我訂下赴大阪的日期。出發時，為我惜別並祈禱旅途平安的只有母親與姊姊。親朋好友不但不來送別，連關心問候也全無，好像我是個逃犯似的。家兄去世沒多久，家財已散盡，既無家私，亦無現金，可謂一貧如洗。家裡門可羅雀，不見訪客，寂寂寥寥，冷冷清清，彷彿古剎似的。在這種情況下，我留下老母與幼小的姪女而去。即使是心懷壯志、嶔崎磊落的書生，對此情景也不禁感到羞澀與落魄。

成為緒方恩師的食客

在船上一路平安，順利抵達大阪。雖然人已抵達，但身無長物，不知如何求學。我絞盡腦汁，但想不出什麼方法來。我想，只好到老師那裡，把我的情形照實稟告。我抵達大阪是當年的十一月。我來到緒方老師家，開門見山地說：「因為家兄去世，經過這般遭遇，現在再回來大阪。」我把老師當作親生的父親，對他毫無隱瞞，把家裡欠債的情形、典賣家產的經過，一五一十向老師報告。我甚至還把抄寫原文書的事情也毫無保留地說出來，我說：

「我偷偷抄了這本築城兵書，也帶到大阪來了。」

老師莞爾一笑地說：「唉！短短一段時間，你做了一件壞事，不過也可以說是一件好事。那些事就別說了！你看起來氣色比從前好太多了。」「是的。今年春天，老師無微不至地照顧我。當時的情形，我已經不記得了。我現在雖然仍是病後之身，但已經恢復了往日的健康。」「那太好了。剛才聽你報告的一切經過，我了解你無法繳交學費，這點我可以幫你。不過要是別的學生認為我偏袒你就不好了。這樣好了，那本原文書很有趣，就當作我吩咐你翻譯那本原文書。我們就這麼說定吧！」

之後，我成為緒方學堂的食客學生。在醫生家裡，除了調藥醫生之外，沒有所謂的食客學生。我不具醫生身分，只以翻譯的名義成為醫院的食客學生，這完全是老師與師母的大恩大德。其實老師並沒有要求我一定得翻譯不可，他只是隨口說說而已。不過，我真的把那本原文書全部翻譯了出來。

努力向學　染上酗酒惡習

我之前並沒有住宿在緒方學堂，每天從倉儲批發處通學。從安政三年（一八五六）十一月開始，我住進學堂，成為學堂住宿生。這是我的書生生活，以及其他活動的開始。

緒方學堂是個日新月異的學堂，在裡面就讀的書生全是奮發有為的人物，可是從另一方面看來，也可說是血氣方剛的青壯年，幾乎全是落拓不羈、放浪形骸的書生。因此，緒方學堂便成了各方好漢聚集的巢穴，而我跳進此一虎穴，跟著一夥人放浪形骸。然而我與其他人有點不同，茲敘述如下。

首先談我的缺點。我生性嗜酒，這是我最大的缺點。我長大之後，雖然知道這是個惡習，但是這惡習已經根深蒂固，沒辦法根除。這個缺點我不敢隱瞞，必須開誠布公。將自己的惡習公諸於世雖然是自我詆損，但若隱瞞真相，則不能成為可信的自傳，因此我先來談自幼年以來的酗酒史。

我酗酒的惡習，並非隨著年齡的增長而逐漸喝上癮的，可以說是打從我出生懂事以來就天生喜歡喝酒。我記得年幼的時候，母親幫我剃髮，她依照江戶時代的髮型，從額頭剃到頭中央。當她剃到凹進去的地方時，我就喊痛反抗。這時母親會對我說：「如果你讓我剃的話，就讓你喝酒。」我記得為了可以喝酒，我忍痛不哭，乖乖讓母親剃完。這是我天生的惡習，實在慚愧。後來我年紀漸長，至成年為止，沒有不法的行為，自認品性端正。但是我嗜酒如命，一看到酒，可以說幾乎變成一個忘記廉恥的窩囊廢。

我到長崎時，虛歲二十一，實歲才十九，雖未成年，但已是個豪飲之人，每天都痛飲一番。但是為了達成我的宿願「努力求學」，我告訴自己，無論如何都不可喝酒。我在長崎一年的時間，為了禁酒，視自己如同死了一般。例如，在山本老師家當食客時，只要有大宴會，想偷喝的話也能到手，而且只要有錢，上街就有酒喝。我經常想，有一天我會原形畢露，然而我卻忍了一年，滴酒不沾，始終沒有人知道我會喝酒。翌年春天，我離開長崎，到達諫早時，我才大喝特喝。之後經過一段相當長的時間，也就是文久元年（一八六一）冬天，我隨遣歐使節團赴歐洲時，船隻曾在長崎港停靠兩天。我利用那兩天的時間造訪山本老師，感謝他昔日的恩惠，並向他報告我要遠赴歐洲的始末。那時我才首次表明我會喝酒，我說從前我佯裝不會喝酒，其實是個豪飲之人。我記得當天我喝了不少酒，老師與師母嚇得目瞪口呆。

出淤泥而不染

如上所述，我從年幼時即喜歡喝酒，為了酒做了不少壞事，也好幾次影響了健康。可是從另一方面來看，我可是品格端正。不管是在少年時代，我與放浪形骸的書生廝混；或是成家立業之後，與社會人士交際，我可以誇口，我是屬於潔身自愛的人。在滾滾紅塵的社會中，顯得太過嚴肅拘謹，看起來有點像個怪人。然而，其實我對風花雪月的事情知之甚詳，因為當別人熱中於談論下流的話題時，我都洗耳恭聽，銘記在心，因此無所不知，無所不曉。

譬如，我不會下圍棋，可以說一點也不會。然而學堂的書生一開始下圍棋，我就口若懸河地評論說：「唉呀！這著黑子下錯了。這下鐵定被堵死。你要是再大意的話，這盤棋就結束了。你怎麼這麼傻？連這個都不知道！」我經常這麼隨便說說。業餘的書生下圍棋，有人在旁邊插嘴指導，本來就不用負任何責任。我仔細觀察雙方的臉色，馬上就知道哪一邊會輸，於是我誇獎勝方下的棋，批評輸方棋藝不好，這種方法通常不會有誤。因此我看起來像個圍棋高手，若是有人說：「福澤，你來下一盤吧！」我就高傲地拒絕：「開玩笑，我跟你們下，簡直就是在浪費時間，我沒空。」我這麼一說，更被認為棋藝高超。我騙了他們大約一年，有一次不小心，終於露出馬腳，結果被大家罵得焦頭爛額。

花街柳巷的事情也是如此，經我察言觀色之後，大部分的事情都瞭若指掌。雖然瞭若指掌，但是我卻如同頑石般堅決不為所動。我的個性可以說是近朱而不赤，出淤泥而不染。我自己也覺得不可思議，大概是家風特別所致。從幼年起，就是我們兄弟姊妹五人相依為命，不與外人交遊，只接受母親的管教。在我的成長過程中，我們在家裡，任何時候都不曾聽過下流的事情。我們家風玉潔冰清，與同藩國的其他家庭大相逕庭。我離家之後，與他人交往，仍然固守家風。這絕非我特別嚴格要求自己，只是認為應當如此而已。

因此，我在緒方學堂期間，從未涉足色情茶藝館之類的地方。雖然如此，如前所述，我絕非裝模作樣、避之唯恐不及，也不是道貌岸然、憤世嫉俗的人。眾人在談論風花雪月之事，或色情茶藝館的事情時，我也與同窗書生一起高談闊論。有時我還嘲笑他們：「你們這些人土頭土腦，到茶藝館還被風塵女甩掉，實在見不得人。我只是不屑去，要是有一天我鼓起勇氣上茶藝館，不用說，一定被美女包圍，鐵定比你們高明一百倍。哼！一群呆頭鵝，既然不受女人歡迎，不去也罷。你們根本不是風流的料。一群鄉下人到大城市來學風花雪月的abc，這種朽木糞牆的材料，我看一輩子都學不成。」

我雖然這般高談闊論，但是潔身自愛，因此沒有人敢看輕我。社會上德高望重的學者，通常是憤世嫉俗，老是認為世風日下，人心不古，看不慣別人的所作所為。而我一點都不會輕視別人的言行，也不會感到憤怒或擔心。我與他們一起喧譁，反而覺得有趣。

教訓書生

有云：「酒話連篇。」此處再介紹一則與酒有關的話題。

我在安政二年（一八五五）春天，首次離開長崎，進入緒方學堂的當天，有一個學堂中的書生一見到我就說：「你從哪裡來？」「我從長崎來。」書生又說：「原來從長崎來。以後我們會朝夕相處，無所不談。現在我們先去喝杯酒吧！」我回答：「我們才第一次見面，或許我出言不遜，我本來就喜歡喝酒，而且是個豪飲之人。我很感謝你邀我喝酒，也想跟你去喝酒，而且越快越好。不過，我先聲明，我沒有錢。說實話，我剛從長崎來，連在學堂求學的學費都還沒著落，更甭說酒錢了。這件事我必須先說在前頭，我非常感謝你邀我喝酒，我一定陪你去。」

那書生聽我這麼一說，就說：「哪有這回事？喝酒本來就要花錢的，我不相信你沒這點錢。」我回答：「說沒錢就沒錢，既然你邀我喝酒，我當然想去。」結果我們談不攏，那天就此結束。第二天，我從倉儲批發處到學堂上學，又遇到那書生，我故意催他：「昨天的談話無疾而終。我今天還想喝酒，你帶我去好嗎？我酒癮發作。」他說：「你識相點。」我們就此分手。

經過三個月之後，我已經了解學堂的規矩，也認得每個人的臉，記得每個人的名字，每天循規蹈矩地在學堂求學。有一天，我逮到機會找來那書生，我對他說：「你還記得吧，我剛從長崎來時，第一天你對我說什麼？你對我說，我們去喝酒吧！我看清你的企圖，你以為新生多少都有一點錢，你邀我出去，我就會請你喝酒。你不用說我也知道你在想什麼。那時，我怎麼回答？我說，我雖然想喝酒，但是沒有錢。我讓你碰了釘子。第二天我邀你喝酒時，你就說不出話來了。你說是不是？恕我說句大話，我福澤諭吉不是那麼好惹的，當時我想，要是你仍糾纏不休，我就一拳把你打倒，然後把你拖到老師那裡。大概我的想法寫在臉上，你感到畏懼，當場棄甲而逃。我覺得很不甘心，有你這種人在學堂，就如同一顆老鼠屎壞了一鍋粥。你這種人只會敗壞學堂的風氣。以後，你要是對新生再說那種話，那我就不客氣，立刻把你抓到老師面前，讓老師來評評理。你要記得我的話！」我狠狠地教訓了他一頓。

當學堂長指導研讀

之後，我的學問稍有進展，前輩學長也學成歸國，因學堂中無大將，我遂成為學堂長。

我雖然成為學堂長，但是並沒有什麼權力。我的職務是，當學堂書生一起研讀艱深的原文書時，由我擔任研討會長。其餘場合，我與同窗書生交往時，並沒有階級之分。

我這學堂長也和以前一樣讀書求學，但是我並不只有讀書而已。我喜歡調皮搗蛋，這胡鬧書生當然不可能想要用仁義道德來感化人，我不曾想過如此嚴肅的事情。我也不會像個老古董，認為應該矯正學堂風氣，以使書生尊師重道，心懷師恩等等。

不過，我本來就絕不欺負弱者，不貪非己之物，不向別人借錢，即使僅是一百文錢也不借。我自認嶔崎磊落，俯仰無愧，倜儻而不群。我雖與別人喧鬧打成一片，然而現在回想起來，我當時有一種年少的狂妄，我希望同窗書生全都與我一樣，而且我也想將他們改造成與我一樣。我的想法裡，不會去強調仁義、道德、報答師恩等崇高的美德。話說回來，像我如此狂妄不羈，對學堂而言，自然會產生正負兩方的影響。如果對學堂有正面的影響，那純粹是偶然，絕不是我的功勞。

4

緒方學堂的學風

緒方學堂的風氣可謂欲將中國的學問掃除一空。我們沒有人會去聽儒者講解經史，看到漢學書生，也只是覺得可笑。特別是遇到漢醫書生，我們不僅嘲笑他們，而且口出惡言辱罵。

聽起來似乎是我當上緒方學堂長之後，由於我作威作福，學堂的風氣即自然而然地改善了。可是從另一方面來看，因為我愛喝酒，也可能紊亂了學堂風氣。

雖然我當了學堂長，可是仍是個窮書生。說到我個人的情形，在故鄉的母親與姪女，兩人都靠從中津藩支領的少許津貼餬口。我當上學堂長之後，所享受的正式待遇是接受老師家的飲食。此外，有新生入門時，據學堂規矩，他們除了向老師繳納束脩之外，同時也必須繳二朱錢給學堂長。換言之，一個月有三個新生的話，學堂長就有一分二朱的收入，有五個人的話，就有二分二朱錢。因此，我身邊有不少零用錢，但大都用來喝酒。

我的衣服是母親由家鄉寄來的，是手織的木棉質料，因此我不用擔心衣著，只要手邊有一點錢就想喝酒。由於我有這個惡習，同窗書生中有不少人因我的慫恿而喝起酒來。而且我喝酒的方法也極為粗俗，絲毫沒有情趣。錢少的時候，就到酒店買三、五杯酒，在學堂獨飲。口袋比較飽滿時，即拿一、二朱錢到料理茶屋去。這是我最高的享受，而且容易辦到。我最常光顧的是雞肉店，而更方便的是牛肉店。

當時大阪的牛肉火鍋店只有兩家。一家在難波橋的南邊，一家在新町的妓女戶旁側。這兩家是最低級的飲食店，因此在那裡進出的人也盡是些牛鬼蛇神。那裡的主顧不是滿身刺青的無賴漢，即是緒方學堂的學生。火鍋中的牛肉也是來路不明。我們也不在乎是屠宰的牛，或是病死的牛，一人份一百五十文錢，包括牛肉、酒、米飯，足以讓我們大飽口福一番。只是那裡的牛肉既硬且臭。

學堂書生裸體

當時武士是士農工商之首，所以大家都佩帶象徵特權階級的兩支長短武士刀。然而在緒方學堂，住宿書生五、六十人當中，除了我之外，其他人都將武士刀拿到當鋪抵押。若是有人沒拿去當鋪，則幾乎變成共有物。儘管如此，大家並沒有覺得不方便。其原因是，我們只有去倉儲批發處等正式場所，才佩帶兩支武士刀，平常則僅象徵性地插著一支短刀。我因為沒有走當鋪的習慣，所以隨身攜帶兩支長短刀，除此之外，我還在學堂中放置兩、三把武士刀。

大阪是個暖和的地方，因此冬天不致寒冷難熬。但是一到炎熱的夏天，學堂的書生都一絲不掛，連內衣、丁字褲都不穿。當然在吃飯或研討會時，大家總還會有所顧慮地披件衣物蔽體。大多數人都是光著身子只披一件單薄的和式披風，看起來不倫不類，現代的人看到此光景，一定失笑噴飯。

吃飯時，餐廳太過擁擠，連站的地方都沒有，根本無法坐著吃。餐廳是木板地板，大家穿著和式室內拖鞋站著吃。我曾經叫他們各自分開吃，但沒多久又恢復原狀。因飯鍋擺在那裡，所以大家將米飯盛在飯碗裡就地狼吞虎嚥，宛如百鬼爭食。這樣的情況，伙食費當然便宜。各道菜的價格如下：蔥與蕃薯燉煮十六文錢、豆腐湯五十文錢、蜆湯三十八文錢。可想而知，每天端出的菜色是一成不變的。

裸體奇談

有一則關於學堂書生裸體的趣談。某個夏天的傍晚，我們五、六人當中有人拿了酒來。其中有一個人異想天開，建議一夥爬到屋頂旁的晾衣台喝酒，眾人無異議通過。正當大家欲爬上屋頂喝酒時，發現晾衣台上有三、四個女傭於該處乘涼。她們在那裡礙手礙腳，真令人頭痛！要是我們在那裡喝酒，她們一定會回去打小報告。正當我們不知所措時，長州來的松岡勇記自告奮勇要將那群女人趕走。

松岡是個精力充沛、活潑外向的人。他一說完就光著身子大搖大擺地走向晾衣台，跟她們打招呼：「阿松小姐、阿竹小姐，今天怎麼這麼熱啊！」說完，他大字攤開，仰臥在晾衣台上。婢女們看到這光景，緊蹙眉頭，紛紛退避三舍。她們一離開，松岡就在晾衣台上用荷蘭話說：「大功告成！」大家從宿舍拿出酒來，在晾衣台上一邊乘涼，一邊開懷暢飲。

再說一則我的大糗事。有一天晚上，我睡在二樓，樓下有人叫我：「福澤先生！福澤先生！」我於傍晚喝了酒，才剛剛入睡，我心想，這個女傭真煩人，這麼晚還來擾人清夢。雖然懶得起床，又不得不起床。我光著身子跳起來，衝下樓梯說：「什麼事？」出人意料之外，那人不是女傭而是師母。我進退維谷，光著身子坐在地板上，也無法鞠躬敬禮，真想挖個洞鑽進去。師母大概同情我的窘狀，一言不發地向屋後走去。

隔天早晨，我連「昨晚失禮之處，敬請原諒」這樣的話也不敢向師母說，最後我還是沒去道歉，這件糗事就此落幕。這件事深印在我的腦海裡，一生無法忘記。前幾年我到大阪，順道拜訪緒方家，我站在樓梯下面，想起四十幾年前的往事，仍羞愧得無地自容。

髒亂為伍　蝨蚤橫生

學堂的風氣可以說是毫無秩序，又髒又亂。這種無秩序、不拘小節的心態發展到極點，即已經不在乎世間所謂的清潔或不清潔了。譬如，學堂裡本來不應該有水桶、湯碗、盤子等物，可是緒方學堂的書生，卻在學堂裡擺設土爐、鍋子，而且經常煮東西吃。換言之，大家把書桌旁的空間當作一般家庭的廚房。

當然，我們的廚房用具不夠齊全。因此，木製的洗臉盆，或金屬的水盆都變成廚房用具。夏天若有人拿麵線來，我們便將麵線拿到屋後的廚房烹煮。煮好之後將麵條冷卻，然後把麵條放進洗臉盆做成涼麵。沾涼麵的湯，則是用調藥所偷來的砂糖調配成的。此外，不管洗菜也好，煮菜也好，洗臉盆是唯一的器具，我們都不覺得髒。

還有更甚者。蝨子是學堂的長住動物，沒有一個人能夠倖免。我們一脫光衣服，起碼可以捉到五隻至十隻。一到初春，天氣變得稍微暖和，蝨子有時會爬到和式披風的領子出來拋頭露面。有一位書生如是說：「我們的蝨子和大阪的烤地瓜一樣，冬天是盛產期，到了春夏則逐漸減少。夏天的兩、三個月，蝨子退休，跳蚤接棒。到了九月左右，新的地瓜一上市，我們的蝨子也跟著出現，令人啼笑皆非。」

我發明了一種滅蝨的方法。從前洗衣婆婆都是用熱水燙死蝨子，但這種方法太過陳腐。我誇口要將蝨子一舉殲滅。於是我在嚴冬的霜夜，將內衣鋪在晾衣台上，結果蝨子與蝨卵全都凍死。其實這不是我的新發明，我曾經聽過這種方法，只是如法炮製一番。

殺豬趣聞

在這種風氣下，學堂中文質彬彬的書生自然鳳毛麟爪。也因為如此，在節慶或迎神賽會的夜晚，我們一定出去湊熱鬧。往來的人群中，特別是年輕的少女一看到我們就說：「書生來了！」好像看到污穢的賤民似的，避之唯恐不及。往來的人群把我們看成與賤民同等，說起來可謂其來有自。

有一次，我們經常光顧的難波橋的牛肉火鍋店老闆買了一隻豬。他雖然開牛肉火鍋店，可是膽子卻很小，不敢殺豬，因此他找上緒方學堂的書生。我們對老闆說：「可以！我們幫你殺，代價是什麼？你願意給我們什麼？」「你們說呢？」「豬頭給我們！」「沒問題！」於是我們代他殺豬。

學堂的書生不愧是生理學家，知道先悶死動物便容易屠宰。幸好那家牛肉火鍋店就在河邊，我們把豬牽到河岸，將四隻腳綁起來，然後壓到水裡悶死，一會兒工夫就屠宰完畢。老闆把豬頭當作酬勞送我們。我們到廚房借來柴刀，先做解剖學的研究，仔細觀察腦、眼睛等器官，等血肉模糊之後再烹煮食用。當時屠宰業都是賤民的專利，所以在牛肉火鍋店老闆的眼裡，我們大概與賤民無異吧！

解剖熊的插曲

還有一件相關的軼事。道修町的藥材店宣傳著在京都的郊外抓到一隻熊。藥材店通過某醫生的介紹，向緒方學堂說：「為了從事學術研究，希望能夠參觀解剖這隻熊，不知貴學堂能否派人前來解剖。」當時緒方學堂的書生正熱中解剖工作，大家興致勃勃，立刻整裝出發。

我不是醫生，所以沒加入這個行列，而學堂的書生共有七、八人前往。他們開始解剖，一邊說明這是心臟、這是肺、這是肝……。解剖到一半，藥材店的老闆與醫生突然說要告辭。

後來，學堂的書生看清了事情的真相，原來藥材行知道，如果拜託緒方學堂的書生解剖，即能完整地取出熊膽。因此他們假裝是要看解剖，等到取出熊膽後就立刻告辭。

書生們豈能原諒這種行為，經過大家開會討論後，一致通過前去找藥材行理論。我們討論如何分派任務。學堂中有一位口若懸河、滔滔不絕的難纏書生，叫做田中發太郎（現在改名為田中新吾，住在加賀今澤），由他負責出面談判。我則負責草擬談判的書信。我將原稿擬妥後，交由來自信州飯山的沼田藝平謄寫。沼田寫得一手菱湖體[1]的好字。

我們還分配好誰負責當傳話的使者、誰負責恐嚇，每個人都不是容易對付的角色，當中也有人佯裝要訴諸武力、耍流氓。而且我們也做好沙盤推演，如果對方來找碴，由誰應付。總之，在我們六、七條好漢的合作下，抗議、理論、口誅筆伐均無懈可擊。

負責談判的田中發太郎，平常都是光著身子一絲不掛，然而談判那一天，卻穿著正式的武士服，身上還插著腰刀。談判時，他緩急剛柔並用，指摘他們的作為使我們學醫的人臉上無光。在他的唇槍舌劍之下，對方的醫生也束手無策，只好鞠躬道歉。鞠躬道歉還不夠，還拿出五升酒和雞肉、魚肉等禮物賠罪。我們這才原諒他們，返回學堂暢飲一番。

看戲糗事

學堂的書生也有馬失前蹄的時候。在鬧區道頓堀的戲院，若有衙門捕快前往觀賞，即會被帶到上等席免費觀賞，另外還有茶點糕餅招待。緒方學堂的書生得知此事，經常模仿衙門捕快，插著長短武士刀，頭戴高帽式頭巾（看了令人心裡發毛），大搖大擺地進去看戲。

俗話說，夜路走多了，總會碰到鬼。有一天，真的捕快也去看戲。學堂書生百口莫辯，又是詐欺，又是冒充捕快。當時進退維谷，只能任人恐嚇。還好他們和玉造區的捕快有點熟，立刻去那裡痛哭流涕，請求私下解決。當時，他們右手拿酒，左手提菜，總共花了約三分錢。這詐欺事件是以住京都南方的高橋順益[2]為首，我本來就不看戲，而且覺得不放心，曾經勸他們：「這樣不好吧！不怕一萬只怕萬一。」可是他們說：「怕什麼？橋到船頭自然直。」他們厚著臉皮喬裝成捕快，終於事蹟敗露，不但讓人笑不出來，還讓我們捏了一把冷汗。

假裝吵架

我們胡鬧的程度，現代人無法想像。當時沒有今日的警察局，所以幾乎可以為所欲為。大阪的商人本來就極為膽小。若是在江戶吵架，看熱鬧的人群立刻一湧而上，吵架也就不可收拾了。而大阪卻沒有湊熱鬧的人。

我們經常在夏天吃完晚飯後，出外閒逛。我們事先說好在市區假裝吵架。我們佯裝怒火

1 江戶時代中期的書法家卷菱湖（一七六七～一八三三年）的書體。
2 高橋順益（一八三二～一八六五年），宮津藩的藩醫，福澤諭吉的好友和媒人。

沖天，大聲咆哮，互相扭打在一起（當然不會打疼對方）。附近的商家一看到我們打起架來，立刻收拾店面，緊閉門窗，變得寂靜一片。

我們所謂的吵架，即是如此，沒有別的意思。其方法是，我們兩、三個人一組，在最熱鬧的地方碰頭起衝突。所謂最熱鬧的地方，即是在風化區的附近，例如新町九軒一帶就是我們常鬧事的地方。然而，若固定在一個地方鬧事，遲早會事蹟敗露，所以事先決定今晚在道頓堀或是在順慶町。信州的沼田藝平等人即是吵架鬧事的高手。

學劇中人物胡鬧找碴

還有一件軼聞。有一次，我和一位從九留米來的學長，名叫松下元芳的醫生，我們到名為御靈的神社夜市閒逛。我們站在盆栽攤販前光問價錢不買，盆栽攤的老闆打量著我們，把我們當作小偷，他說：「你們兩位，不要做壞事。」老闆竟敢看輕我們，絕對不可原諒。

我們學歌舞伎裡的胡鬧人物「弁天小僧」跟他大吵起來。我嘶吼著：「把這傢伙幹掉！不要跟他講理，直接把他幹掉！」松下在旁邊佯裝勸架：「你讓他保住老命嘛！」「不！別囉嗦了，一拳打死他！你不要攔我。」我們一搭一唱，四周圍滿了看熱鬧的人潮。我覺得越發有趣，更是得理不饒人。

此時，御靈區紅豆湯店的搗年糕師傅進來仲裁說：「請你原諒他吧！」我說：「好吧，看在你的面子上，我放過他。不過，明天晚上要是在這邊擺攤子，我會幹掉他。既然你來說情，今晚就原諒他吧！」隔天晚上我們再去瞧個究竟，只有盆栽店的攤子沒擺出來，真是個言而有信的人。當時沒有今日的警察局，所以我們可以胡鬧，但我們絕不做壞事。我們頂多只是做找盆栽店碴之類的事，不會真的做壞事。

被當作扒手

我曾經嚇得驚慌失色，這次也是在御靈一帶發生的。當地有個廟會，市區的年輕人約有一、兩百人參加，他們頭上掛著燈籠，在街上遊行，並高聲吆喝著。我們三、四個書生也來參觀，而我當時不知為什麼，大概是喝酒的緣故，舉止有欠正常。我用根木棍把他們頭上的燈籠打下來。其中有一個年輕人高喊：「扒手！扒手！」

依照大阪的習俗，抓到扒手，可以不分青紅皂白地打死，然後丟進河裡。我嚇得屁滾尿流。此時唯有三十六計走為上策，我赤著腳往堂島方向逃去。當時我佩帶一支腰刀，若是被他們追上，只好面對他們，準備拿刀子與他們拚命。我若砍了人，那可就不可收拾。我完全不想傷人，所以只顧拚命地跑。我跑到堂島五丁目，衝進奧平的倉儲批發處，才大大地喘了一口氣。

不信神佛

在大阪的東北方有一座橋叫葭屋橋，橋前的地區叫做築地。從前該地的住戶都不是正經人家，也可以說是送往迎來的私娼寮集中地，其髒亂的程度不言而喻。

在築地的入口轉角處，有一間不知是供奉地藏菩薩或金比羅神的神壇，神壇香火鼎盛，前來朝拜的人相當多。神壇上掛著各種各樣的祈願板，有的畫著男女合拜圖，有的在祈願板上貼著信封，也有人把髮髻剪下綁在那裡。

我白天到那裡觀察之後，晚上就去把信封或綁著髮髻的祈願板拉下來帶回家。我打開信封，裡面寫著五花八門的祈願文，我看得津津有味：「哈哈，這張是賭徒想要戒賭、那張想要戒酒、這張是海上遇難得救的感謝狀、那張是沉迷女色的懺悔文、另外一張則是妙齡姑娘擔心些荒唐的事情……」我越看越有趣，無聊時就拿來欣賞一番。總之，人家恭敬虔誠的祈願文，卻被我給糟蹋了，真是阿彌陀佛，罪過罪過。他們遇到我這種不信佛不信神的荷蘭學書生，只可說是倒楣萬分。

偽造風塵女的信

再談一件學堂中的奇談。當時緒方學堂的書生大抵是醫生的子弟，因此依照江戶時代醫生的習俗，他們不是剃光頭，就是留全髮，不像一般武士從額頭剃到頭中央。他們從各藩國到大阪這都會區後，即嘗試留起一般武士的髮型。他們的樣子就如同現今的淨土真宗和尚把頭髮稍微留長一點，然後再剃掉額頭的部分。這些光頭醫生留著武士頭，腰間插著刀，得意洋洋地擺姿勢。

有一個從江戶來的書生，姓手塚[3]，是德川將軍家的藩醫子弟，所以他可以穿著他父親從德川家拜領的德川葵紋家徽衣服。他的髮型是學堂中流行的武士髮型，腰間插著一支長刀，看起來神采飄逸，雄姿英發。然而他的行為卻不大檢點。

於是有一天我對手塚說：「你若是認真念書的話，我每天都會替你講解功課。總之，首先你不要再到花街柳巷去。」手塚面露悔改之色說：「那個地方我現在不想去了，以後絕對不去！」「既然如此，我一定指導你功課。可是我還是不信任你，你寫個字據吧！」「好！說寫就寫！」於是他在字據上寫：如此這般……今後我一定用功讀書，如果違約，我會心甘

3　指手塚良庵，名漫畫家手塚治虫的曾祖父，於一八五五年入緒方學堂。

情願地理光頭。

那張字據放在我身邊，我也按照約定每天特別幫他複習。在寫了字據之後，手塚一心向學，使我覺得很無趣。當然這完全是我不對，人家拚命用功，我卻覺得不好玩，我的心地也太壞了。總之，我覺得無趣，因此我偷偷找兩、三個人商量：「手塚常去冶遊的那個女郎叫什麼名字？」「這很容易查。她叫做某某。」「好！那我來寫信。」

我模仿風塵女寫信，在文句中夾雜俗語方言、錯別字，並揣測她可能說的話。我推測她一定曾經要求手塚送禮物，譬如送麝香之類的東西。因此我寫：「你不是答應送我麝香嗎？」我寫些必須推測才明白的句子，然後署名「某某人寄，手總先生收」。可是我的筆跡一下子就會被認出來，因此我請長州的松岡勇記用當時流行的書法模仿女人的筆跡謄寫，然後交給玄關負責傳信的書生說：「你把這封信交給手塚，說是從新地[4]寄來的。你要是洩漏祕密的話，小心挨揍！」我稍稍恐嚇他。

於是，傳信書生將那封信拿給手塚：「我們學堂中沒有手總先生，我猜大概是要寫給你的。」與我一起偽造文書的共犯，躲在門後偷看劇情的發展。手塚拿著信仔細端詳。我們不知那女郎究竟有沒有要求手塚送麝香，不過「手總」這兩字是出自高橋順益的傑作，因為「手塚」的大阪發音就是「手總」。手塚看了信之後，竟然眼淚奪眶而出。唉！我們真是罪孽深重。

手塚兩、三天沒動靜，可是最後仍然忍不住去找他的相好。共犯們高興大叫：「計謀得逞！」手塚隔天早晨若無其事地回來，我們也都若無其事地走到他身邊。我拿著一把剪刀，一手揪著他。手塚驚慌失色地說：「你幹什麼？」我說：「沒幹什麼，只是想把你剃光頭。剃光頭之後，要花兩、三年的時間才能留成現在這麼瀟灑的髮型。你念阿彌陀佛吧！」我抓住他的髮髻，故意讓剪刀咔嚓咔嚓地響，沒想到手塚真的合起雙掌準備挨刀。此時，共犯當中有一個出來當和事佬：「福澤，你還是手下留情吧！」「有什麼好抱怨的，是他自己說要剃光頭的。」我們一搭一唱，假和事佬裝作掌握談判優勢。最後，手塚沒剃光頭，但是買了酒和雞請客。在我們暢飲之間，有人還調侃地說：「拜託拜託，你再去冶遊一次，我們就有酒喝。」我們雖然胡鬧，卻意外地成了諫言。

好捉弄迷信的人

我們同窗當中有種種趣聞。來自肥後的山田謙輔是迷信的集大成者。他絕不說與「死」（日文發音為si）相似的音。當時歌舞伎紅星市川團十郎的父親海老藏在道頓堀演出。山田提到戲劇時說：「我們去看海老藏演的『發』劇。」由此可見其迷信之一斑。

山田謙輔是一個頂天立地的大丈夫，然而荷蘭學的書生卻看不慣他的迷信。我們在聊天

4　風化區。

時，經常愚弄他。有一次他反駁：「福澤，你那麼倔強不信邪，好，你想想看；大年初一一早，你去拜年，究竟喜歡遇到喪事還是喜歡看到象徵吉祥的鶴？」我回答：「這不須考慮。死人不能吃，所以當然鶴比較好。不過，要是那隻鶴不讓我吃，那就和死人沒有兩樣。」我們就是這樣抬槓、開玩笑。

有一次，我跟長與專齋[5]商量，準備好好地捉弄山田一番。我們趁山田不在時，將他的硯台用紙包起來，做成牌位。長與專齋寫得一手好書法，他在上面寫上山田的法名「某某院某某居士牌位」，並將它置於書桌上。我們還在他的飯碗裡放進香灰，插上香，放在牌位前供奉。山田回來一看，其表情已非筆墨所能形容，只見臉色鐵青、暴跳如雷。我們嚇得噤若寒蟬，還好他不是脾氣暴躁的人，否則一定揮刀把我們砍成兩段。

謊稱吃了河豚

還有一次讓我們感到畏懼的是謊稱吃河豚。我在大阪的時候，膽大不畏中毒，不管是河豚肉也好，或是更危險的河豚肝也好，我都照吃不誤。

有一次我對藝州仁方的書生三刀元寬說：「我買了一條醬味噌的鯛魚，你要吃嗎？」他很高興地吃了，他說：「謝謝你，果然好吃。」過了兩個小時之後，我對他說：「唉！你太可憐了。你剛才吃的不是鯛魚，而是我從中津倉儲拿來的醬味噌河豚。你是醫生，應該明白食物消化的時間，現在吃嘔吐藥也沒有用，看看你有沒有辦法把河豚的毒吐出來。」只見他坐立不安，憤怒不已，還擺出要修理我的樣子。後來我也認為玩笑開得過頭而替他擔心，萬一出差錯的話，將不可收拾。

偷料理店的東西

前面說過，我們曾被盆栽店的老闆懷疑是小偷，其實我們被懷疑也是理所當然的，因為緒方學堂的學生真的偷過店裡的東西。這裡所謂偷店裡的東西，並不是偷和服店的布匹那麼高級的東西，而是在料理店喝酒時，順手牽羊將小酒瓶或小盤子等物帶回家。

同窗書生互相比較誰的本領高，因此在送別會等大宴會時戰果最為輝煌。其中有將團扇放在背部帶回家的，也有將大盤子藏在懷中的，或是將小湯碗的蓋子放進袖子裡的。又有人說：「你們都是小場面，看我的輝煌戰果。」他打開手巾，裡面包著十個小盤子。現在回想起來，料理店一定知道我們的勾當，故意睜一隻眼閉一隻眼，然後將我們偷的東西算進帳單裡。因為我們每次必偷，所以早列入他們的慣竊黑名單裡。

5 長與專齋（一八三八～一九〇二年）。肥前大村武士，於長崎學習荷蘭醫學，後來參加岩倉使節團考察各國醫療制度。歷任內務省首代衛生局長、貴族院議員、宮中顧問官。

從難波橋丟擲小盤子

再談一個與小盤子有關的奇談。有一年夏天的某日，晚上過了十點以後，突然想喝酒。其中有一個人說：「啊！好想喝酒。」立刻便有四、五個人說：「我也想喝。」然而學堂已經關門，我們出不去，於是恐嚇看門的值班人員，強迫他開門。

我們到一家叫做「鍋島之濱」的河邊蘆葦小屋喝酒。當時每到夏夜，就有很多人來到河邊，把腳泡在水裡消暑，河邊也出現很多飲食攤販。我們叫了難喝的芋頭章魚湯，還點便宜的酒喝，回家時照例順手牽羊將五、六個小盤子摸走。

那時已經過了深夜十二點，我們走到難波橋上，河面上的飲食船上傳來三味線的吵雜聲。「真掃興！我們好不容易湊了一百五十文錢來喝酒，這些傢伙把我們的酒興都給破壞了。可惡！我們就是遇到這種人才會倒楣。」一說完，我就把身上的兩、三個小盤子朝飲食船投去。投下最後一個時，三味線的聲音戛然停止。我們匆忙逃跑，因此不知有沒有人受傷。

奇怪的是，一個月後真相大白。某日，學堂的一個書生到北邊的「新地」冶遊，有一個藝妓對他說：「這世界上就是有這麼壞心眼的人，一個月前，我和恩客在難波橋下乘船納涼，突然有人從橋上丟下小盤子，剛好丟中我的三味線，把共鳴箱的皮都打穿了。好險，幸好沒有受傷，真是不幸中的大幸。那四、五個傢伙不知是哪裡人，夭完小盤子後就往南邊一直跑去。世界上竟然有這麼可惡的傢伙。」我們聽了之後，明明知道真凶遠在天邊近在眼前，但說出來反而會引起麻煩，所以當時我們也沒向那個同窗書生透露事情的真相。

從戒酒到抽菸

酗酒的惡習對我一生造成莫大的損害，這損害一直影響至今。我知道在緒方學堂一邊求學一邊喝酒絕對有害，我深感內疚，於是一鼓作氣，斷然戒酒。然而我並沒有成為學堂中受人稱讚的楷模，反而成為天大的笑柄：「你們瞧！福澤從昨天開始戒酒，笑死人了，哈哈，叫人笑掉大牙。你們說他能戒幾天呢？我看維持不了十天。他只是五分鐘熱度，明天就又會開始喝酒。」

雖然每個人都嘲笑我，可是我發揮堅強的意志力，忍耐了約十五天。好友高橋順益親切地對我說：「你的忍耐力真了不起，能夠維持這麼久，真讓人望塵莫及。不過一個人的習慣，即使是壞習慣，也不可以一下子改過來。所謂江山易改，本性難移。所以呢，既然你決定禁酒，不如抽點菸解悶。人總是要有個樂趣。」

可是我最討厭抽菸了。我經常批評抽菸的同窗書生：「抽菸有百害而無一利，竟然還有人抽。別的不提，菸又臭、又髒，讓人受不了。不要在我身邊抽菸。」從前批評別人，現在自己要開始抽菸，總覺得無法自圓其說，心中有愧。不過，我覺得高橋的理論還有點道理，因此我說：「那麼我就嘗試看看吧！」

大家一聽說我要抽菸，學堂大為轟動。有人送我菸，有人借我菸斗，甚至也有人特意買來味道極淡的菸送我。他們對我這麼親切，我知道不是出於好意，而是因我平時盡說些抽菸的壞話，所以他們想辦法讓我也加入抽菸的行列，好嘲笑我一番。而我因為拚命戒酒，只好抽起我平常最討厭的菸。十天、十五天之後，我逐漸習慣菸的味道。本來又臭又辛辣的菸味，變得既不臭又不辛辣，味道逐漸轉好。一個月之後，我已經變成一個如假包換的抽菸人了。

話說回來，我無法忘記喝酒的樂趣。雖然明知自己卑鄙無恥，然而一旦淺嘗一杯就受不了誘惑。再一杯吧！這是最後一杯！我卯足全力控制自己，但一聽到酒瓶內還有聲音就無法忍受，最後終於喝下三小瓶酒。第二天又喝下五小瓶，可以說恢復了往日的惡習。可是抽菸這件事並沒有回到從前的好習慣，已經上了癮，可以說是賠了夫人又折兵。我曾立下大志，決心戒酒，結果當了一個月的冤大頭，最後既抽菸又喝酒，直到六十餘歲的今日，酒已經自然而然戒掉了，但菸癮仍在。從生理衛生而言，這完全是自我傷害，沒有辯解的餘地。

桃山歸來　奮勇救火

學堂中大都是窮書生，到料理店吃鮮魚的機會自然很少。到了晚上，天神橋與天滿橋的橋邊魚市場開始上市。說穿了，都是一些人家買剩的魚，非常便宜。買回來之後，我們把魚放在洗手盆中洗乾淨，用損壞的桌子當切菜板，拿小刀來切魚。因為我的手比較靈巧，所以每次都由我洗魚。

時值三月桃花盛開，大阪城東邊有一個地區名為「桃山」，一夥人都說想到該處賞花。我們沒錢在那邊的飲食店用餐，因此照往例，前一天晚上買些人家揀剩的魚，以及冰豆腐、青菜等。我們一大早起床，匆匆忙忙地做菜，然後放在便當盒裡。我們又買酒，一夥共十四、五人，各自帶著便當到桃山。

正當我們開懷暢飲，酒酣耳熱時，無意中發現西邊，也就是大阪的南方，發生大火災。太陽正要下山，時間已經過了七點。糟了！那一天長與專齋恰巧到道頓堀看戲。對我們賞花的一群人而言，大阪的火災與我們無關緊要。然而長與在那裡看戲，萬一被燒死了怎麼辦？我們必須將長與救出來。

從桃山到大阪約二、三里路，我們一路奔跑，跑到道頓堀時，那裡早就被燒得片瓦不留。該處的三間戲院也都被燒掉了，火苗漸漸往北方燃燒。我們雖然擔心長與的下落，但是根本無從找起。沒多久，天色已暗，我們只好放棄尋找長與。

有人建議：「我們去看火災。」大家相偕前往火災現場。火災現場中，大家急著搬運行李，一片凌亂。我們主動幫忙搬運行李，有的背大包袱，有的扛家具，大家卯足全力救災。當時的大阪，房子著火時，就用繩子綁住柱子，將房子拉垮。有人要我們幫忙拉繩子，我們義不容辭地幫忙。之後主人請我們吃飯糰，又拿酒請我們，我們覺得很有趣。我們在那裡大吃大喝，直到八點左右，一夥人才回到學堂。可是火苗仍未熄滅，於是我們再度上陣。

當時大阪的火災顯得相當無關緊要。災區周圍人群聚集喧譁，可是現場卻出奇地安靜，幾乎不見人影。因此只要吆喝一聲衝進現場，即宛如進入無人之境。火災現場只有消防隊員以及緒方學堂的學生，我們縱橫火海大顯身手。

緒方學堂書生的胡鬧情形由上可知，然而我們之間的情誼可謂深厚，絕無爭執的情事發生。當然，我們會有議論，在各種話題上會有所爭議，但絕不吵架。特別是我因個性上的關係，從來沒有真正與朋友爭吵過。即使是有爭議，也僅止於有趣的爭議。

譬如，發生為主君報仇的赤穗城義士問題，我們便開始辯論四十七名義士究竟是「義士」還是「不義之士」。我說：「怎麼說都可以，在口頭上可以說是義，也可以說是不義。你說他們是義士，我就說是不義之士。你說他們是不義之士，我就說他們是義士。來吧！儘管放馬過來！」我有時與人敵對，有時加入對方的陣營，不斷辯論，不管輸贏，我都覺得其樂無窮。我們經常高談闊論，不過都是這種無害的辯論，不會激烈到爭得面紅耳赤。

手不釋卷　廢寢忘食

前面說過，我們不管在學堂或外面，既會胡鬧也會爭議，因此大家或許會誤以為我們都沒在做學問，整天只是喧鬧個不停。不過，這是誤解，一提到做學問，當時全日本沒有一個地方比得上緒方學堂。

茲舉一例如下：我在安政三年（一八五六）三月罹患傷寒，最後幸得痊癒。臥病時，用布將座墊包起來當枕頭。及恢復健康，我想改用普通的枕頭。當時我與家兄同住中津倉儲批發處，家兄有一部屬，我託該部屬替我拿普通的枕頭來，可是他遍尋不著。我突然想起，我在倉儲批發處居住一年左右，從沒用過枕頭。

其原因是，我讀書不分晝夜，一天二十四小時隨時都可以讀書。天黑了我也不睡覺，只是不斷地讀。讀累了，即趴在書桌上睡覺，或把擺飾檯的邊緣當枕頭睡。一年當中，我不曾鋪棉被擺枕頭睡覺。那時我才發現：「怪不得沒有枕頭，因為我不曾在枕頭上睡覺。」從此事即可知我奮發向學的情形。並非我一個人特別用功，同窗書生大抵如此，我們可以說是讀到廢寢忘食的地步。

住進緒方學堂之後，我對自己讀書的方法記憶猶新。傍晚的吃飯時間，如果有酒的話，我就喝酒，然後在初更睡覺。一覺睡醒後，約在現在所說的十點鐘左右起床，我提起精神念書，直到天露曙光，廚房傳來煮飯的聲音，才再度就寢。這一覺睡到早飯煮好時，起床後立即到浴室洗澡，洗完澡才吃早餐。早餐之後，又繼續念書。

我在緒方學堂，大致過著這樣的讀書生活，不在乎是否合乎健康法則。緒方學堂是個醫生的學堂，本應非常注重健康，然而大家不知是有意還是無意，都沒有人提到健康或衛生的觀念。儘管如此，我們身體皆尚屬健康。其原因或在於我們的身體原本就健康；另一方面，或許大家認為，太過注重衛生健康，身體反而會變得羸弱。

研讀荷蘭文的方法

現在介紹緒方學堂讀書的方法。剛進入緒方學堂的書生，對荷蘭文可說是完全矇昧無知。對完全不懂荷蘭文的人究竟要如何教？當時在江戶翻刻的荷蘭文法書有兩本，一本叫《卡藍馬提卡》[6]，另一本叫《瑟因塔吉斯》[7]。對初學者，首先教《卡藍馬提卡》，除了教發音之外，還解釋文法及文義。教完《卡藍馬提卡》之後，再教《瑟因塔吉斯》，也是採取同樣的教學方式。學完這兩本文法書之後，才開始進入研讀發表會。

所謂的研讀發表會，就是每十人或十五人一組，大家輪流讀原文書，並解釋文義。而每組有一組長，負責引導研讀發表會，他聽取每位組員發表之後，依照其成績合格與否劃上白圈或黑圈。若學會發音，讀完兩本文法書，並通過研讀發表會，則開始進入獨力研究的階段。如果對研讀發表會所使用的原文書中有不了解之處，依照規定，即使是一字半句也不准問別人，同時也沒有人為了誇大自己的實力而私下問人。

緒方學堂的藏書除了物理學與醫學書籍之外無他，而且總共不超過十本。因為是從荷蘭運來的原文書，因此每個種類僅有一本。讀完文法書的學生，即必須抄寫原文書。每人各自抄寫，於每月六齋日舉行研讀發表會。然而根本無法讓十幾個人同時抄寫，因此用抽籤方式決定抄寫的順序。當時沒有洋紙，全都是日本棉紙，我們將紙磨平之後用小楷抄寫。可是寫在棉紙上面墨跡會暈開使得字跡不清，因此我們在紙上塗上明礬膠水，並用鵝毛筆抄寫。

我們自己製作鵝毛筆。當時大阪的藥材店販賣不知是鶴或雁的羽毛。那羽毛切成三寸長，只剩羽軸，價格相當便宜，據說是用來釣鰹魚用的。我們買來之後，用磨利的小刀將羽軸削成鋼筆尖的形狀即可書寫。我們使用的墨水當然不是西洋墨水。日本木工的墨線斗是將棉花或毛氈浸在磨好的墨汁裡面來使用，而我們抄寫原文書的墨水，則是將磨好的墨汁直接倒進墨線斗中，就如同今日西洋的墨水般儲存起來。

學堂中的每個書生都必須抄書，因此每個人都擅於抄書，也抄得很工整。我們抄寫的方法是，一個人念原文書，另一人則邊聽邊抄寫，幾乎不曾抄錯字；亦即兩人合作，一人念，

6 Grammatica, of Nederduische Spraakkunst《和蘭文典前編》。

7 Syntaxis, of Woordvoeging der Nederduitsche Taal《和蘭文典後編成句論》。

另一人抄。還有一種方法是，自己邊看原文書邊抄寫，抄完之後交給另一人抄，如此輪流抄寫。研讀發表會一天的份量，大約要準備抄三張紙，至多四、五張。

獨力研究　埋頭苦讀

我們抄好物理書與醫學書之後，在研讀發表會上既沒有人為我們講解，也沒有人念給我們聽。學堂的書生認為，私底下偷偷教人或問人都是一種恥辱，因此學堂裡無一人犯此忌。我們獨自藉由翻閱文法書與字典來解讀文義。學堂中只有一本字典，即《德夫》的手鈔本字典。

《德夫》是大部頭的字典，紙張的材質是日本棉紙，全書約三千張。作者製作這本字典，殫精極思、嘔心瀝血，亦曾轟動一時。這本字典乃是往日居住在長崎出島的荷蘭商館長德夫[8]將荷法字典《哈瑪》翻譯而成。在荷蘭學圈內，這本字典被尊崇為寶典，由日本人抄寫成數部。緒方學堂中只有一部，因此每每三、四人圍著《德夫》讀書。

當我們學問更加精進時，還可查一部名為《韋蘭德》的荷蘭原文字典。這部字典分為六冊，全用荷蘭文解釋。當我們查了《德夫》仍不明瞭時，即翻閱《韋蘭德》。不過初學者即使查了《韋蘭德》也無法理解，所以僅查《德夫》字典。研讀發表會時，我們會選定在每月有「一」、「六」的日子（如十一日、二十一日、十六日等），或是有「三」、「八」的日子。

研讀發表會的前一晚，再怎麼懶惰的書生也會徹夜不眠。通常都是五至十人坐在名為「德夫」的房裡，亦即擺設字典的房間，默默翻閱著字典讀書。隔天早晨即是研讀發表會。我們抽籤決定發表的順序，並劃定每人發表的範圍。小組長拿著原文書，其他的人按照順序解釋自己研讀的範圍。如果第一個人無法解釋，就由第二個人接續，第二個人也不知文義時，即由第三個解釋，能夠正確解釋文義的人劃上白圈，解釋錯誤的人劃上黑圈，若是能夠將自己負責的範圍流暢、正確地解釋，則劃上白色的三角形。這三角形是比白圈優秀三倍的符號。

學堂中分為七、八個等級，如果持續位居每個等級的第一名三個月，即可升級。書生閱讀發表會以外的書籍時，上級生經常對下級生講解，下級生有疑難之處，上級生會替他解答，大家感情水乳交融，情同手足。然而研讀發表會時，則完全憑自己的實力，沒有人會暗中教導，因此對學堂書生而言，研讀發表會等於每月舉行六次考試一般。

當我們升上高級班之後，幾乎把學堂中所有的原文書都讀遍了，此時求學生涯也暫告一個段落。我們為了要向更高難度的文章挑戰，特意收集一些不具實用性的原文書的序言或序文，由最高級的書生聯合舉行研讀發表會，或是請緒方老師講課。我也曾聽過緒方老師講課，在課堂中，我深感老師為學縝密而豪放，是荷蘭學界的重鎮，是名副其實的泰斗。我對

8　德夫（Hendrik Doeff，一七七七～一八三五年）。

老師的學問欽佩有加，每次聽講結束回到學堂，數位好友聚在一起，總會談論：「今天老師上的課，全是真知灼見，我們與老師相比，真是相形見絀，頓時成為無識之徒。」

我們上街喝酒或胡鬧，通常是在研讀發表會的當晚或翌日，因為距離下次發表會還有四、五天，我們即利用此空檔時間出遊。前面提過，一接近發表會，等於一個月六次的考試，因此我們都埋頭苦讀。讀書的才能固然因人而異，然而緒方學堂中，不讀書而能混畢業的絕無僅有，我們都培養真正的實力，幾乎所有的學堂書生都達到能夠閱讀原文書的程度。

抄書的生活

順便談談有關《德夫》字典的事情。當時諸藩國的主君經常會要求我們幫他抄寫一部，因此抄寫《德夫》字典成為書生的飯碗。當時的抄寫費用是以一張日本紙十行二十字為標準來計算。而《德夫》字典一張約三十行洋文，我們抄寫一張洋文是十六文錢，抄寫日文的註解為八文錢。與一般的鈔本比起來價格算是很不錯。一張十六文錢，若抄寫十張，以當時銅錢的進位方式計算，則為一百六十四文錢；註解為其半價，亦即八十文錢。我們有人抄寫註解，有人抄寫洋文，一本字典總共三千張，因此價錢也相當可觀，對我們的衣食助益良多。以現在的金錢來看，覺得價錢並不高，然而以當時而言則不可小覷。

譬如，當時白米一石三分二朱錢，酒一升一百六十四文錢至二百文錢，書生住宿費及學費平均一天不超過一百文錢。如果一天抄十張《德夫》字典，即有一百六十四文錢，付學雜費綽綽有餘。在一般的學堂當中，絕無僅靠抄書即可生活者。能夠靠抄書過日子的，僅限於荷蘭學的書生，這可說是我們的專利。

有一件事可證明此事。江戶不愧是各藩國主君旅居之地，該處不僅託荷蘭學書生抄寫《德夫》字典，還抄寫其他的原文書，因此價格自然高漲，與大阪比起來，價格十分昂貴。緒方學堂中，有一位加賀金澤出身的鈴木儀六是從江戶前來大阪修業的書生。他至江戶時身無分文，然而經過辛勤地抄寫原文書之後，不僅能夠餬口過日子，還存下一筆錢。他忍耐了一、兩年，存了約二十兩。他以那二十兩錢到大阪緒方學堂求學，最後完成學業返回金澤。他完全靠抄寫荷蘭原文書完成學業。鈴木的想法是，抄書賺錢要在江戶，若想求得真正的學問，則要到大阪。因此他存錢到大阪求學。

嘗試實驗　臭氣沖天

當時不像今日具有工業技術的基礎。日本國內沒有蒸汽火車，化學實驗的儀器也不完整。不僅不完整，連最基本的東西都沒有。儘管如此，我們對機械原理或化學原理大致熟悉。我們嘗試實驗，參照原文書的圖片製作實驗儀器，花費了不少苦心。

我住在長崎時，聽說只要有鹽酸與鋅，即能夠在鐵片上鍍錫。當時日本只知道用松脂在銅器上鍍錫，因此在青銅的鍋子上鍍錫乃是修補金屬器具師傅的工作。由於我們知道只要有鹽酸與鋅即能在鐵片上鍍錫，因此緒方學堂的書生想辦法製造鹽酸與鋅。當時到藥店也買不到鹽酸，只好自己看著書本製造鹽酸。製好鹽酸之後，我們接著將鋅溶在鹽酸裡，嘗試在鐵片上鍍錫，結果我們的成果讓金屬修補師傅看得目瞪口呆。

我們也嘗試製作碘。在翻閱各種書籍之後，到天滿果菜市場買來海草類的蔬菜。首先我們將海草放在淺土鍋中煎煮，結果煮成焦黑而告失敗。

之後我們的野心變得更大了起來，我們想製造氯化氨。這氯化氨一定需要鹽酸與氨，這兩樣東西藥店都沒賣。我們製造氨的方法是從骨頭提煉。然而買骨頭要花錢，我們只好到玳瑁店去找玳瑁的代用物——馬蹄。我們知道玳瑁店會將削馬蹄留下來的馬蹄屑免費送人。當初我們還考慮是否要謊稱是當肥料用，沒想到我們一到了店裡，老闆即免費送我們。

我們帶了一大堆馬蹄屑回來，將它放進小酒瓶內，酒瓶外面塗上泥土。我們再買土製的甕充當火爐，在底下起火。我們在土甕中放進三、四支酒瓶，瓶口接著陶瓷器的管子伸出土甕外。我們不斷煽火，管子的尖端一滴一滴地流出液體，終於製造出氨。

雖然極為順利地取得氨，但是其臭無比，非筆墨所能形容。我們將馬蹄屑放在酒瓶中蒸烤，其臭味可想而知，何況我們是在緒方學堂深處的狹窄庭院裡提煉的，所以臭得令人受不了，連一向胡鬧的書生也舉手投降。傍晚時到公共澡堂洗澡，狗聞到我們衣服上的臭味，不斷狂吠。即使我們光著身體做實驗，別人也一定會討厭我們身上的臭味。

當然，由於我們熱中實驗，一心一意想製造氯化氨，也就不在乎臭味，只是不斷地做實驗。然而周遭的人不斷提出抗議，連女傭男傭都說覺得噁心吃不下飯。在抗議聲中，我們終於有了成果，但是得到的不是結晶而是粉末。我們無法製作完全的氯化氨，再加上周圍的抗議，只得暫停實驗。

然而有一部分堅忍不拔的書生仍不死心，他們認為中止實驗有辱學者的名譽。我與來自久留米的松下元芳、鶴田仙庵等人半途而廢，可是有兩、三個人仍然堅持繼續實驗。有一位來自讚岐的醫生名叫中村恭安，他在淀川租來一艘最破的船，僱個船伕，在船上放置火爐做前述的臭氣沖天的實驗。然而風一吹，那臭味即飄到陸上，岸邊立刻湧來人群抗議。為了躲避抗議，他便移動船隻，在河面上來回行駛，從上游的天神橋、天滿橋開到下游的玉江橋邊，上上下下地避人耳目。

我們除了做化學實驗之外，還經常解剖貓狗，甚至死刑犯的屍體，此外還做製藥的實驗。單看外表，我們似乎放浪形骸、胡作非為，但其實我們在學堂裡讀書研究，而且還實事求是地做實驗求證。

關於製藥，我們留下一則趣聞。有一次我們想製作硫酸，經過千辛萬苦之後，製作出不純的黑色硫酸。我們還必須將它精製成透明的硫酸，於是當天便將它擺在碗裡放在木架上。鶴田仙庵自己忘了這回事，有一次他不小心打翻碗，硫酸從他頭上澆下來，他的身體有幾處灼傷了，整件棉襖都燒破了。

因為製藥需要酒瓶，而我們學堂邊剛好有一家名為米藤的酒店，我們是米藤的主顧，於是經常叫酒店送酒過來，酒喝完了便留下酒瓶。留下的酒瓶皆用來製藥，沒還酒店。酒店也覺得奇怪，暗中問學堂的僕人，他們這才知道最近書生們醉翁之意不在酒而在酒瓶。酒店老闆聞之大驚，從此再也不送酒過來，我們頓時陷入愁城。

抄錄黑田公的原文書

筑前國的主君黑田美濃[9]，是當今黑田長成侯爵的祖父，緒方洪庵老師受聘於黑田家。不過緒方老師既不到筑前國去，也不到黑田的江戶出差所，只是在大阪擔任黑田家的御醫。是故，黑田至江戶覲見幕府大將軍，或者從江戶返國經過大阪時，緒方老師一定至中島的筑前行館問候致意。

有一年，大約在安政三、四年（一八五六、一八五七）時，筑前主君再度經過大阪，老師按往例至中島的行館問候。緒方老師一回家，立刻叫我過去。我一到老師家，老師隨即拿出一本原文書給我，他說：「今天我到筑前行館，黑田主君說他最近買到這本書，我向他借了回來。」我一看，是一本叫《萬得倍特》[10]的原文書，乃由最新出版的英文書翻譯成荷蘭文的物理學，書中盡是新的知識，特別是電學那一部分極為詳盡。

我們在大阪所學的有關電學的知識，是從荷蘭的學校教科書中看到的，但教科書中僅提到一點常識。而這本新的舶來物理書，是以英國大師法拉第的電學說為基礎寫成的，其中包括電池的構造。這本書的內容已非新奇所能形容，只大略一看，便叫人瞠目結舌。

我向老師說：「這本書真是無價之寶，我們能夠借多久呢？」「黑田主君打算在大阪住兩晚，在他出發前應該不會拿回去。」「那麼，我就拿給學堂的書生看一看。」我說完便拿到學堂去：「你們瞧，這本原文書多珍貴！」學堂的書生蜂擁而至，圍繞著那本書。我與兩、三個高級生討論之後，決定將這本書抄錄下來。我說：「我們在這邊觀看這本書一點都沒有用，不如立即動筆抄寫。可是這本大部頭的書超過一千頁，我們無法抄完，倒不如只抄末段的電學部分。來吧！大家準備好文房四寶。」

但是我們遇到了困難，如果將這本黑田公的藏書分成幾部分的話，那麼動員三、五十人抄寫，應該很快就能完成，可是這樣會損毀這本原文書。不過，緒方學堂的書生不愧是抄寫原文書的高手，我們指定一人念出原文，另一個人則負責抄寫，當他寫累了，立刻換手。換下來的人，不分晝夜都要立即去睡覺。如此，可謂一天二十四小時，無時無刻都充分利用，省下了睡覺、吃飯、抽菸的時間。

在三天兩夜之間，不僅抄完電學部分，而且還完成校對的工作，並把圖片都抄錄下來。

---

9 黑田美濃（一八一一～一八八七年），福岡第十一代藩主，獎勵西學與教育。

10 指Pieter Van der Burg著的《自然科學基本原理入門》，一八五二～一八五四年出版。

我們總共抄了一百五、六十張，雖然還想抄寫其他的部分，但已沒時間了。我們抄了這些理當值得感謝了，因為緒方老師說，黑田公花了八十兩才買到這本書。這對我們這些窮書生來說，只有目瞪口呆的份，由於我們根本買不起，也就沒有購買此書的野心。

黑田公出發的當晚，我撫摸著那本原文書，依依不捨地物歸原主，好像要向雙親告別似的。之後，緒方學堂的電學煥然一新，我敢誇口，已達到當時全日本的最高水準。直至今日，我對電學仍具有基本的概念，這完全是拜抄那本原文書之賜。我曾數次詢問當今的黑田公那本原文書的下落，可是他說因事務繁忙，該書下落不明。我聽了只有扼腕嘆息。

大阪書生本色

如上所述，緒方的書生刻苦求學，不知倦怠。當時只有江戶的書生特意到大阪求學，沒有人特意從大阪到江戶求學。若是到江戶去，只是為了當老師而去。然而並非日本全國的一時之選全部集中於大阪，也不是全國的遲鈍書生都集中於江戶。兩地之所以有此差異，其原因頗費思量。雖然我們以身為大阪的書生為傲，但那並非人才有異，而是兩地情勢不同所致。

江戶是全日本最早開放外國文物的地區，而且又是幕府所在地，諸藩國主君的行館也集中在江戶，因此各方皆急於吸收西洋的新技術。也因為如此，只要稍微懂一點洋書即有人僱用，也有人從事翻譯賺錢，總之江戶的書生較容易維持生計。其中較幸運的往往被藩主賞識提拔，一夕之間從窮書生一變為奉領數百石俸祿的武士。

而大阪是個商人的世界，沒有主君的行館，因此沒有人委託研究砲術，也沒有人委託查閱原文書。因此緒方學堂的書生即使經過數年的苦讀成為偉大的學者，對實際的工作仍舊沒有幫助，亦即與衣食無緣。既然無緣，刻意追求也沒用。

我無法說明為何苦讀既不是為自己的前途著想，也不圖求取功名。不僅不求取功名，人家一提到荷蘭學書生，總是惡言多於美言，我們也只好自暴自棄，與世俗的名利劃分界線，不分晝夜，苦讀艱深的原文書。雖說前途飄搖未定，然而我們卻樂在其中。

其理由在於，日本全國只有我們能夠看懂西方日新月異的書籍。即使我們簞食瓢飲，曲肱而枕，是個捉襟見肘的窮書生，可是我們的智力思想，遠遠超過王公貴族，自信有資格睥睨之。越難的書對我們越有吸引力，我們已經到了苦中作樂，苦即是樂的境界。我們的情形可以這麼譬喻：我們不知此藥物有何功效，只知除我們之外，無人能夠服下這麼苦的藥物。我們也不問病在何處，只要是苦藥，我們即鼓起勇氣吞下。

敵視漢學

如有人真的要問我們苦學的目的為何，我們也無法給予肯定的回答，只能說大概是為了辯論吧！

緒方學堂是培養醫生的學堂，不熱中談論政治，至於外界經常討論的應該開國或是閉關自守，當然我們是主張開國，可是也沒有人為此爭論。我們的當前大敵是漢醫，因為討厭漢醫，自然波及儒者，緒方學堂的風氣可謂欲將中國的學問掃除一空。我們沒有人會去聽儒者講解經史，看到漢學書生，也只是覺得可笑。特別是遇到漢醫書生，我們不僅嘲笑他們，而且口出惡言辱罵。

緒方學堂附近，在中島的地方，有一位名為華岡積軒的漢醫大師，其學堂的書生看起來幾乎全是出身富裕家庭，服裝也穿得很體面，與我們荷蘭學書生大相逕庭。每當我們遇到他們，不但不打招呼，還互相瞪眼而去。之後，我們一定七嘴八舌地說：「你瞧他們的樣子，光是衣服漂亮有什麼用？金玉其外，敗絮其中。他們盡聽些空洞的講課，那個指甲黑黑的就是他們的學堂長。這些人學的是積了兩千年塵垢的傷寒論，學成歸國後，一定藥到命除，你說可怕不可怕。等著瞧，我們一定把他們幹掉，叫他們停止呼吸。」我們光說不練，只是辱罵漢醫不學無術，一吐荷蘭學書生的傲氣。

無求向學　寧靜致遠

總之，當時緒方學堂的書生，十之七、八都只是毫無目的地苦學。因為沒有目的反而幸福，也因為如此，我們比江戶的書生更加用功。當今的書生一邊求學一邊思考自己的前途，我認為這樣是不能求得真正的學問的。話說回來，只是浮泛地看書也是不對的。雖然不對，但若只考慮自己的前途，考慮要如何才能出人頭地，要如何才能賺錢，住豪華的房子；要如何才能吃美食、穿漂亮的衣服，如果心裡只想這些而奮力讀書，我認為是不能求得真正的學問的。學子求學，首要在於淡泊明志，寧靜致遠。

5

至江戶眼界大開

我當時已經知道世界上最通行的語言是英語，所以我在橫濱聽到的語言一定是英語。現在我國正締結條約，逐漸開放門戶。因此，以後一定需要學習英語。作為一個西洋學者，若是不知英語是行不通的。從橫濱回來的第二天，我就下定決心要學習英語。

我離開大阪至江戶，是在安政五年（一八五八）二十五歲那年。因為那一年江戶的奧平行館徵調我前往教授荷蘭學。江戶的行館有一個叫岡見彥三的人，他喜愛荷蘭學，是個地位甚高的上級武士。他想在江戶的藩邸開設荷蘭學的學堂，經過籌畫之後，他招徠書生，負責書生研讀原文書事宜。

原本他聘請松木弘安、杉亨二兩位學者擔任教職。然而奧平家知道我在大阪學習荷蘭學，岡見認為沒有必要聘請其他藩國的學者當教師，於是徵調我前來。

當時旅居江戶行館的大臣當中，奧平壹岐也是其中之一。我和奧平壹岐的關係維持得相當不錯，這點令我感到驕傲。我們兩人本應情感交惡，水火不容，然而我不曾與他正面衝突。他嫉妒我，想捉弄我，騙我回中津。當年我要離開長崎時，他命令我：「你回中津，把這封信交給某某人，並向某某人轉達我的話。」我佯裝洗耳恭聽，實則在內心罵道：「混蛋，我才不回國，我要去江戶。」後來他也知道我憤然離開長崎去了大阪。

儘管如此，以後我每次遇到他，總是對他必恭必敬，不但不曾抱怨，反而還假裝感謝他對我的恩惠。我還曾偷抄了他一本珍貴的原文書。對方不對，而我也做錯事。不過，我不曾把他欺騙我的事情告訴別人，也不形於色，只把他當作國家大老尊敬。這次岡見徵調我至江戶，大臣無異議通過，可謂十分幸運。說實話，我的罪過比奧平壹岐還深。

三人同行前往江戶

從大阪至江戶時，我認為應該先返回中津向母親道別，因此我整裝回國。回到中津時，霍亂正流行，我家附近都是病人，一個接一個撒手歸西。我搭船到大阪，短暫停留，然後赴江戶。

依照中津藩的規矩，以我的身分，若因公務出差，可攜帶一名部屬前往，因此我也請領了一名部屬的補助金。我雖然不需部屬，但已申請了旅費。我左思右想，想出一個好方法。我到緒方學堂問道：「有誰要到江戶？我帶他去，這裡有旅費。」岡本周吉[1]立刻說：「你帶我去！」「我帶你去沒問題，可是你要幫我煮飯。到了江戶，有米吃也有房子住，也能借到鍋子。我沒帶部屬同行，所以沒有人幫我煮飯，你能幫我煮飯燒菜嗎？」「煮飯不是大不了的事情，我來煮！」「好！跟我到江戶去！」

我的行李託同藩的人幫我運送，與我同行的是岡本，以及緒方學堂的一名書生，名叫原田磊藏。我們一路都靠步行，途中沒遇到因水流湍急禁止渡河等意外，於十月中旬順利到達江戶，當時正是微寒的小春時節。首先我們到位於木挽町汐留的奧平行館，奧平行館的負責

1 岡本周吉（一八三七～一八七七年），廣島人，後改名古川節藏，是日本視覺障礙者教育事業的先驅。

人說，鐵砲洲有一間避難行館，要我們住在該處。於是我和岡本住進避難行館，兩人在此自炊過活，同行至江戶的原田磊藏則住在下谷練坪小路的大醫師大槻俊齋的住處。

在江戶有幾位知己好友，因此我過得很愜意。

至江戶擔任老師

我住在鐵砲洲的奧平避難行館，中津藩的子弟三三五五地來學荷蘭學，藩外的子弟也有五、六人。前面說過，大阪的書生不是為了學習荷蘭學至江戶，而是為了教授荷蘭學至江戶，我們都有這種自負。

我到江戶來，一方面想了解江戶荷蘭學社會的風貌。有一天我去拜訪島村鼎甫。島村亦是緒方門下的醫生，他至江戶從事翻譯荷蘭原文書等工作。我和他很熟，經常至他府上談文論道。那一天我到他家時，他正在翻譯生理學的書籍，他拿出那本原文書說，這篇文章的這段話，看了好幾次都沒能看懂。我看了一下，果然是極為難懂的一段。我問島村：「你問過其他的朋友嗎？」他回答：「我和四、五個好友討論過，可是仍然不解。」我說：「好！那我來挑戰看看！」我認真看了之後，確實非常難懂。經過約半個小時的靜靜思考，我終於看懂了。

我說：「這段文章就是這個意思，你認為如何？要是了解事物的道理，就沒有什麼難的。」我們兩人都喜上眉梢。那一段是論及光線與視力關係的文章，如果點燃兩支蠟燭，隨著光線的變化，影子會如何變化，內容相當深奧。這段文章現在應該可以在島村所翻譯的生理學入門中找到。經過這件事，我對自己更具信心，認為江戶的學者沒有什麼好畏懼的。

有時候我會拿書中疑難之處請教諸前輩，暗中探測其實力。我選一些在大阪時大家經常誤解或是可能會誤解的地方，佯裝不解前去請益。我每次請教，那些自稱為學者的人每每都曲解文意，我因而志得意滿。我用欺瞞的方式考驗別人的實力，在道德上是不可原諒的罪惡，然而我當時年輕氣盛，無法自制。

我在大阪時，同窗書生皆看不起江戶學者，認為他們微不足道。可是我怕那只是我們自己憑空想像而驕矜自滿，說不定因此而馬失前蹄，這才想試試江戶學者的實力。我明知這是不道德的行為，卻還偏偏去測試他們的實力。

立志拜師學英文

我大致能掌握荷蘭學的狀況，因此疑懼一空，可是又產生了新的憂慮。我到江戶的第二年，也就是安政六年（一八五九），幕府公布了允許與俄、法、英、荷、美五國自由貿易的條約，橫濱才剛剛對外開放門戶，因此我到橫濱觀光。

當時的橫濱，外國人才零零星星地來到，沒挖地基的簡陋房子也在各處興建起來。外國人就住在那簡陋的房子裡，並開起店來。我到了外國人的商店，可是語言完全不通。我說的話對方聽不懂，對方說的話我也聽不懂。我既看不懂商店的招牌，連瓶子上的標籤也看不懂。換言之，我眼睛所看到的文字沒有一個看得懂。我也不知道那是英文還是法文。

我在外國人居住地四處徘徊，找到一家德國人開的商店。那個老闆名叫科尼茲夫，雖是德國人，但是懂荷蘭語、荷蘭文。他不大聽得懂我的話，可是我寫荷蘭文即可溝通。我們聊了一些，我還買了一點東西回江戶。我走得很辛苦，而且行館有門禁。我在前一天晚上十二點出發，當天晚上十二點回來，整整走了一晝夜。

至小石川拜師

從橫濱回來，不只腳痠，而且心灰意冷，悵然若失。這幾年來，我瘋狂似的研讀荷蘭文書籍，結果一切努力付諸流水，連商店的招牌都看不懂。我窅然若失，一切的辛苦都成了枉然。然而我在心裡吶喊，絕對不可心灰意冷，橫濱外商使用的語言、文字一定是英語或法語。

我當時已經知道世界上最通行的語言是英語，所以我在橫濱聽到的語言一定是英語。現在我國正締結條約，逐漸開放門戶。因此，以後一定需要學習英語。作為一個西洋學者，若是不知英語是行不通的。從橫濱回來的第二天，我就下定決心要學習英語。

我雖然一度失魂落魄，但是立刻奮發圖強，決定排除萬難學習英語。我不知道英語從何學起？在江戶沒有教授英語的地方。我到處打聽之後，得知當時為了締結條約，有一個長崎的口譯員名叫森山多吉郎被幕府聘至江戶。我打聽到森山通曉英語，因此打算到他家學習。

森山住在小石川的水道町，我立刻到他家請求他教我英語，森山說：「最近公務十分繁忙，不過你既然想學，我還是教你吧！這樣子好了，你在我每天上班前一早就來。」那時我住在鐵砲洲，到他家約有兩里多的路程，我每天一大早就到他家。可是他說：「我現在就要去上班了，你明天早上過來。」我隔天早上到他家，他又說：「現在家裡有客人，沒辦法。」他撥不出時間教我，這並非他要冷落我，而是當時正值締結條約的時期，他真的沒空教我。

他又說：「你每天早上過來，我都無法教你，很過意不去。你能不能晚上來？」我說好，於是我每到傍晚就去他家。那條路就是現在神田橋一橋外的高等商業學校[2]附近，原名護持院原。那裡有著高大的松樹以及其他的雜林，地點極為偏僻淒涼，好像隨時都會出現強盜似的。我從小石川回家時，已是晚上十一、二點，經過該地時，真是毛骨悚然。

這晚上的課也和白天一樣，不是今晚有客人，就是外交部臨時有事，他必須出門。我來來往往約兩、三個月，他都沒空教我，我知道這樣下去學不到什麼東西。而且森山老師並非十分通曉英文，他的程度只是剛學會發音而已。我只好死了這條心。

2 一橋大學的前身。

進入幕府洋學校

我至橫濱時，曾在德人商店買了兩本薄薄的荷蘭英語對譯會話書，我獨自研讀，可是沒有辭典。如果有英荷辭典，我就能夠無師自通。我想買辭典，可是橫濱沒賣辭典。

那時九段下有一所名為「蕃書調所」的幕府洋學校[3]，我聽說那裡有各種各樣的辭典。我非借到辭典不可，而為了借辭典，必須辦理入學手續。然而藩國的武士如果沒有許可書則無法進入幕府的學校，亦即必須先向行館祕書處提出申請書，在上面蓋個大印，才准入學。於是我到中津藩行館的祕書處請求蓋大印，然後穿著正式的武士服到「蕃書調所」申請入學。

當時「蕃書調所」的校長是參與編纂日本民法的名法學家箕作麟祥的祖父箕作阮甫，我獲准入學，換言之，可以借到辭典了。我立刻辦手續借了一本英荷辭典，拿到通學學生的閱覽室翻閱。之後我從懷裡拿出包袱方巾將辭典包起來，準備帶回家閱讀，可是管理員說不行，只准在這邊翻閱，不准帶回家。我垂頭喪氣，因為我不可能每天從鐵砲洲到九段下來查字典。我好不容易才獲准入學，然僅一天即鎩羽而歸。

我絞盡腦汁左思右想。這期間有一個商人正要前往橫濱，我託他幫我打聽是否有英荷辭典。他回來告訴我有一部英荷並附發音的辭典全二冊，名為《荷托普》[4]，雖然是小辭典，但要花五兩錢。我向藩政府申請，買下那本辭典。我深信，只要有這本辭典就不需要老師，我可以一個人研究。我每天拿著那本辭典，不分晝夜苦讀。有時我還將英文書翻譯成荷蘭文，希望能夠早一點學會英文。

尋找一起學英文夥伴

我雖然立志學好英文，但是沒有同學。我因不懂英文而懊惱，其他的荷蘭學者也一定為此煩惱。從前所學的都付諸流水。我想找朋友商量，可是並不容易。因為當時的荷蘭學者，包括我在內，大家都認為數年來的苦心都成幻影，要完全捨棄荷蘭文而改學英文，必須將從前嘗過的苦頭再重新經歷一次，想起來真令人痛心。這就好像花三、五年學習游泳，好不容易才學會，結果要他不要游泳改學爬樹一樣。從前的努力都成空，取捨之間真是令人感到為難。

於是我去找荷蘭學的朋友神田孝平，與他商量學習英文事宜。神田說：「我很早就想過，而且也學了。雖然學了，但是抓不到要領，不知從何學起。再過幾年，我一定會開始學

---

3 一八五八年幕府所創設的西學研究機構，即東京大學的前身。

4 John Holtrop: English and Dutch Dictionary

英文，但是現在我沒辦法。你還很有活力，該好好學英語，你若是抓到方向，我也會開始學習。只是，現在一切都得靠自己，我沒辦法。」

之後我去找番町的村田藏六[5]，我同樣邀他學習英語，結果他根本不想學。他的說法與神田迴異，他說：「不要做徒勞無功的事情！我不讀英文書。沒有必要。為什麼要那麼辛苦地讀英文書呢？我們所需要的書，荷蘭人皆有翻譯本，只要讀那些翻譯書籍就夠了。」我勸他：「雖然你說得沒錯，但是荷蘭人並不會將所有的書全翻譯出來。前些日子我去了橫濱，結果呆若木雞。我看這情形，荷蘭學根本不管用，一定非念英文不可。」然而村田仍不同意我的說法，逞強地說：「我不學，絕對不學。要學的話，你學。有必要的話，我讀荷蘭人的翻譯就夠了。」

我對他死了心，只好去找小石川的原田敬策。原田非常熱心地說：「沒問題！我要學到底，誰也攔不住我。」我附和地說：「好，英雄所見略同。我們一定堅持到底。」我們兩人可謂氣味相投。

終於到學習英文書的時刻了。有一個小孩從長崎來，他懂英語，我們叫他教我們發音。當時有人因海難飄流到海外後返國。他們長久旅居外國，現在因為日本門戶開放而搭船返國。每當有飄流民[6]抵達江戶，我們便至其旅館找他學習。對我們而言，當時學習英文最困難的是發音。我們並非學習其文義，只學習拼字與發音，為此四處找人學習，管他是小孩還是飄流民。

起先我嘗試將英文翻成荷蘭文，一字一字地查字典，將它改寫成荷蘭文。改成完整的荷蘭文之後，文章的意思也就很容易了解了。對我而言，要正確地發英文發音剛開始比較困難，但是後來也沒什麼障礙。換言之，當初我們要捨棄荷蘭文改學英文時，以為真的要將荷蘭文完全拋棄，幾年的苦學成為泡影，接著又要進入一生第二度的苦學階段，然而這種想法是錯誤的。我們學了英文之後始知，不管荷蘭文還是英文，其實都是橫寫的洋文，其文法也大致相同，能夠閱讀荷蘭文書籍，自然也對閱讀英文書籍有所幫助，絕不是徒勞無功的。當初我以為英文與荷蘭文的關係就如同游泳與爬樹般不同，其實這種想法只是一時的迷惑罷了。

5　後來改名為大村益次郎，同為緒方學堂出身。明治政府成立後，任兵部大輔，對日本兵制的現代化有貢獻。

6　因海難等因素飄流到外國的人。

6

初遊美國

我們被招待到大飯店，飯店地上鋪著地毯。所謂的地毯，對日本人而言是相當奢侈的東西，亦即日本人是以一寸四方為單位買來當錢包或菸草袋的珍貴物品，美國人卻把它鋪在十個榻榻米大的地方，而且穿著鞋子在上面走，讓我們看得目瞪口呆。

咸臨丸

我至江戶的第二年，亦即安政六年（一八五九）冬天，德川幕府決定派遣軍艦至美國，這是日本開天闢地未曾有的大事。那是一艘小軍艦，只具一百馬力的蒸汽，此蒸汽機名為修普馬辛。這艘船僅在進出港口時使用蒸汽，航行中則必須借助風力行駛，名為咸臨丸，乃兩、三年前從荷蘭買進的船隻，價格為二萬五千兩小金幣。

在此之前，安政二年（一八五五）左右，幕府派人至長崎，向荷蘭人學習航海術。學習成果已頗具成效，因此這次幕府決定派遣使節至華盛頓時，幕府會議也一致通過派遣日本軍艦至舊金山。艦長是當時的軍艦司令木村攝津守，隨從指揮官是勝麟太郎，駕駛員是佐佐倉桐太郎、濱口興右衛門、鈴藤勇次郎，測量員是小野友五郎、伴鐵太郎、松岡磐吉，蒸汽技師是肥田濱五郎、山本金次郎，公務負責人是吉岡勇平、小永井五八郎，口譯官中濱萬次郎，少年士官有根津欽次郎、赤松大三郎、岡田井藏、小杉雅之進，醫生兩名，水手及火夫六十五人，連同艦長的隨員，共九十六人。船雖小，乘員卻很多。這次航海發生了種種趣聞。

咸臨丸的航行是日本開天闢地以來首次的大事業，因此原來計畫船員清一色都是日本人。當時美國有一位船長，名叫布魯克[1]，他發明了深海探測器，經常於北太平洋及遠東沿海從事探險測量工作。他於安政六年（一八五九）搭乘一艘九十六噸的帆船Fenimore Cooper號停靠橫濱港，當他離開船隻前往江戶時，不料於八月七日船隻遇到暴風襲擊擱淺於附近的海岸，船身受損嚴重。全體船員皆受到德川幕府的保護，包括船長在內，士官一人、醫生一人、水手四、五人，皆滯留日本。他們一聽說日本的軍艦要至舊金山，便向幕府申請搭便船回國。

然而日本的船員皆表示討厭與美國人同行。其原因是，若帶這些人至美國，別人一定說是美國人帶他們至美國，如此一來會損害日本人的名譽，所以堅決表示不與美國人同船。德川幕府也相當煩惱，但最後決定強制他們同搭一條船。我猜想，其實幕府的大臣，一定對日本士官的航海技術不放心，若是有美國人同行，萬一發生事故，屆時可以支援日本人，這是他們用心良苦之處。

木村攝津守

艦長木村攝津守是軍艦司令、海軍上將，因此一定會帶隨從人員。我極想搭船去美國，但是與木村素未謀面。我去年才從大阪來到江戶，當然不認識幕府的官員。幸好江戶有一位

1 布魯克（Lieutenant John Mercer Brooke，一八二六～一九〇六年）。

幕府的荷蘭學御醫，名叫桂川甫周，他是全日本荷蘭學醫生的第一把交椅，在荷蘭學的圈子裡，無人不知桂川之名。我來江戶之後，曾因種種事情數度造訪桂川家。而桂川家與木村家是親戚，而且是近親。

因此我拜託桂川：「我想當木村艦長的隨員至美國，請幫我推薦好嗎？」桂川幫我寫了一封介紹信，我拿著信至木村家表達我的意願，木村當場說：「好！我帶你去！」當時的世態人情認為航行至外國是前所未有的大事，可以說是拿生命當賭注。雖然木村有部屬，然而其部屬也不大想去。此時有人表示自願上船，在他們眼中，這個人腦筋一定有點問題，他們一定暗中叫好。因此，我當下即成為隨從人員。

浦賀登陸　喝酒糗事

咸臨丸於萬延元年（一八六〇）正月從品川港啟航，首先至浦賀。同一時間，幕府也派遣使節赴美國，因此美方派船來迎接使節。日本使節搭乘坡哈坦號軍艦前往美國，不過坡哈坦號稍晚才到，因此咸臨丸比坡哈坦號早出發。

咸臨丸停靠浦賀時發生了一件趣事。由於船員皆是年輕人，其中有人說：「我們即將與日本訣別，不如先在浦賀開懷暢飲一番。」大家都舉手贊成，於是我們登陸至一間茶藝館喝酒。我們喝得酒酣耳熱，要返回船上時，我的老毛病發作。那時走廊的棚子上放著一個漱口杯，我想這個漱口杯在船上用得著，於是順手牽羊將它偷走。

當時正值冬天，正要啟航時，每天都是大風大浪，根本沒辦法將米飯盛在飯碗裡正式吃飯。這時我偷來的漱口杯派上用場了，我在漱口杯中盛上一大勺飯，然後把湯菜全部澆在上面站著吃。這個漱口杯幫了我不少忙，一直用著它直到抵達美國，甚至回航時也每天使用。我把漱口杯帶回日本，在家裡隨便一丟。經過一段時間之後，我才知道，我們在浦賀喝酒的茶藝館是一間妓女戶。原來我偷來的大漱口杯即是妓女使用的漱口杯。我偷個髒東西，在航海中我卻將它當作寶來使用，真是諷刺之至。

銀幣散落一地

我們啟航之後，船往北方駛去。咸臨丸乃一百馬力的船，因此無法在航海中始終燃燒煤炭。只有在進出港時燃燒煤炭，一離開港口，即宛如西洋帆船一般。船上沒有堆積煤炭，只靠揚帆前進。我們搭這艘西洋帆船橫渡太平洋，幾乎每天都遇到暴風，原有四艘停靠用小船，結果被大浪沖走兩艘。

由於我是艦長的屬下，隨時在艦長左右伺候著，以待差遣。艦長的房間在船尾，有一天我早晨起床後照例至艦長室聽候差遣。一進房間，看到幾千張美鈔散落在艦長室，原來是前一天晚上遇到暴風，本來堆放在袋子裡的美金，因為船身激烈搖動，美金袋撞開上鎖的櫥櫃門，散落在地板上。

我一見此光景，立刻至船首的公務室找吉岡勇平，他亦大吃一驚，我們兩人趕緊跑至艦長室，揀起錢幣，放進袋子之後，再擺回櫥櫃裡。之所以會發生此事，乃當時完全不知有外匯一事，因旅行需要用錢，所以將錢全部帶在身邊。因此，幾萬美金的錢幣裝進袋內，收藏於船長室，一遇到暴風，即散落滿地。由此可知四十年前的環境。現在不必如此，只需將外匯寄去，根本沒有必要將貨幣堆積在船上。從前的武士社會不具商業頭腦由此可見一斑。

我們在航海中，每天都遇到暴風雨，海浪總是打到甲板上。我還記得，我若到甲板下，上面有個四角窗，船身傾斜時，從那窗子可以看到大洋的巨浪。由於每天都是驚濤駭浪，船身經常傾斜至三十七、八度。若傾斜至四十五度，便會下沉。幸好我們能夠順利地航行前進，在航行中，只見汪洋一片，別無一物，只有一次遇到一艘載著中國人的洋帆船。

彷彿獄中遇上大地震

我們花了三十七天抵達舊金山。大概是我身體硬朗，於航海中從不感到害怕。我經常對同船的人開玩笑：「這有什麼好怕的？雖然我從未被關過，你只要把它想成在監獄中每天都遇上地震就好了。」我從未擔心船隻會下沉，因為我從骨子裡徹底相信西洋的科學，因此絲毫不感到害怕。

航行途中，開始缺水，於是大家群聚討論是否要停靠夏威夷港。若是忍著點，則不停靠夏威夷也可度過；若圖慎重，則該停靠夏威夷汲水。大家議論紛紛，左思右想，最後決定不停靠夏威夷，直航舊金山。我們開始節約用水，除了飲水之外，其他用水皆停止使用。

此時發生了一件令人感動萬分的事。船上有四、五個美藉船員，他們一直要使用水。於是我們告訴布魯克船長：「你們的船員一直要用水，我們束手無策。」他回答：「若是他們使用水，立刻槍斃。他們是共同的敵人，不需要訓誡，也不需要問理由，請逕自槍斃用水的人。」布魯克船長說得沒錯，他的話完全合乎道理。於是他召集美籍船員：「如有人使用水，格殺勿論。」

自從我們開始節約用水之後，遂不再擔心飲水用盡的問題，同船共有九十六人，大家平安順利抵達美國。船上接踵雜沓，船員雖穿著西式襯衫，腳上卻穿著草鞋。這次航行，大約儲備了幾千雙的草鞋。船上到處濕答答的，三十七天裡只有四、五天放晴，總之，船上一片混亂。抵達舊金山之後，艦長大施大捨，替每位船員買下一雙長筒馬靴，船員的穿著才像樣。

日人藝高膽大

這次的航海，日本人有值得誇耀的地方。說起來，日本人第一次看到蒸汽船是在嘉永六年（一八五三），開始學習航海是安政二年（一八五五），亦即安政二年於長崎向荷蘭人學習航海術是其濫觴，而完成學業之後決心出航海外是在安政六年（一八五九）冬天。換言之，此次航海，是看到蒸汽船之後的第七年、開始學習航海的第五年。於萬延元年（一八六〇）正月啟航時，日本人決定完全不假外人之手，獨自出航，其勇氣與技術可用「藝高膽大」一詞來形容。這是日本人的榮譽，也是值得向全世界誇耀的地方。

如前所述，此次航海完全不借助外國人布魯克船長的力量，一切的測量都由日本人自己操作，美國人也測量自己的數據，然後再將兩者的數據加以對照，絕對沒有接受美國人幫忙的地方。我認為這是值得大大誇耀的地方。盱衡目前的朝鮮人、中國人，以及東方各國，沒有一個國家有勇氣只學了五年的航海即決定橫渡太平洋。不僅如此，從前俄國的彼得大帝曾赴荷蘭學習航海，然彼得大帝亦無法完成此壯舉。即使彼得大帝超絕人寰，然而當時的俄國，很難找到如日本人般勇氣十足且學問思想縝密扎實的國民。

美國人的歡迎禮砲

一路平安抵達舊金山。我們一到達，當地的達官顯要便上船來迎接我們，表示祝賀之意。陸上的參觀群眾人山人海。接著岸上鳴放禮砲表示歡迎，咸臨丸理當也該鳴砲回禮。關於此事，又有一軼聞。

勝麟太郎是木村艦長之下的指揮官，暈船暈得極為嚴重，在航行中宛如病人一般，無法離開自己的房門一步。一抵達港口，他即負起指揮官之責，指揮一切事宜。當對方鳴放禮砲完畢，勝指揮官說：「我們不要鳴放，萬一發生事故豈不糟糕。」駕駛員佐佐倉桐太郎說：「依我看可以鳴放成功，不信的話，由我來鳴放。」勝指揮官嘲諷說道：「我不相信。你要是能鳴放成功，我這頭就給你。」

佐佐倉就是不信邪，堅持要鳴放禮砲回應。於是他指揮船員清掃大砲，準備火藥，拿著砂漏計時。結果禮砲鳴放成功。佐佐倉得意洋洋地說：「鳴放禮砲圓滿成功，勝指揮官的頭已是我的掌中物。不過回航時他公務繁重，這頭就暫時寄放在他身上。」大家笑成一團。總之，禮砲鳴放成功，無可挑剔。

我們順利抵達港口之後，他們的歡迎可謂盛況空前，把我們照顧得無微不至。以美國人的立場來想，八年前，美國的東印度艦隊長官培里來到日本要求日本開放門戶，如今日本人航行前來美國，就如同從自己的學校畢業的學生與自己從事同一事業一般，他們的內心一定想著：我乃是開山始祖。因此，他們把日本人照顧得無微不至。我們一登陸舊金山，他們即以馬車迎接，讓我們暫時在市內的大飯店休息。市內的達官顯要如洪水般湧進飯店，舉行各種歡迎儀式。

舊金山附近有個叫馬爾島的地方，是個海軍軍港，我們一行人就住宿在海軍港的附屬官舍，而咸臨丸則進修船廠修補航海中破損之處。我們在該地停留期間，他們負責供給伙食及一切生活所需用品。然而日本人不習慣西餐，只習慣吃日本飲食。於是我們自己開伙，美國人知道日本人喜歡吃魚，每天都拿魚過來。他們又聽說日本人喜歡泡澡，每天都準備熱水澡供應。馬爾島並非城市，所以他們經常邀請我們到舊金山。我們船一抵達，即招待我們去飯店，宴請我們一行人。

穿草鞋走地毯

我們對美國的一切都感到陌生、不習慣。例如，我生平第一次看到馬車，感到非常驚奇。我看到車子前面有一匹馬，雖然猜想是一種交通工具，但是乍看之下仍不知個所以然。我打開車門進去裡面，馬即開始奔跑。此時我才恍然大悟，原來這就是用馬匹拉的車子。

當時日本人穿著草鞋，腰間佩帶兩支武士刀。我們被招待到大飯店，飯店地上鋪著地毯。所謂的地毯，對日本人而言是相當奢侈的東西，亦即日本人是以一寸四方為單位買來當錢包或菸草袋的珍貴物品，美國人卻把它鋪在十個榻榻米大的地方，而且穿著鞋子在上面走，讓我們看得目瞪口呆。既然美國人用在馬路上行走的鞋子踩在地毯上，我們也就穿著草鞋走上去。

當我們走上地毯，他們突然拿出酒來。一打開酒瓶就發出一聲嚇人的聲響，我們當時莫名其妙，後來才知原來這是香檳。我們看到玻璃杯中有不明物體浮在酒上，根本無法想像在暖和的天氣裡竟然還有冰塊。我們每個人的面前都擺著酒杯，我們將浮在酒杯上面的物體含進口中，有人嚇了一大跳，噴吐出來，也有人沒吐出來，在嘴裡咬得嘎嘎作響。此時我們才知道那不明物體是冰塊。

我想抽菸，但是沒有菸具盒也沒有菸灰袋，但我還是將菸管在壁爐點著。當時應該有火柴，但是我們不知火柴為何物。總之我在壁爐點了火，問題是沒菸灰袋可以清菸屑，於是我從懷中取出一張紙，將菸草屑彈在紙上。為了慎重起見，我將菸草屑揉了又揉，直到完全沒火光為止，然後藏在袖子裡。過了一會兒，我又想抽菸，此時袖子裡冒出煙來。完全出乎我的意料之外，本以為完全熄滅的菸灰卻將紙燒著了，我一時嚇得魂不附體。

磊落書生宛如新娘

我雖未當過新娘，但是我可以想像新娘嫁到完全陌生的家庭，被一群生疏的人包圍著，旁邊的人七嘴八舌，有人談笑，也有人雜談，只有新娘子獨自安靜地注意自己的舉止，唯恐被人嘲笑，結果反而出了差錯，紅著臉不知所措。離開日本之前，我自以為是個天下唯我獨尊、目中無人的瀟灑書生，但是一到美國，我卻像個畏縮的新娘子，自己也覺得好笑。

另外，當地的紳士淑女經常聚會，想表演跳舞讓我們欣賞。我們雖然應邀前去觀賞，但是看不出個所以然。男女動作古怪，在房間裡轉來轉去，看了真想捧腹大笑。可是我們知道笑了出來是不禮貌的，因此盡量忍住不笑，忍得極為辛苦。

女尊男卑

我們對美國的風俗習慣完全不了解。馬爾島軍港附近有個名為瓦列霍[2]的地方，當地有個荷蘭醫生。荷蘭人與日本人較為親近，該醫生擬邀請木村艦長至他家，我也跟隨前往。那是一間在鄉下算是相當現代化的房子，我們受到大餐招待。令人覺得不可思議的是，女主人坐在餐廳裡招呼客人，而男主人卻忙裡忙外，完全與日本相反。在日本，男主人與客人寒暄，女主人則忙裡忙外，因此我們覺得匪夷所思。

所謂的大餐是整隻煮熟的乳豬擺放在餐桌上。這道菜使我們面面相覷。對不吃獸肉的日本人而言，就好像幽靈鬼怪要出現似地恐怖，我們只有瞠目結舌[3]。我們還吃了其他豐盛的菜，回家時，主人問我們是否要騎馬？木村艦長回答：「好，我已經很久沒騎了。」於是主人借了馬匹來。木村是江戶的大臣，擅於騎馬，在江戶時可說沒有不騎馬的日子。他騎上馬，四處奔馳，美國人大吃一驚，沒想到日本人也會騎馬，眾人露出驚訝的臉色。換言之，美日雙方彼此皆不了解。

說明事物如隔靴搔癢

美國人還招待我們到各地的工廠參觀。當時舊金山還沒有鐵路。我覺得不可思議的是，沒有電燈卻有電信。此外，我們還參觀了電鍍工廠的實際操作情形。美國人以為日本人對這些工業產品一無所知，因此帶我們參觀。可是這些工業技術我都了解。我一看就知道這是電報，那是利用電解的原理鍍鋅。我們還參觀砂糖製造廠，該工廠將鐵爐弄成真空，以提早沸騰。美國人為了說明此原理，花費了很多時間，可是我本來就知道真空會提早沸騰，而且也知道用骨炭過濾可以淨化砂糖。他們大概認為我們一無所知，因此詳細地向我們說明。我在日本曾花了幾年時間專門研究此事，所以一點都不感到新奇。

唯一讓我感到驚訝的是，不管遇到垃圾堆，或是走到海邊，都會看到一大堆的鐵。到處堆滿了汽油桶以及空罐頭等物，我覺得非常不可思議。江戶若發生火災，便會有很多人出來撿拾鐵釘，然而美國的鐵好像塵土一樣到處亂丟。

---

2 Vallejo，加州西部城市，位於奧克蘭北邊。

3 日本古代沒有家畜文化，既不養食用家畜，也不吃家畜，只吃打獵捕獲的山豬或鹿。日本人正式吃家畜，是明治維新以後的事。

另外，我對美國的物價之高也感到訝異。我花了半元美金買了一罐牡礪，裡面只有二、三十粒，亦即在日本只要花二十四文至三十二文錢的牡礪，在美國必須花一分二朱錢才能買到，物價高得嚇人。我對社會、政治、經濟方面的事情仍然無法了解。

華盛頓子孫何處高就

有一件事情突然浮上我的心頭，我隨口問道：「華盛頓的子孫目前情形如何？」那個人冷淡地回答：「華盛頓的子孫應該有個女兒，我不知道她現在在做什麼事，大概是某人的妻子。」我對他的冷淡態度覺得很奇怪，雖然我早就知道美國是共和國，總統是四年一任，但是我認為華盛頓的子孫一定是個重要人物。在我的心裡，我視華盛頓為日本的源賴朝、德川家康等開國豪傑，因此我提出這個問題，沒想到卻得到這樣的回答。我只覺得太不可思議了。我對科學方面的事情都不感到驚奇，唯獨對社會上的情形完全無法掌握其方向。

有一次，馬爾島海軍港的馬基茲卡上校說他想看日本的貨幣，於是木村艦長將特別準備好的一整套日本新舊金銀幣送給上校。上校只說不曾見過這種東西，非常稀奇！但完全沒露出拿到寶物的神色。隔天早晨，他太太拿花回送木村艦長，並感謝昨天的禮物。我對此一行為真是銘感五內。人的應對進退理該如此，從此可以表現其心靈之高貴。若是拿到金銀財寶就欣喜若狂，則顯現出其卑劣的心靈。我對這樣的行為真是由衷佩服。

免費維修軍艦

前面說過，美國人把我們照顧得無微不至。不僅讓我們的軍艦進廠維修，連我們隨身攜帶的行李箱也都送了我們。當軍艦維修完畢，我們也即將返日時，問他們船隻的維修費以及其他雜費總共多少錢，他們笑著說：「一切免費。」不管我們怎麼說，他們堅持不收取費用。

日本首次進口英文辭典

當時我與口譯員中濱萬次郎兩人各買一本韋氏大辭典，這是日本第一次進口的英英辭典。買了這本辭典之後，我錢袋已空，只等待上船啟航。

我第二次至美國時，再度訪問布魯克船長，他提起八年前的往事。日本的咸臨丸首次抵達美國時，舊金山議論紛紛；有人建議，這次日本軍艦前來，應該大大地款待。於是布魯克船長至該地的陸軍分部請求舉行盛大的歡迎儀式，可是陸軍分部回覆必須與華盛頓方面商量才能行動，布魯克船長回答：「與華盛頓方面商量的話，將會錯過時機，你們可以自己決定。」然而陸軍分部仍堅持己見。船長生起氣來說道：「政府單位無法配合的話，我們自有對策。」於是他改變作法，直接找舊金山的義勇軍商量。義勇軍歡欣鼓舞，當場答應。

義勇軍

所謂的義勇軍並不是職業軍人，而是上將由醫生擔任、少將由染布店老闆擔任之類的組織，他們擁有軍服與步槍，利用閒暇或是月夜操練，一旦發生戰爭，則整裝待發。天下太平的時候，義勇軍成了年輕人的娛樂活動，連軍服也沒機會穿。他們聽到布魯克船長的提議，認為是千載難逢的機會，於是穿著筆挺的軍服前來歡迎日本的軍艦咸臨丸。

停靠夏威夷

在接受禮砲之後，我們從舊金山啟航，這次決定停靠夏威夷。我們從美國帶來兩、三名船員，可是少了布魯克船長，可以說全船皆是日本人。我們好不容易找到夏威夷，在該地停靠三、四日。這期間，我們在夏威夷遇到的奇風異俗無須在此一一贅述，因為三十年前的夏威夷與今日的情形大概沒兩樣。當地的土著不注重清潔衛生，可稱之為蠻民。我們也晉見了國王，本以為國王陛下是多麼了不起的人物，但是見了面時我們大吃一驚。國王伉儷一起接見我們，國王只穿一件羅紗，其住宅也只相當於日本的中等洋宅。他說要拿寶物讓我們觀賞，我們一看，原來是用羽毛織成的墊子，他說這是他們國家最好的寶物。他又說那個人是皇弟，我們看到皇弟提著竹籃子去買菜，看起來像日本漁村中的老大。

少女的照片

我們在夏威夷裝載煤炭之後啟航。此時，我做了一件妙事。如前所述，我絕不尋花問柳，而且也不談及此事，因此同船的人把我當成怪人。

從夏威夷啟航的當天，我拿出一張照片向同船的人展示。我拿出一張與十五、六歲的美國少女合照的相片說道：「怎麼樣？你們認為如何？」當時他們不知這少女的身分，我嘲笑他們說：「你們在舊金山停留那麼久，根本沒辦法和女人親密地合照。怎麼樣？不服氣吧！你們整天只會瞎扯，根本沒有兩把刷子。」

其實這位少女是照相館老闆的女兒，芳齡十五。我們曾去這家照相館，第二次我單獨去，當時正好下雨，老闆的女兒也在店裡，我對她說：「我們一起拍照好嗎？」美國的女孩根本不把這當作一回事，就說：「好！」於是拍下了這張照片。我把這張照片拿給他們看，船上的年輕士官看得目瞪口呆，不服氣也沒辦法。我若在舊金山拿出此照片，一定有人如法炮製。因此我等到離開夏威夷，不可能再回到美國時，才拿出相片，戲弄他們一番。

旅美時發生櫻田門事變

返日時，從南方航行，一路風浪極為平靜。我們於閏三月十九日從舊金山出發，五月五日上午抵達浦賀。我們照例於浦賀靠岸。在船上幾十天，當然無法洗澡，頂多只能漱漱口，因此身體滿是污垢，頭髮也如蓬草。我打算一下船就去理頭髮，然後好好地洗個澡。

我們搭乘小船上岸，前來迎接木村的人從幾十天前即進駐浦賀。木村的部下有一人名叫島安太郎，他前來岸邊迎接。一行人當中，我最早上岸，一上岸就遇見島安太郎。我們一月離開日本至今，約六個月，家鄉訊息全無，既沒有信件，也沒有船隻聯絡，在心境上宛如離家六年。

我在浦賀的海邊遇到島安太郎，我說：「久違了！日本有沒有什麼大的變化？」島安太郎突然臉色一變，他說：「當然有，日本發生了大事件！」我說：「島先生，你先別說，我來猜猜看。你說的大事件，是否水戶的浪人衝進幕府宰相井伊直弼的官邸作亂？」我一說，島安太郎更加吃驚地說：「你為什麼知道此事？誰告訴你的？」「沒有人告訴我，我自己推測的。我觀察時局動向，自己推測的。」「你太厲害了。不過並不是衝進官邸，而是如此如此……」島安太郎開始說明櫻田門事變[4]。

從這年（一八六〇）的三月三日櫻田門事變，我們即可得知當時社會的治安情況。我在赴美之前，即已觀察到社會的動盪不安，認為早晚會有動亂發生，沒想到這個事件被我猜中了。

前一年，社會上流行「攘夷」的風潮。我們在美國時，艦長買了支黑色洋傘做為紀念，大家好奇地圍觀，艦長說：「我把這支傘帶回日本，撐著傘在街頭風光一下，你們說好不好？」我說：「千萬不行，艦長從新錢座官邸走到日本橋，一定會被浪人襲擊。我看還是在官邸裡打開來把玩欣賞就好了。」當時的社會風潮即是如此，我們返國後，攘夷論越加高漲。

受聘幕府　英文精進

從美國返日之後，學堂書生日益增多。我遠渡美國，得幸能直接接觸美國人而一心一意鑽研英語，回國之後也盡量研讀英文書籍。在教學方面，我也不教荷蘭書籍，改教英文書。然而英文書籍對我而言仍然太難，我無法完全理解。不能理解之處，只好靠翻閱英荷辭典。

4　一八六〇年三月三日，德川幕府井伊宰相一行人要登江戶城宣讀佳節賀詞時，於江戶城櫻田門外被水戶藩浪人十七人，以及薩摩藩浪人一人襲擊，井伊直弼的首級被砍了下來。其主因是井伊宰相得知英法聯軍攻下天津，因而於一八五八年六月十九日違敕簽下不平等的美日通商條約，接著又大肆整肅異己，打壓反對派人士。櫻田門事變之後，幕府的權威開始式微，天皇的權威開始水漲船高。

雖說教學，其實是如同學習一般，亦即世俗所謂的教學相長。

回國後，我受聘於幕府的外交部，主要工作是翻譯外國公使、領事或幕府內閣大臣的書信。當時日本國內沒有人看得懂英法等國的文字，因此外國的公使、領事寄來的公文，一定附上荷蘭譯文。由於幕府當中沒有人懂洋文，只好聘請諸侯的屬下中能閱讀荷蘭文者。

我受聘於幕府，在學問方面獲益匪淺。其理由如下：例如，英美公使送來英文書信，信後必附上荷蘭譯文。我盡量不看譯文而直接讀英文，若有不懂之處，再看荷蘭文。用這種方法閱讀英文，對我的英文實力幫助很大。此外，幕府的外交部內有各種各樣的英文藏書。我既可以至官署閱覽，也可以借回家研讀。

7

周遊歐洲列國

此外，政黨分為保守黨與自由黨，雙方各持己見，劍拔弩張，針鋒相對。我對此感到莫名其妙，在天下太平之際，卻為政治問題吵架。我越來越糊塗，完全無法了解西方的社會。兩人明明是敵人，卻同在一張餐桌上吃飯喝酒，究竟是怎麼回事？我費盡苦心，好不容易才了解大致的情形。

我於萬延元年（一八六〇）自美返國，該年我翻譯了《華英通語》並出版[1]，這是我出版書籍的起始。這兩、三年間，教英文是我的副業，而研究英文反而成為我的本業。文久元年（一八六一）冬天，日本決定派遣使節至歐洲各國，我再度獲得機會隨使節團赴歐。

上次赴美，是我私下拜託木村攝津守，自願當他的隨從赴美國，而這次係受聘於幕府，奉命前往歐洲。因此我自覺像個官員，還奉領了四百兩。旅途中一切都由官費支出，因此四百兩等於津貼，待遇好得沒話說。我平生很少花錢，從不浪費金錢。這四百兩，一百兩寄給故鄉的老母。我覺得很對不起母親，因為從美國回來之後，還沒回家鄉問候母親，便又要動身前往歐洲。

不僅如此，我在美國期間，中津鄉里傳出各種謠言，說我客死美國。其中有甚為過分者（他是我的親戚），竟當著我母親的面說：「諭吉好可憐，他早就客死美國，據說身體已經浸泡在防腐劑中運回江戶。」不知是恐嚇還是嘲諷，竟敢如此捉弄我母親。我因考慮到我們母子在藩國的處境，只好忍氣吞聲，因此我自覺愧對母親。並非我寄錢給她即能彌補她所受到的傷害，然而家母生平從未看過百兩巨款，因此我才將幕府支付的旅費寄一部分給她。

出使歐洲的時節終於來臨，我們於文久元年（一八六一）十二月啟航。由於此次乃日本的使節正式訪問歐洲，因此英國派遣一艘名為「歐津」的軍艦來迎接我們。我們搭乘這艘軍艦經過印度洋，停靠香港、新加坡等港口。船隻進入紅海，從蘇伊士登陸，再搭乘火車抵達埃及的首都開羅。於該地住宿兩晚之後，轉赴地中海，然後再搭船至法國的馬賽。從馬賽搭火車於里昂住宿一晚。抵達巴黎後，停留約二十天，完成使節的任務。我們離開巴黎後渡海至英國，接著從英國至荷蘭，再從荷蘭至普魯士的首都柏林。從柏林赴俄羅斯的聖彼得堡，之後返回巴黎，從法國搭船至葡萄牙，然後進入地中海，按照原先的航線回航。這次的旅行，前後將近一年，亦即於文久二年（一八六二）底返回日本。

這次旅行，我大致已能讀英文書籍，並開口說英文，而且還帶著錢——那些錢，我在日本無處使用；離開日本時，我只攜帶一般旅行的裝備，當時物價便宜，並不需要那麼多錢。我把那些錢全帶在身邊，到了倫敦，我什麼都不買，光買英文書籍。這也是英文書進口日本的濫觴。我本人也是在買了這些英文書之後，才能自由自在地閱讀英文書。

這次周遊列國，我眼界大開，此事留待後述。茲先介紹使節團成員：

竹內下野守（正使）、松平石見守（副使）、京極能登守（監察官）、柴田貞太郎（領隊）、日高圭三郎（會計）、福田作太郎（監察員）、水品樂太郎（調查員）、岡崎藤左衛門（調查員）、高島祐啟（中醫生）、川崎道民（中醫生）、益頭駿次郎（工程員）、上田友助（工頭）、森鉢太郎（工人）、福地源一郎（口譯員）、立廣作（口譯員）、太田源三郎（口譯員）、齋藤大之進（捕快頭）、高松彥三郎（打雜）、山田八郎（打雜）、松木弘安（翻譯

1《華英通語》為清人子卿所編的英中單字短句文集。福澤諭吉以日文假名注音，並加上日文翻譯，於一八六〇年出版《增訂華英通語》。

員）、箕作秋坪（翻譯員）、福澤諭吉（翻譯員）。

旅行裝備大失策

除上述成員之外，三名使節各攜帶隨從兩、三人，以及伙夫六、七人。松木、箕作、福澤三人，雖然身分如同官員，但由於隸屬諸侯的部下，當時稱為「陪臣」，在一行人當中排行最末。總人數不超過四十人，大家皆身穿和服，腰間佩帶兩支武士刀，大搖大擺地在巴黎、倫敦街頭漫步，這身裝扮顯得極為怪異。

離開日本之前，有人說在國外飲食會發生問題，於是將白米裝在箱子裡，儲存數百箱的米糧。而且我們擔心住宿的地方沒有燈具，因此準備了幾十座走廊使用的金屬油燈，由二尺四方的鐵網所做成的油燈，此外還準備了燈籠、手提燭台、紙燈、蠟燭等，一切準備就緒，裝進船內。其裝備宛如諸侯要覲見幕府大將軍時，在東海道旅途中住宿的行營所需要的一切裝備。

抵達巴黎之後，法國官方派人前來迎接，我們寒暄之後，日方向接待員請求：「我們一行人浩浩蕩蕩，行李也很多，希望這些隨從人員能與三位使節住得近一點，以免造成管理上的困難。」接待員回答沒問題，並問我們一行人的人數。當他知道全部是三十幾人時，即說：「我們的旅館能夠容納十倍或二十倍的人數。」我們聽了莫名其妙，不知所以。

接待員帶我們到旅館，那家旅館位於巴黎皇宮門外，名為羅浮大飯店，是一棟五層樓的建築物，有六百間房間，五百個服務員，能夠容納千餘名旅客。我們一進入飯店，即不知日本使節的去向，我們提心弔膽，唯恐在飯店的走廊迷了路。

每間房間都有暖氣，因此沒有暖爐也沒有蒸汽，無數的瓦斯燈把房間以及走廊照得燈火通明，讓人不知是白天還是夜晚。餐廳裡擺著山珍海味，即使是最討厭西方文物的人，口腹之慾也管不得攘夷思想了，眾人大飽口福，吃得津津有味。從日本帶來的行李毫無用武之地，飯店的走廊不需要點油燈，廚房也無法煮米飯，最後我們只好將糧食以及一切裝備全送給接待員，他亦感到啼笑皆非。

我們一行人的失策不可盡數。例如，派人去買菸草（cigar），卻買砂糖（sugar）回來；醫生以為買了人蔘，原來買的是生薑粉。有一次，三位使節當中有一人上廁所，其部下拿著紙燈陪同。使節將廁所的兩層門全都打開，部下旁若無人地在廁所外面拿著主君的褲裙及內褲等候，而主君則在廁所裡以日本人的方式如廁。那走廊是飯店的公共通道，男女往來如織，廁所內外燈火通明，宛如白晝。我恰巧經過那裡，嚇得說不出話來，立刻站在門外以身體阻擋別人的視線，然後將門關上，告訴其部下注意此事。

歐洲的政風人情

關於政治方面，我們停留於倫敦、巴黎等地時，遇到各式各樣的人，風聞五花八門的事情，由於我們不知道事情的原委，因此無法了解談話的內容。當時法國的拿破崙三世被視為歐洲最好的政治家，擁有巨大的權力。鄰國的普魯士乃新興之國，亦不可小覷。普魯士與奧地利的戰爭、亞爾薩斯及洛林的領土問題，為當時國際上熱烈討論的話題，當時朝野政通人士皆預言以上之事一觸即發，事態不可避免，我在日記本上亦詳細記載當時的談話內容。

在倫敦時，某個報社的人士以其報社的名義向議會建言，並將其建言草稿寄至日本使節處。其內文大意為，駐日英國公使阿爾科克對日本傲慢無理，日本門戶始開，英國公使卻胡作非為，視日本宛如以武力征服的國民。文中列舉種種證據，大力譴責公使的罪行。其列舉證據之一是，公使在日本尊敬的德川將軍靈廟聖域內騎馬，此事充分表現出其蠻橫無理之一斑。我閱讀此文之後，心中如同放下一塊大石，原來世界上不盡是惡人。我們平常所看到的，盡是外國政府的惡行惡狀，他們趁日本尚未進入文明開化之國，往往仗勢欺人，故意挑剔日本人的小毛病，讓日本人傷透腦筋。如今我來到他們的國家，親眼看到其國亦有光明正大、處處為別人著想的人士，令我越加堅定素來所持的開放日本門戶走進國際社會的理念。

自由買賣土地

我們在各國訪問當中，對我們最好的是荷蘭，這當然歸功於三百年來日荷兩國的特別關係。尤其是，我們一行人當中看懂橫寫洋文的人，沒有不懂荷蘭文的，以文謅謅的話來說，就如同回到歐洲中的第二故鄉，我們的心情自然格外愉快。

在荷蘭時發生一件趣談。有一次，日本使節至阿姆斯特丹與當地的仕紳見面，談話內容五花八門。日本使節問道：「這阿姆斯特丹的土地可以自由買賣嗎？」對方回答：「當然是自由的。」「也賣給外國人嗎？」「只要價錢談得攏，不管任何人，多少土地都可以賣給他。」「那麼，假設外國人投下巨資，買下一大片土地，並在該地建築城堡砲台，這也是自由的嗎？」對方露出了異樣的表情回答：「我沒想過這種事。儘管英、法等國有不少富翁，但是我想不會有那麼笨的商人會在別國的土地上建造城堡。」雙方似乎都對對方的談話不甚了解，我們旁觀者也覺得很好笑。我們從此即可獲知當時日本的外交策略之一斑。

自由參觀中的不自由

上次我前往美國時，加州尚未有鐵路，因此我不曾看過鐵路。我們到達瑞士之後，首次搭乘火車。之後，在歐洲各地旅行，也都搭乘火車，所到之處皆大受歡迎。我們參觀了海陸軍營、官民營工廠、銀行、公司、教堂、學校、俱樂部等，此外還參觀解剖、外科手術，有時還接受名人晚宴，觀賞舞蹈等，我們受到了熱情的款待，甚至覺得招待太多，因而感到疲倦。

這當中發生了一件奇怪的事，頗值得一提。當時的日本仍處於閉關自守的氣氛，儘管已經來到外國，居然還盡量禁止我們接近外國人。日本使節有三人，亦即竹內、松平、京極三位使節，其中京極負責監視我們的行動，而且他底下還有數個副官。那幾個副官監視一行人的行動，我們很少有機會接觸外國人。

我們一行人幾乎都是幕府的官員，其中我和箕作秋坪、松木弘安三人，可謂志同道合，出國的目的亦相同，我們幾年來因為學業的關係有所往來，因此在一行人當中，我們自成一個小團體。我們想利用時間大量參觀歐洲的事物，這在幕府官員眼裡，我們像是問題人物。特別是我們三人都是諸侯的屬下，而且讀洋書，必須特別注意。我們想外出參觀時，必得派一個監視員跟著。其實，我們並不想走私，也不會洩漏國家機密，因此有個政府官員跟著，只覺得麻煩。若是該監視員有事無法奉陪，我們便不能外出，令人感到極為不自由。當時我說：「其實這沒什麼，這只是把日本的鎖國政策搬到國外，跟著我們一起巡迴歐洲而已！」我們三人笑成一團。

怕血

我們想參觀的東西都看到了，想耳聞的事物也都聽到了。現在將我旅歐期間的糗事公開與各位分享。我從年幼起即健康活潑，有時還喜說豪言壯語。然而我天生膽小，討厭殺生，怕見人血。例如，我在緒方學堂時，當時流行放血療法，同窗同學（包括我在內）皆曾用針刺在胳臂靜脈上取出髒血。由於我怕血，所以不管別人也好，自己也罷，放血時，我都閉著眼睛不敢看。

縱使身體長膿包，我也怕別人用針刺我；若受傷留出一點血，我看了即臉色發青。在城市裡有時會有橫死在馬路邊的人，或吊死的人，或其他意外死亡的，我都不敢看，不僅不敢看，一聽到談論死人，立刻溜之大吉。從此處就知道我膽小如鼠。

然而在俄羅斯時，有人邀請我們到醫院參觀手術，由於箕作及松木兩人都是醫生，立刻動身前往，而我也被他們強迫一起前往參觀。我們進到外科手術室，才知道是開刀取結石的手術，執刀的醫生穿著手術衣，讓病人躺在像是菜板似的檯子上，用三氯甲烷迷昏病人，然後醫生拿著閃亮的刀子刺進病人的身體，大量的鮮血噴了出來，醫生的衣服染成紅色。接著醫生拿一把類似鉗子的東西放進傷口處，從膀胱取出結石。我看得手腳發軟，當場昏倒。同行的山田八郎扶我走出手術室外，讓我喝了一口水，好不容易才恢復知覺。

在這之前，我也在德國的柏林眼科醫院參觀斜視的手術，我看到刀子往小孩的眼睛刺入，手術途中，我便開溜了，這才沒出醜。松木與箕作兩人皆笑我太窩囊、沒出息，不管他們怎麼嘲笑我，這是我的天性，我相信至死都不會改變的。

至歐洲解惑

我在日本國內讀原文書時，若有不懂之處，只要查查字典，大致都能得到解答。然而也有遇到對外國人而言是易如反掌的事物，但是在字典上卻找不到的，我對此感到非常煩惱。因此，周遊歐洲各國時，我最主要的目的便是藉此機會解決讀原文書時無法求得解答的問題。

我往這個方向找適當的人選詢問，經過老師的說明（他讓我看一本陳舊狹長的小冊子），我逐一將之記載下來。回到日本之後，我以此筆記為基礎，再翻閱各種原文書，並將我的記憶記錄下來，完成了《西洋事情》[2]這本書。

關於理化學、機械學，或是電學、蒸汽、印刷、工業製造等方面，我未必要一一詳細查詢，因為我本來就不是這方面的專家，即使問了也未必能深入了解，只是大略聽聽而已。若只為了解大意，那倒不如自己翻閱原文書即可知曉。因此，這一方面的事情我擺在第二，我尚有許多事情急欲探討。

譬如，醫院的資金如何運用？由誰出資？銀行的錢如何進出？郵政法的大致內容為何？法國有徵兵制，而英國沒有徵兵制，那麼徵兵制的目的何在？我對這方面的制度完全不了解。其次，我對政治方面的選舉法也一無所知，因為一無所知，所以我詢問：「選舉法究竟是何種法律，議會究竟是何種機構？」對方只是一笑置之，他們認為這些事情不須說明即能了解，而我卻如丈二金剛摸不著頭腦。

此外，政黨分為保守黨與自由黨，雙方各持己見，劍拔弩張，針鋒相對。我對此感到莫名其妙，在天下太平之際，卻為政治問題吵架。我越來越糊塗，完全無法了解西方的社會。兩人明明是敵人，卻同在一張餐桌上吃飯喝酒，究竟是怎麼回事？我費盡苦心，好不容易才了解大致的情形。至於複雜深入的問題，則須花費五至十日的時間才逐漸了解，以上乃我此次旅歐的收穫。

庫頁島疆界談判

旅歐途中，有時我覺得日本很可憐。因為我們出發前，日本國內攘夷論逐漸高漲，外交則破綻百出。這次使節赴俄國時，日方提出庫頁島的疆界論，在談判席上，我亦陪同參加。

2　全十卷，一八六六～一八七〇年出版。

當日本使節提出此問題時，俄國根本不加理睬。

日本使節又拿出地圖說道：「你瞧，地圖的顏色是這樣的顏色，因此疆界應該是如此。」俄國人則說：「如果地圖的顏色能夠決定領土，那麼把這張地圖全部塗成紅色，則全世界將變成俄國的領土。如果全部塗成藍色，則全世界都變成日本的領土。」雙方你來我往，完全沒有交集。最後的決定是，實地調查之後再談判，庫頁島的疆界問題即不了了之。

我在一旁聽他們談判，覺得日本毫無外交實力可言，也沒有可以憑藉仗恃之物。日本國內那些野蠻的傢伙越加高喊攘夷論，則日本的國力將越逐漸積弱。我想到日本的前途，不禁悲從中來。

接受俄國政府熱情款待

外交方面的談判如前所述，雙方皆非常冷漠，然而私底下，俄方對日本的使節極為禮遇。我們旅遊聖彼得堡時，俄方為了日本使節團，特別將官舍撥給我們住，還派遣四、五名接待委員一同住在官舍，把我們照顧得無微不至。當我們沒有公務時，便招待我們遊覽名勝古蹟，並參觀幾家工廠。

俄國人在閒談之餘，提到有一位日本人居住在俄國。我認為這傳聞絕非空穴來風，而是事實有據。據說那名日本人俄國名字為雅馬托夫[3]。這個傳聞不是從接待員那裡聽來的，而是從其他的俄國人傳出來的，可以說是公開的祕密。我很想見那位雅馬托夫，可是沒有辦法會面。雖然沒有辦法見面，但是我們可以從接待室中看出不少日本風味。例如，房間內有刀架，床上有日式的木枕，浴室內亦備有日本人用來刷洗身體的米糠袋，食物的調理方式也是日式的，碗筷亦與日本的東西類似。凡此種種，都不是俄國人所能準備的，因此我推測應該是有日本人居住在此地。然而直至我們離開俄國，都沒見到此人。我在《西航日記》中記載此事，並附上一首詩如下：

起來就食食終眠　飽食安眠過一年
他日若遇相識問　歐天不異故鄉天

在俄國的種種，我已經記憶模糊了，我只記得住宿處有很多日式的擺設。

3　這位雅馬托夫原名立花粂藏，他於少壯時曾與無賴之徒交往而入罪。之後遁入佛門，周遊諸國，於伊豆茱佛寺遇見俄國艦長，隨同該艦長赴俄。他在俄國教授日語，並於一八五七年與俄國外交官合著《和魯（日俄）通言比考》，此書乃最早的日俄辭典。一八六二年福澤諭吉等人訪俄時，他於暗中接待。直至一八七三年岩倉大使一行訪俄時，他才隨岩倉大使返日，寄居芝增上寺。於一八八五年去世，享年六十五歲。

有人勸我居留俄國

有一天，有一個接待員帶我至一旁說：「你這次隨同使節團前來，不知今後你回日本打算做什麼事，我問你，你是有錢人嗎？」我回答：「我不是有錢人，但是替日本政府做一些事情，所以也拿一些報酬。因此我不愁衣食。」接待員又說：「我們不大了解日本的情形，不過日本是個小國，一個男子漢大丈夫在蕞爾小國是沒有什麼發展的。你不如改變心意，留在俄國不要回去。」

我照實回答：「我是隨使節團來的，沒有那麼容易留下來。」他真摯地說：「如果你想留下來，那很簡單。只要你下定決心，我立刻將你藏匿起來。反正使節團無法在此地長期停留，沒多久就會返國。他們一回去，你就可以留在俄國，當個俄國人。目前有很多外國人來俄國，特別是德國人。此外，還有荷蘭人、英國人，因此日本人住在此地也不算什麼稀奇的事情。我勸你留下來，只要你下定決心，就有一大堆好工作等著你。你不但不愁溫飽，還可能變成有錢人。」我們兩人面對面，他說得很誠懇，絕非玩笑之言。

然而我既沒有必要留下來，也不想留下來。我當時隨便回答應付他，後來他又三番兩次提起此事，我們兩人的談話當然沒有什麼結果。當時我注意到一件事情：在歐洲諸國當中，俄國國情與他國迥異。譬如，我們曾訪問英法兩國，前年亦曾訪美，每次遇到外國人，他們都說想到日本觀光，並問我們日本是否有合適的工作，希望跟隨我們到日本發展。換言之，我們經過很多地方，遇到有人纏著說要去日本，但沒遇到有人要我們留在該地的。

到了俄國，才首次有人要我留在該地。我推測這絕非商業上的關係，而是與政治或外交有所關聯。俄國真是個讓人摸不透的國家，亦即，我猜想他的話裡隱藏著更大的企圖或陰謀，然而我未曾向其他同行的人提起此事。若提起此事，說不定自身的忠實會被懷疑。我不僅當時沒告訴同行的人，一直到返回日本之後，亦不曾提起此事。說不定其他人也遇到同樣的事，只是眾人皆沒說出來而已。總之，俄國是個如同謎般的國家。

生麥事件連累使節團

我們離開俄國返回法國。正當我們即將離開法國時，倫敦打電報給法國，報告生麥事件一事，亦即英人理查德遜於生麥被薩摩藩武士砍死的事件[4]。這事件經過七十幾天之後才傳到歐洲，法國政府對日本的態度轉為強硬。我們不知法國人民對我們的觀感如何，但是政府

4 一八六二年八月二十一日（新曆九月十四日），薩摩藩藩主島津久光率領一千名藩兵從江戶前往京都，途中經過生麥村（今橫濱市鶴見區）時，四個英國商人騎馬行經隊伍，由於外國人不知道遇到諸侯的隊伍必須平伏於地，因而擾亂了島津的隊伍。薩摩藩士認為英國商人無理，當下將其中一人砍死，這就是生麥事件。

接待我們的態度明顯變得極為冷淡。主人如此對待我們，我們這些客人自然感到異常尷尬。

從港邊至搭船處約有一公里的路程，士兵站立道路兩旁為我們送別。他們看起來不像在向我們致敬，而像是在恐嚇我們。當然這些士兵不可能向我們開槍，因此也用不著恐懼，可是其僵硬的表情令我們極為難堪。我在《西航日記》中記載：「文久二年（一八六二）閏八月十三日早上八點，抵達距離巴黎約九十里處的法國軍港。我們下了火車之後，至乘船處約一公里路，道路兩旁站立一千多名衛兵，看似敬禮，又似示威。日本人昨晚一整夜在火車中不得安眠，疲憊不堪。至此處後，絲毫沒有喘息的機會，立刻又前往搭船。至搭船處約有一公里的路程，法國政府不讓我們搭馬車，而要我們徒步上船。」

我們從法國出發，於葡萄牙的里斯本靠岸，三位使節完成公務之後，再搭船進入地中海，經過印度洋。航海中一路平安。回到日本時，攘夷論正如火如荼地展開。

8

攘夷論

當初我認為戰爭既然不可避免，當然要囤積米糧。於是我去米店買了三十大袋米，寄放在米店，另外買了一桶仙台味噌，存放倉庫。然而隨著局勢的緊張，我發覺最不管用的就是米與味噌。

攘夷論的矛頭指向洋學者

如前所述，井伊直弼已遭暗殺身亡。文久二年（一八六二）一月十五日，幕府大臣安藤信正於阪下門外遭水戶浪人襲擊受傷。據說兇手之一逃到長州藩的江戶行館，當時我才留意到，原來長州藩也加入了攘夷派。總之，日本國內攘夷風氣如日中天，已經不可遏止。

然而對我而言，攘夷論只是別人家的事，我本身不覺得有危險。我在大阪的學堂時，不可能被暗殺；在江戶時，我也自認為沒有敵人，因此不覺得可怕。然而此次從歐洲歸來，情形已完全改觀。與外國做貿易的商人為了自身安全起見，甚至關起門來。浪人充斥街頭，他們住在何處、從事什麼工作都無法得知，只見他們在街頭四處閒逛。連與外國貿易的商人都關起門來，何況讀外國書喜歡談論歐洲文物制度的人，在攘夷論者的心目中，等於欺瞞世人的賣國賊，因此這些浪人的矛頭指向洋學者。

我們又沒犯什麼罪，真是無辜。我們要退縮到何種地步才能消除他們的仇恨呢？我想不管如何退避都無法讓他們滿足。最後只好丟棄洋書，與他們一起高唱攘夷論，向他們低頭道歉，他們才會原諒我們吧。這種事我們當然做不到。

我們若是我行我素，浪人便對我們越加施壓。有一個受聘於幕府的翻譯官名叫手塚律藏，他到長州藩的江戶行館，無意中提到外國的事物，結果行館中的年輕武士拔起刀來想殺他，手塚飛也似地逃之夭夭。然而年輕武士仍不放過他，拿著武士刀在後面追趕。手塚被逼得走投無路，儘管當時天氣嚴寒，也只好跳進日比谷附近的江戶城外層護城河，終倖免於難。

另有一長州藩武士名曰東條禮藏，他亦是與我同屬翻譯部的同仁，住在小石川「蜀山人居」。有一天浪人衝進他的住處，東條從後門逃出，揀回一條老命。洋學者的處境越來越危險，隨時都必須注意自身的安危。儘管如此，我無法中止我的思想，以及我的一切行動，何況我也不放在心上。我本來相當介意，但是現在不是我所能介意的時候。我曾想放棄我的行動，但是我怎能放棄呢？最好的辦法即是謹言慎行，不要處處與人唱反調。對於身分立場不明的人，我絕不與他談論時勢。

我除了謹言慎行之外，也開始從事翻譯的工作。關於我的著述翻譯，我於已出版的《福澤諭吉全集》的序言中寫得很清楚，請各位讀者自行參閱。在我的著述翻譯時期，亦即攘夷論全盛時代，洋學生的人數逐漸增加，因此我將全心放在教學方法的改進上。又由於我受聘於幕府，由幕府支付薪俸，因此不愁衣食，對社會的演變也不關心，當時的生活雖然有點恐怖，但是也有些趣聞。

我寄居於新錢座時，有一次下女來通報：「有一個陌生的武士說要見您。」我問：「他外貌如何？」下女回答：「長得相當魁梧，是個獨眼龍，帶著長刀。」「一定是來鬧事的，他叫什麼名字？」「我問他姓名，他不肯說，只說見了面就知道。」我猜這個人一定是來者不善，因此我躲起來窺視他。出我意料之外，原來是我緒方學堂的好友——醫學生原田水山。我一見面就罵他：「混蛋！搞什麼名堂？為什麼不報上你的名字？害我嚇得屁滾尿流。」我帶他到屋後閒話家常，兩人捧腹大笑。在一片攘夷聲中，洋學者經常杯弓蛇影，疑神疑鬼。

英艦來日

攘夷論的聲浪越加高漲，文久三年（一八六三）二月十三日，幕府將軍德川家茂率領臣子三千人前往京都，對攘夷論者施壓。接著幕府準備親征長州藩，舉世皆掀起攘夷浪潮。同年春天，英國軍艦來日，這是因為去年薩摩藩武士於生麥村殺死英國人，因此英國將之歸罪於日本政府。英國人本想以誠懇的態度與日本交往，所以至今為止，盡量採取溫和的手段。然而日本國民卻以暴力對付英國人，甚至殺了人，其責任當然要歸於日本政府，日本政府罪無可逭。

英國公使於二月十九日寄來公文，要求日本政府拿出十萬英磅的賠償金，另外向薩摩藩的諸侯求償二萬五千英磅，並限二十日之內答覆。當時由於我與高畠五郎、箕作秋坪、大築保太郎、村上英俊負責翻譯，因此我們五人於半夜被叫到位於赤阪的外交部松平石見守的家中，一直翻譯到天亮。我們幾人都極為擔心事態的發展。二十天的期限終於來臨了，幕府要求再延期二十天，英方也在遲疑之下答應等候回音。然而幕府的評議無法決定是否支付賠償金。

當時人心惶惶，江戶市民咸認為戰爭即將開始，並預測戰爭爆發的日期。二十天的期限又過去了，接著再延期十天。十天之後再延期二十天，答覆的日期一延再延。當時我住在新錢座，眼看著戰爭即將爆發，似乎只有三十六計走為上策了。由於我在政府的翻譯局工作，深切感受到戰爭迫在眉睫，已沒有討價還價的餘地了，因此比別人更加緊張。

法國公使耀武揚威

當我在翻譯英國寄來的公文時，法國的一個名叫貝雷克的人，不知吃了什麼熊心豹子膽，寫了一封耀武揚威的信給日本政府。他說，法國與英國站在同一陣線，若開啟戰端，法國的軍艦將與英國的軍艦攜手大鬧品川港。他的書信內容蠻橫無理，就如同今日西方各國威嚇中國人一般，日本政府也只能看英法兩國的臉色而擔心不已。我了解事情的一切經過，因此格外懼怕。

局勢緊迫

戰爭已迫在眉睫，而日本政府內部的意見不一，眾說紛紜。眼看事態嚴重，閣老們皆裝病不上衙門，政府失去了重心，只留下永遠沒有結論的會議。眼看著這兩、三天裡戰爭即將爆發，我不得不開始整理行李準備逃難。

目前在我身邊有一個破損的櫃子，那就是我當時使用的櫃子。整理行李時，我用細繩將櫃子綁好，準備往青山的方向出發，我心想英法兩國應該不會傷害一般百姓吧！有一個醫生名叫吳黃石，他住在青山地區的穩田，是箕作的親戚，我從前即認識他，因此我至他的住處請求讓我暫時避難。他答應之後，我將行李捆綁完畢，並綁上名牌，扛到屋外。

之後，我至新錢座海濱的軍隊訓練場，看到大砲的砲口對準大海，隨時準備發射。我更加肯定今天或明天戰爭就要爆發了。在這之前，幕府於市區發布公告，若開啟戰端，將從濱御殿，亦即今日的延遼館發射燃火的弓箭當信號。江戶的市民還因這件事做了一首打油詩：「初切葫蘆（與戰端同音）時，以冷水（與燃火的弓箭同音）為之。」

米與味噌趣談

當初我認為戰爭既然不可避免，當然要囤積米糧。於是我去米店買了三十大袋米，寄放在米店，另外買了一桶仙台味噌，存放倉庫。然而隨著局勢的緊張，我發覺最不管用的就是米與味噌。因為那三十袋米既不可能挑著走，也不可能背著跑。從前的人都說，戰爭的時候只要準備米與味噌即可，然而我發現這兩者卻是最礙手礙腳的。換言之，逃難時只好將三十袋米和味噌桶丟下。

當時有幾名學生住在我新錢座的家，而我身邊擁有現金一百多兩，倘若由我自己一個人保管所有的財產並非明智之舉。逃亡時，眾人皆做鳥獸散，若身邊帶著金錢，則不愁挨餓。這些錢，與其由我或內人單獨攜帶，不如分成四、五份，分別由數人纏在腰上帶走較為妥當。我把錢分好，準備隨時逃亡，就在這千鈞一髮之際，有兩個人出現，扭轉了情勢。一個是筑前唐津藩主的世嗣，名為小笠原長行的閣老，另一個是橫濱的淺野伊賀守。

小笠原長行閣老

此二人暗通款曲，祕密協商。偽稱罹患大病的小笠原長行，於五月九日清晨，突然精神抖擻地出門，搭乘日本軍艦駛離品川港，而英國的砲艦尾隨其後。當時小笠原偽稱到京都，若果真往京都航行，船艦一繞過本牧，英國人即將從後面炮擊。然而小笠原在抵達本牧前，即駛向橫濱，並擅自支付賠款。十萬英磅以當時行情兌換，為四十萬墨西哥幣。小笠原即將四十萬元現鈔交給英國公使，此事遂告一段落。

鹿兒島灣戰爭

幕府付了十萬英磅的賠款之後，英國軍艦轉而開往鹿兒島。英國要求薩摩藩支付受害者遺族慰問金二萬五千英磅，並要求將人犯在英國人面前處死。七艘英國軍艦於文久三年（一八六三）六月二十七日抵達鹿兒島灣，於該處下錨。薩摩藩見狀即派遣使者前去請示來意。於船上等候回音。

英國旗艦的水師提督是庫伯，船長喬斯林，中校威爾墨，彼等將書翰遞交薩摩藩官員，。薩摩藩無法於短時間內回覆，於是英國乃要求薩摩藩將從西方購買的三艘船艦充當談判的抵押物當英國軍艦將停靠在櫻島旁邊的三艘船隻拉至時，岸上開始發射大砲，英國亦予以還擊，戰況越來越激烈。十五日）。時間是文久三年（一八六三）七月二日（西曆八月

英國旗艦初以為薩摩藩不會從陸地發砲，因此沒有起錨。然而陸地突然發動攻擊，正想起錨脫困時，不巧又遇到強烈的暴風襲擊，而且船停在最深的海域，無暇起錨，只好切斷錨的鎖鏈，才得以動彈。這也是英國軍艦船錨落入薩摩藩手中的原因。而且陸地發射的大砲也十分神勇，鎖定旗艦發射，命中率頗高。英方有人傷亡，中校以及船長戰死。

英國船艦也向陸地猛烈發射砲彈，海邊的建築物幾乎全部燒毀，損失慘重。換言之，這是場不分勝負的戰爭。薩摩藩雖然命中英國軍艦，擊斃兩名軍官，但沒擊沉軍艦。另一方面，英國軍艦雖然擊毀了陸上的建築物，但是無法登陸。雙方不分勝負。英國軍艦於七月十日前後抵達橫濱，當時留下了一件軼聞。

戰爭結束後，英國人檢查命中旗艦的砲彈碎片。英國人判斷：「日本人無法製造這種砲彈，這個砲彈應該是從俄國運來的。」或許是因為克里米亞戰爭（一八五四～一八五六年）

時英俄兩國對立的緣故，而且英國與俄國本來即水火不容，雙方爾虞我詐，彼此猜忌。即使至今，兩國亦同床異夢。

薩摩船長投靠英艦

當英國軍艦將三艘薩摩船拉向艦隊主力停泊地時，他們讓船員上陸，只留下松木弘安（後改名寺島陶藏，之後又改名宗則）與五代才助（後改名五代友厚）兩名船長搭上英艦。當薩摩藩向英艦開砲時，庫伯提督打旗號命令燒毀擄獲的船隻，監視艦乃砲擊這三艘船，並命士兵放火燒毀。

松木及五代兩人並非俘虜，亦非賓客。我猜測他們兩人一定是搭乘英艦抵達橫濱。此事橫濱的報紙也有所報導，但兩人的行蹤不明。我不僅與松木一起去了歐洲，而且我與箕作、松木三人交情甚密，聽到松木搭乘英艦，只得到處打聽其下落，但都毫無消息。倘若英國人將他們兩人遣返薩摩藩，那些年輕氣盛的武士一定會殺死他們。另一方面，若將他們交給幕府，雖然不致處死，但會被扣上種種嫌疑的帽子，並假借須接受各種調查的名義，將他們囚禁於獄中。

然而至今為止，既無遣返薩摩藩的傳聞，亦無交予幕府的跡象，我經常與箕作兩人促膝討論，究竟是怎麼回事？真是百思費解。令人更加吃驚的是，一年後，我無意中找到了松木。

薩摩藩與英人談判

松木的事情暫時按下。英國的軍艦返回橫濱之後，薩摩藩派遣三人至江戶談判。此三人是岩下佐次右衛門、重野厚之丞（後改名安繹），以及幕後頭子大久保一藏（後改名大久保利通）。薩摩藩的最大目的是，希望暫時停止戰爭，但是卻為斡旋折衝的人選大費周章。

他們找到一個名叫清水卯三郎（又名瑞穗屋卯三郎）的商人，他讀了一點英文書籍，對西方的文物制度極為狂熱。在江戶時代，商人的身分是四民之末，他的大志顯得有點與其身分不合。當初英國艦隊欲往薩摩藩時，英方考慮到如果薩摩寄來日文信函，便無法讀信。雖然英方有一名口譯員亞力山大・席伯特，但是他日文閱讀能力不好，因此英方請求清水卯三郎同行。

清水卯三郎生平膽識過人，而且喜歡參與這一類的事務，因此一口答應同行。他拿到橫濱海關的許可書，搭上英國旗艦，抵達薩摩後，親眼目睹這場戰爭。此次薩摩藩的人來到江戶欲與英人談判，幕後頭子大久保一藏先來拜託清水卯三郎，請他向駐橫濱的英國公使約翰尼爾交涉延緩戰爭。

清水卯三郎接受大久保的請託來到橫濱的英國公使館，向公使館表明來意。然而接見的人員認為由商人談判如此重大的事情頗不得體，應請更顯要的人士來交涉。清水回答人不分貴賤，只要接受委託即有資格談判。對方認為有理，乃讓他晉見公使。清水向公使傳達延緩戰爭的訊息，然而公使不但無意接受，而且說英國早已從印度洋增調軍艦，幾千名士兵已赴征途中，至今方談延緩戰爭，完全沒有意義。從公使的臉色看來，似乎並沒有虛張聲勢恐嚇薩摩藩的樣子。

聽完公使的一番話之後，清水乃將交涉情形向薩摩方面報告。重野認為事態嚴重，必須親自出馬談判。薩英談判於是展開，在種種交涉折衝之下，薩方終於答應賠款，金額為兩萬五千英磅，以當時的匯率兌換，相當於七萬兩。其實這七萬兩乃向幕府支借，而且不能以島津薩摩守的名義賠償，因此乃以分支的島津淡路守的名義支付。至於殺死英人的犯人，則以人犯逃匿無蹤為由，向英方保證，若發現人犯，一定處死，此事方告一段落。

這次的談判席上，並不見大久保一藏的蹤影，只有岩下與重野兩人出席，另外幕府派遣的外交部官員鵜飼彌一，以及監察官員齋藤謹吾兩人見證，雙方簽署文書之後，此事件乃告落幕。時間是文久三年（一八六三）十一月一日左右。

松木與五代藏身埼玉郡

接著來談我所擔心的松木弘安的後續發展。松木與五代兩人搭乘英艦之後，在英艦上遇到清水，松木大吃一驚。因為清水往昔在江戶時曾向松木請教過英書不解之處，兩人情誼極深，因此松木在英艦上遇到清水時大感意外。兩人互問：「你怎麼在這裡？」「你又怎麼到這裡來？」兩人真是喜出望外。

抵達橫濱之後，松木總不能一直待在船上，他極想上岸。於是由清水卯三郎負責安排一切事宜，因為松木與五代兩人不得拋頭露面，只有清水一人能在光天化日之下活動。因此，清水在橫濱上岸之後，將此事告訴美國人凡立德，希望他能幫忙。兩人商量之後，決定讓他們搭乘靠岸小船由神奈川上岸，小船及其他所需工具皆由凡立德安排。

唯一令人擔心的是，不知英國海軍提督是否會答應他們下船。他們去與提督商量，不料提督態度極為寬容，准許兩人上岸。於是清水與凡立德擬定計畫，決定讓他們兩人利用半夜搭乘靠岸小船，從神奈川以東的海岸登陸。然而當時從橫濱至江戶的街道，每隔一區即置一類似今日的小警察局，負責偵察是否有可疑人物。因此，松木與五代取下長短兩支武士刀以及盔帽，寄放凡立德家中。兩人分別喬裝成船老大與農人的模樣，搭乘小船，往東而下，於羽根田的海岸登陸。

他們一路上躲躲藏藏，往江戶前進。然而幕府的探子仍十分可怕，絕不可在一般的旅館住宿，因此清水卯三郎先到江戶的港邊旅館等候他們。兩人於半夜在不知名的地方登陸，往江戶方面摸索前進。不料走到途中，天露曙光。他們怕暴露身分，於是改搭乘轎子，以避人耳目，遂於翌日中午抵達港邊旅館。

清水於前一天晚上即在該處等候，一切皆已準備就緒，他們在港邊旅館住宿兩晚。然後清水帶他們至他的故鄉武州埼玉郡羽生村，可是那地方也不甚安全，於是他們又搬到清水的親戚吉田市右衛門的別墅，該別墅位於奈良村，是極為荒涼的地方，不用擔心被發現，兩人即在該處落腳。五代於五、六個月之後偷偷到長崎，松木則在該處約躲藏一年。

薩摩藩也關心松木的下落，不斷派人四處尋訪。薩摩藩派出大久保、岩下、重野，以及駐江戶的薩摩行館的肥後七左衛門、南部彌八郎等人，經過四處探訪之後，突然想到或許清水卯三郎知道松木的下落，於是至清水住處詢問。清水畏懼不敢吐實，唯恐松木被逮捕而處以斬刑，只回答不知情，然而薩方也面露狐疑。

沒多久，幕府方面也派人至清水住處察訪，清水困惑得不知如何是好。如果不會被殺，那當然還是早點露面較好；但如果會遭到殺害，便不能讓他現身。他左思右想，異常苦惱，於是去請教松木的恩師，即江戶洋學者大師川本幸民。川本大師說：「讓他露面較好。既然薩摩藩人如此說，那你就不必隱瞞，把他交給薩摩藩。我想他們不會殺他吧！」

清水乃下定決心通知薩摩藩人員，他說：「其實我知道他的下落，是我幫他藏匿起來的。我會把他交給你們，不過你們絕對不可殺他。」松木終於與薩摩藩的人員見面，後來松木弘安受薩摩藩之託，至江戶請求英國幫助討伐幕府時，唯恐幕府知其身分，乃改名寺島陶藏。上述的事情，根據清水卯三郎的說法，薩摩藩中僅七人知道此事，這七人我推測是大久保、岩下等人。

與松木重逢

時間是文久四年（一八六四），至於幾月，已經記不得了，我只記得不是冬天，大概是夏天或秋天。有一天，肥後七左衛門突然來找我，他說：「松木想來見你，你方便嗎？」我大吃一驚地說：「我從去年即擔心他的生死，每次與箕作見面，都在談論此事，他還活著嗎？」「他安然無恙。」「目前住在何處？」「在江戶。總之，他可以來這裡嗎？」「當然可以，非常歡迎。我沒有什麼好懼怕的。我想見他。」

第二天，松木便來到我家，我宛如見到幽魂。我們談了許久之後，我才知道他遇到清水的事情，以及其他的遭遇。當時我住在新錢座[1]，我們久別重逢，兩人好不容易又能痛飲一番。我問他住在何處，他說白金台町有一名醫生姓曹，曹家是松木太太的娘家，他藉著這層關係藏匿曹家。

當天我們就此分手，然後我立刻至箕作處告訴他松木的事情。隔天我和箕作兩人一起赴曹家，三個好友團聚，從早上談論到夜晚。言談當中，當然提到鹿兒島戰爭，而且我們還聽到種種趣聞，限於篇幅，只好割愛。話說薩摩藩已不再追究松木的責任，但是仍不知幕府方面的態度。可以確定的是，松木並非幕府的罪人，因此並不須如此恐懼。

我們問到松木如何餬口，他回答他正在為薩摩藩翻譯洋書。談話中，松木特別強調：

「我再也不想看到大砲了。一聽到砲聲，我的頭就好像腦震盪似的。我痛恨大砲，一想到大砲，身體就發抖。船被燒掉時，我也覺得很害怕。當我獲救時，懷中尚有二十五兩，我一併帶上岸。」他還說，英國船艦一開始停在薩摩灣時，英國人想吃水果，薩摩人就奉上水果。當時，薩摩人還計畫趁奉獻水果時拔刀突擊英人。

薩摩人歸還船錨

關於英國人切斷錨鏈的事情，是清水卯三郎在英艦上看到的，薩摩人大概不知此事。待清水遇到薩摩人之後，才說當時英國艦隊切斷錨鏈，你們可以將它打撈起來。可是薩摩藩不大關心這件事，最後由漁夫將船錨打撈起來，交給薩摩藩。

當薩摩藩將兩萬五千英磅交給英國以求和時，英國人說希望拿回船錨，薩摩藩一口就答應，好像歸還破銅爛鐵一樣容易。如前所述，這場戰爭不分勝負。英國切斷錨鏈，兩名軍官戰死，水兵無法登陸，最後無功而返，從此點而言是敗軍。而薩摩藩陸上的建築物被大砲摧毀，不但無法追擊離去的英艦，戰爭的第二天清晨，英艦朝陸地射擊，薩方並沒有回應，從此點而言，薩摩藩是敗方。換言之，雙方皆無輸贏，不過薩摩藩竟將重要的船錨輕易地交還

1 這是福澤諭吉記憶錯誤。此時應該在鐵砲洲。

英國，真是沒有常識。

從此可知，當時的日本人不知國際法為何物。不僅如此，此次生麥村事件中，一個英國人被殺害，英國藉此威脅日本政府，最後取得十二萬五千英磅。這究竟是否合乎道理，仍不無疑問。雖說這是三十餘年前的事，但日本人至今仍感到忿忿不平。而且當薩摩藩提出暫緩戰爭時，英國公使以高壓姿態恐嚇，說難聽點，即是吃定日本人。日本人亦在不知所以然、莫名其妙當中結束此事。

若是在今天，絕不會發生這種事。其實當時美國人曾告訴日本政府不須為此事賠款。英國公使惡言恐嚇，再加上法國的彌尼斯特等人在旁威脅，日本人被嚇得昏頭轉向，已無法冷靜思考。事情就此落幕，然而今日不知會如何評論此事。

緒方老師生病

在京都方面，文久三年（一八六三）五月十日是攘夷的期限。荷蘭的商船通過下關時，下關發射大砲攻擊商船，幸好荷蘭船並沒有被擊沉。不過卻造成大事件，全國陷入緊張的氣氛當中。

就在當年的六月十日，緒方洪庵老師不幸罹患重病，大量吐血。在此之前，緒方老師來到江戶，住在下谷。我被這突如其來的噩耗嚇得說不出話來。因為兩、三天前，我還到老師住處，那時老師身體尚很硬朗。我飛也似地跑出去，當時還沒有人力車，我從新錢座拚命地跑到下谷，當我抵達緒方老師住處時，老師已經去世。

我不知如何是好，宛如作夢一般。住得較近的門生，早就來了，但是還有很多人比我晚到。四、五十個人擠在屋子裡，無事可做。總之，今夜是守靈，所以大家都不睡覺。那屋子很狹窄，許多人連坐的地方都沒有。而且當時天氣很炎熱，不管是臥室也好，玄關也罷，連廚房都擠滿了人。

半夜，我坐在玄關的台階上，村田藏六[2]來到我身旁，我問：「村田君，你什麼時候從長州歸來的？」「不久前。」「你瞧，那些瘋子在馬關做的事，真不可理喻。」村田臉色變得嚴厲起來，他說：「怎樣！哪一點不對？」「我覺得攘夷這些人都像瘋了似的。」「你說瘋子是什麼意思？你講理嗎？長州有他們自己的國是，不容許外國人來欺負我們。荷蘭人算什麼，一個小國，卻作威作福，趕走他們是理所當然的。防長的上下皆抱著必死的決心，絕不寬容。」他那激動的表情，已非昔日的村田。

我對他的言行大為震驚，覺得不可思議。因此我趕快結束談話，走到箕作的旁邊說：「村田變得好可怕，他剛才說……」我之所以對箕作說此番話，是因為在這之前，當村田到長州去時，好友皆替他憂心忡忡。在攘夷論盛行的時節，村田應邀到長州，宛如飛蛾撲火，

2　村田藏六，後改名大村益次郎（一八二四～一八六九年），日本陸軍創始人，後被暗殺身亡。

大家都祈禱他不要受到傷害。然而今天聽到村田本人這席話，令人大感意外。

我與箕作兩人細聲地談論：「我猜，村田到長州之後身嚐恐懼的滋味，因此帶著攘夷論的面具，假裝支持攘夷論。他心裡絕不會支持那種傻言論。我還是不知道他在想什麼？」「確實不知道他葫蘆裡賣什麼藥。總之不要接近他，若是失言，說不定釀成大錯。我們還是與他保持距離較好。」我們對其他的朋友也提出忠告：「村田有點奇怪。不要與他討論時事，否則恐生不測。」

以上是當時的談話實錄，至今我仍不明其真相。究竟村田是為了自身防衛而帶著攘夷的面具，還是徹底改頭換面，成為攘夷論者，至今我仍然不清楚。總之，我和箕作秋坪以及其他的朋友，皆為他的言行感到震驚，悄悄離他而去。

偷抄外交機密文書

文久三年（一八六三）是日本最動盪的一年。日本全國高嚷攘夷，英國又因為生麥村事件而要求幕府巨額賠款，外交陷入可怕的困境。

當時我受聘於幕府外務省的翻譯局，幕府與外國的往返書信我皆一一過目，亦即英法等國寄來書信，幕府便回覆，幕府有事向外國公使提出交涉，對方即回信。因此我不可能不知道外交的祕密。

當然我不可能將外交祕密文書帶回家，不過我在衙門或外交官官邸翻譯時，我將內容背誦下來，回家後再將大致的內容寫下來。例如，關於生麥村事件，英國公使的來函內容大致如此，幕府的回信內容如此。返家後，我將它寫在薄紙上，當然，我絕不輕易示人，頂多向好友透露內容，當作閒談之餘的話題。不過，有一天，我卻無奈地將它燒毀了。

脇屋卯三郎切腹

茲將祕密文書燒毀的原委敘述如下。當時發生了一件極為可怕的事。神奈川衙門有一個組頭，相當於現在的次官，名叫脇屋卯三郎。由於他任職次官，可見其身分相當高。他寫了一封信寄給住在長州的親戚，不料卻被密探查到了。

那封信是寫給親戚的信，本來沒有什麼問題。然而信裡有一句：「目前國家局勢令人擔憂，一切有待明君賢相出。」幕府的官員看到此信，心想這是什麼話！天下騷動，有待明君解決，這豈不是侮辱了當今的幕府大將軍！亦即此人眼裡沒有幕府大將軍，而盼望明君即等同意圖謀反。於是即刻將脇屋逮捕到幕府城中。當天我正好到城中的外務省，突然傳出脇屋被人用繩子捆綁的大消息，但是也有人說，脇屋沒被捆綁，他與捕快一起從走廊走過。

總之，眾人一陣錯愕，不知神奈川衙門的次官究竟為何被逮捕。待隔日，方知他寫的書信受到質疑。當捕快逮捕脇屋時，同時也派人到他家搜查。脇屋被投入傳馬町的監獄，經過粗糙的審判之後，被命令於獄中切腹自殺。當時負責監察的是我的朋友，名叫高松彥三郎。後來彥三郎對我說，他到傳馬町監獄去，覺得脇屋真是可憐。

當我聽到脇屋卯三郎即將被處死時，我感到莫名的恐懼。我之所以恐懼，是因為只寫了「待明君賢相出」一句，即被關進傳馬町監獄處死，而我抄寫的筆記涉及外交機密，倘若事蹟敗露，必定立刻被捕入獄，斬刑伺候。

當時我住在鐵砲洲，即刻將筆記燒毀，然而有一件事仍令我不放心。我曾將筆記的備份借給親戚，接著又借給了細川藩的人。我極為擔心他們是否會另抄一份。事到如今，倘若我寫信問他們，那封信又成為證據。現在原文已經燒毀了，但是鈔本是否會曝光？我的心情如同熱鍋上的螞蟻。

幸好，直到王政維新（明治維新），一切安然無恙，我心中如同放下一大塊石頭。現在我能夠向別人自誇抄寫外交文書的經過，若是幕府末年絕不能如此。由於我自己惹出事端，從文久三年至明治元年（一八六三～一八六八）這五、六年間，我好像將頭暫時寄放於幕府一般。這件事不能對別人說，甚至對妻子也不能說，自己獨自在內心煎熬，真是痛苦之至。

我的行為與脇屋的罪相比起來，豈止是五十步百步之喻，洩漏外交機密的罪理當重得多。觸犯重罪者幸得逃過一劫，與親戚寫信問候者卻得切腹自殺，這豈不堪憐，豈不悲慘。人的幸與不幸，一切都是因緣際會。因此王政維新對我而言是個解脫，即不論此，若今日能夠閱讀我的筆記，則不僅能夠了解文久三年的時局，那筆記亦為外交史的珍貴史料。總之，我為了保住頭顱而將它燒毀，如果今日有人還將備份保存下來，我真想再翻閱一次。

下關的攘夷

攘夷論持續高漲，長州的下關，不僅砲擊荷蘭船，後來連美國的軍艦、英國的軍艦皆受到攻擊。這筆帳當然跑不掉，英、法、荷、美四國向幕府請求三百萬圓的賠款。雙方經過幾番折衝之後，幕府終於支付賠款。

然而國內的攘夷論並沒有因而收斂，他們不再高喊「鎖國攘夷」，改喊「鎖港」的口號。幕府還特別派遣外交部長池田筑後守長發與法國、英國談判鎖港事宜。結果池田沒達成目的，被迫引咎辭職，薪俸減半。社會秩序蕩然無存，幾乎每天都有暗殺的事件，每個人皆身陷恐懼之中。我當時只一心一意地想謹言慎行，明哲保身。

劍術全盛時期

文久三年（一八六三）前後，是武人風氣極盛的時代。這武人風氣的盛行，其來有自。德川政府掌管行政外交部門，迫不得已，只好主張開國論，並且實際執行。然而幕府大臣的態度又是如何？一言以蔽之，是閉關自守的窠臼。盱衡全國，沒有一個地方能讓洋學者昂首闊步。當時稍微有頭有臉的人物，皆佩帶長短兩支武士刀。

而江戶的劍術家都被幕府徵召，十足風光。在這劍術大流行的風氣當中，連和尚[3]都感染了尚武的風氣。我認識一個和尚，本來在江戶城內伺候諸侯起居，是所謂的茶道和尚，平常只插著短刀，穿著諸侯所賜的武士披風，跟在諸侯後面伺候。然而社會風氣開始尚武，這茶道和尚的裝扮也跟著起了變化，他插著長刀，搖晃著光禿禿的頭顱，宛如自己是個武士。

當時流行的武士披風據說是德川家康在關原戰役所穿著的樣式，後來經過水戶黃門德川光國加以發揚光大。在江戶，七夕的裝飾物本來是用竹子吊著硬紙片，以及團扇、紙糊的西瓜片或其他瓜類。然而在武士道盛行的攘夷聲浪中，卻改用竹子吊著紙糊的大刀、盔甲等物。這種復古的武士道，真令人不敢領教。

賣掉刀劍

我在謹言慎行之餘，益發感到不需要武士刀，武士刀對我而言已無任何意義，因此我乃決定賣掉武士刀。我身邊的武士刀並不算多，頂多不超過十把。我叫來一名刀匠，他名叫田中重兵衛，我把所有的刀子全都賣給他。不過當時武士仍有佩帶長短刀的義務，因此我將父親遺留下的腰刀刀鞘加長，冒充長刀，再到五金行買一把小刀充當短刀，我用這兩把刀裝飾我的武士門面，其餘的武士刀全賣掉，我記得賣得金額約六、七十兩。

如前所述，我盡量韜光養晦。不管是年幼之時，或是在緒方學堂，朋友嬉戲之間，我總喜歡表演瞬間拔刀攻擊的伎倆。然而當舉世皆盛行武士道時，我那瞬間拔刀的技術即深藏不露，在眾人面前，我都假裝生平只會佩刀，而不曾拔過刀。總之，我小心謹慎，夜晚絕不外出。從文久年間到明治五、六年（一八七二、一八七三），大約十三、四年間，我不曾在夜晚外出。這段時間，我只將生活寄託於翻譯與著書。

3　這裡所謂的和尚並不是真正的和尚，而是指替貴人侍奉茶水的人員，由於他們剃光頭、穿著僧服，所以稱為「茶和尚」、「茶道和尚」或簡稱「和尚」。

9

再度美國行

天下的局勢越加緊迫動盪，我隱居在家，過著教書、翻譯、寫書的生活。我的生活雖然極為安靜，可是外面的謠言甚囂擾人，其中有一個傳言是福澤諭吉的哥哥到鹿兒島參與薩摩藩的政治。言下之意是哥哥如此，弟弟思想也有問題。

慶應三年（一八六七），亦即明治維新的前一年，我再度旅遊美國。這是我第三次出國。慶應三年一月二十三日，我從橫濱啟航。這次的旅美之行，仍有很多事情值得一提。

幾年前，美國公使布萊恩來日本時，正值幕府需要訂購軍艦，因此託美國公使幫忙購買。其金額為八十萬美元，分數次支付。到了文久三、四年（一八六三、一八六四）左右，已經造好一艘船，價格是四十萬美元。然而在那之後，幕府相當混亂，而且美國也發生南北戰爭，因此訂購的船艦便沒了下文。總之，支付了八十萬美元，卻只收到一艘四十萬美元的船，之後便沒有消息。

為了向美國點收軍艦，於是順便向美國購買槍枝，當時派遣的委員長是小野友五郎，他是財政部的次官，在當時的政府是地位相當高的官員。前一年冬天，小野被任命為委員長，副官則是松本壽太夫。我擬再度赴美，因此經常至小野家拜託。最後，我充當小野的隨從而得以成行。至於其他同行的人，因為要點收軍艦，所以派兩個海軍人員，此外還有口譯人員。

郵輪首次通航太平洋

那一年是美國與日本首次太平洋通航之年。第一艘抵達日本的是科羅拉多號，我們搭乘該船前往美國。幾年前，我們赴美時搭乘小船，在海上花了三十七天。而這次的科羅拉多號是四千噸的快速輪船，旅途中一帆風順，真如人間仙境。我們於第二十二天即抵達舊金山。

雖然到達舊金山，但是當時沒有鐵路，所以先在舊金山停留兩星期左右。之後搭乘太平洋輪船公司的另一艘船至巴拿馬，於該處搭火車越過地峽，到了對岸，再搭乘輪船。我們於三月十九日抵達紐約，落腳華盛頓。首先，我們會晤美國國務卿，一開始談話，即提出已付款項事宜。

我們從這次交涉的過程可以知道當時幕府的實際狀況。我們前往美國時，知道談判時必須準備已經支付八十萬美金的證據，可是幕府身邊只有十張上面寫著十萬美元、五萬美元等的小紙條，而且其中有數張是三角形的紙片，上面只寫著「茲收到幾萬美元」，以及布萊恩的簽名；完全沒寫究竟為什麼收到這些錢，以及雙方有什麼約定。若是起了爭執，可說是證據薄弱。

出發前，我們為此事討論良久。大家的結論是，這樣反而好，這表示我們完全信任美國公使，不，不是信任美國公使，而是日本政府信任美國政府，根本不需要收據，也不需要條約，只要口頭保證即可，因此只在便條上寫個數字。我們也決定佯裝本來即不擬拿這便條當證據的樣子。及正式談判，我們提到已付款項的問題時，前公使布萊恩便出現在談判桌上。他一出面，即單刀直入地說：「你們決定怎樣？是要買船還是要把錢拿回去？」

購買東號艦

聽了他的話，我們頓時放下心來。我們需要一艘軍艦，經過多方參觀比較的結果，選了一艘名叫「石牆號」的船。這艘船到了日本改名東號艦。我們購買了這艘鐵甲船，此外還買了千百支槍，最後還剩下七、八萬美元。這些錢我們暫時存放在美國政府那裡。

之後，我們先回日本，只有海軍人員留下來。至於石牆號，則由海軍人員雇用美國船長一人駛回日本。此事終於告一個段落。這艘船抵達日本時，已是王政維新的明治政府，亦即明治元年（一八六八）。關於此事，後來我聽負責會計的由利公正說，當時明治政府極為窮困，籌不出錢來，最後好不容易才湊出幾十萬美元支付。

我聽了之後說：「不對！那艘船已付了錢，而且還有一些錢存放在美國。」由利聽了目瞪口呆。究竟怎麼回事？是否一條牛被剝了兩次皮？美國人不可能拿那些錢，一定是進了某人的荷包。

厭惡幕府無法無天

這件事暫且不提。我本身處境極為不穩，這是因為我受雇於幕府，卻不曾想過要擁護幕府。我一生抱持的主義，最討厭的就是閉關自守與一成不變的身分門閥制度。凡是違背我的主義的人，皆是我的敵人，相對的，主張閉關自守與門閥制度的人也認為洋學者是旁門左道、牛鬼蛇神。

據我的觀察，幕府的官員全是守舊份子，完全沒有門戶開放與自由主義的思想。例如，政府的御用商人有一人叫三井八郎右衛門，他不僅聽候政府的差遣，連官員的私事都幫忙跑腿。以這次旅美為例，官員從幕府請領出差費，因此必須將這些銀貨兌換成美元。

然而當時美元匯率起伏激烈，很難拿捏兌換的時機。旅美一行人當中，有一人將三井的店員叫到橫濱的旅館來，打聽美元的行情。聽完之後他說：「我知道了，最近美元升值。可是你們三井從前在美元便宜的時候應該買了美元，我這銀貨想兌換你們那便宜的美元。」三井的店員磕頭行禮說：「遵命！我拿便宜的美元來兌換。」之後，他回去拿較目前行情便宜的美元過來。

我在旁邊觀看，心想：「真是無法無天的傢伙。想兌換外幣，還指定要行情較低時的外幣，外幣上面也沒寫這是行情較低時兌換的。兌換外幣不問價格的高低，都該以當天的行情來決定。身為四民之首的上級武士，要人家不按行情來兌換，還絲毫無羞愧之色。另一方面，難道三井的店員不知如何盤算？他明明知道匯率的行情還做虧本生意，吃了暗虧還得必恭必敬。這不是任何人的錯，而是時代的風氣使然。當時的風氣腐敗到極點，德川幕府已經注定要滅亡。」

反對國益論

我們赴美時，當時的日本正值國事倥傯之際。德川幕府的方針是開源節流，不但要節儉，而且只要對政府有利就必須著手去賺錢。那負責為政府爭取利益的部門稱為「國益部」。國益部的人員負責擬定種種賺錢的事業，建議政府執行。有人說在江戶市區挖條運河收取通船費用，也有人說要徵收酒稅，另有人說開墾荒野於該地收租稅，甚至也有人建議政府一手包攬江戶市區的水肥，由政府獨占處理水肥的利益。

有一個洋學者聞此，起立發言：「政府忽視民間的水肥業者，只想獨占水肥利益，如此一來則成為專制政府。從前美國國民因為忿恨其宗主國英國針對進口的茶葉課稅，貴婦們乃發動罷飲茶運動，同時也廢除飲茶談話會。那麼我們是否也要效法美國人，拒絕上廁所，讓政府傷透腦筋。這個提議如何？」在座皆捧腹大笑。當時政府的情形大致如此。

這次赴美的一行人當中，也有國益部的人員。他的想法是，日本念洋學的人逐漸增加，原文書的價格也一定上漲，因此我們這次可以買原文書帶回去，替政府大賺一筆，並且指定由我負責採購，但是我不答應。我說：「購買原文書是很好的事情。日本國內的原文書即將售罄，我認為多進口一些對人民而言是個福音。這次來到美國，以官費大量購買原文書，運回日本後，若能以成本價賣出，那真是再好不過的事情。我詳細研究之後，希望能夠買到最便宜最適當的書籍。你認為我的意見如何？」

他回答：「不行，要對國家的財政有幫助才行。」「這樣一來，政府等於是在做生意，我並非為了做生意而來的。然而，如果政府講明要做生意，那麼我也要做生意，也就是說我要抽取佣金。現在任你選擇，政府若要以成本價賣給人民，那麼我會盡最大的努力挑選書本，把價錢殺到最低。政府若想賺錢的話，那麼我也要賺錢，不能讓政府獨享。現在讓你選擇，看看你要選擇官還是商。」

我們起了爭執，而我也失去了上司的歡心。現在想起來，不論事情的對錯，以一個隨從的身分，實在沒有資格講那種話。

打倒幕府

有一次，我與同行的尺振八一起喝酒，兩人高談暢飲。雖然船上的酒較貴，但我們拿了官費，因此可以大吃大喝一番。我們還買了些酒帶回房間，喝了酒之後，我說：「不管怎麼說，一定要打倒幕府。我們看看今天幕府的政治，只要說是幕府要購買的商品，什麼都可以買。即使是買酒買魚，也是自己隨便出個價錢買的。上總房州的船一進港，即說這是幕府用品，不付錢便把魚拿走。若說這是將軍要吃的魚還情有可原，但是並非如此。幕府的廚師擅自把魚拿走之後，再拿去賣。我們從這件事就可以類推其他的事情。這個政府已經腐敗到極點。這件事姑且不說，就拿攘夷一事來說，因為身為政府當局，所以不得已勉強提倡開國論，但其實幕府才是攘夷論的大本營。我們看品川港的砲台，幕府認為那砲台太小，現在正在改建。此外，勝麟太郎到兵庫去，建造一個像土灶的白色圓形砲台，這不是用來攘夷的嗎？這種政府垮掉算了。」

尺振八說：「你說得沒錯。可是我們能搭船來美國，也是用幕府的經費。你所吃所穿的不都是幕府的東西嗎？我們吃他穿他，卻要打倒他，那豈不會感到問心有愧嗎？」

我回答：「那無所謂。你我受聘於幕府，並不是因為我們偉大，而是我們看懂洋文。就如同皮革業者只因為他的職業而被列為賤民一樣，而你我就如同修理皮拖鞋的人。幕府的大官不想做這種髒事（皮革業），幸好有個皮革業者，於是叫他修理皮拖鞋。我們受聘於幕府，就如同修理皮拖鞋的人進出幕府衙門一樣。我們根本不需要客氣，儘管把他打垮。我們必須考慮的是，究竟由誰來打垮他。我不想當先鋒，這件事較頭痛，是個大問題。盱衡當今社會，高喊打倒幕府的盡是些浪跡天涯之徒，亦即長門藩或薩摩藩的攘夷派浪人。若是由這些浪人來解放天下，那豈不是替德川幕府完成攘夷。果真如此，那倒不如由現在的幕府來統治比較好。然而不管怎樣，我們遲早要打倒幕府，只是目前尚沒有打倒幕府的適當人選。真傷腦筋！」

我們邊喝邊談，雖說是在房間裡，但是並沒有禁止別人出入，旁若無人地高談闊論。我們這番話一定傳到了長官的耳裡。

被處禁足

如前所述，我在幕府的外交部擔任翻譯工作。我回到江戶之後，外交部長責備我：「你在旅美期間，犯了過錯，因此必須接受禁足處分。」不過幕府的禁足處分實在太寬鬆了，我仍舊可以自由外出，只是不能到衙門去，對我而言真是不痛不癢。我反而因此得到休假，真是謝天謝地。我立刻接受命令，不上衙門，專心一意地寫《西洋旅遊指南》一書。

家兄在薩摩藩

當年的六月下旬，我從美國返日。天下的局勢越加緊迫動盪，我隱居在家，過著教書、翻譯、寫書的生活。我的生活雖然極為安靜，可是外面的謠言甚囂擾人，其中有一個傳言是福澤諭吉的哥哥到鹿兒島參與薩摩藩的政治。言下之意是哥哥如此，弟弟思想也有問題。

這個傳言的產生也是其來有自。因為我動輒批評幕府的攘夷論，並主張打倒幕府。可是這謠言也未免太離譜了，因為家兄十幾年前即已去世，怎麼可能在鹿兒島。我也不去平息這種世俗的謠言。

在幕府之中也有所謂的有志之士，向幕府提出種種奇策妙案，而我皆置身事外，遺世而獨立。當局勢逐漸緊迫，某一天中島三郎助來我處，他說：「你為什麼閉不出門呢？」「因為如此，所以閉不出門。」「真是飛來橫禍。眾人皆在奮鬥打拚，你怎麼可以躲在家裡？趕快出來！」「不是說要出去就能出去，我被禁足在家。」「好，我立刻幫你解除禁令。」

當時有一位大臣名為稻葉美濃守，中島乃赴稻葉處幫我說情，使我能夠再度踏入社會。那位美濃守是舊淀藩藩主，亦即目前退隱於箱根塔澤的那位老爺。中島三郎助是舊浦賀的警官，於隔年（一八六八）函館戰爭時，父子皆戰死，是個令人尊敬的武士。他的紀念碑，目前聳立於浦賀的公園。

不服從長官

這次的美國之行，我之所以被人排斥，說起來似乎都是別人的過錯，然而事實並非如此。當初我要去美國時，我去拜託小野友五郎，取得他的信賴後，才得以當隨從人員上船。因此照理說，我一切都要聽從上司的命令，然而我不但始終反抗上司，甚至明顯地違背命令。

例如，在美國時，小野發脾氣對我說：「你的事情已經辦完了，你先回國。」我反駁：「你帶我來到美國，叫我做那麼多事，現在事情少了，就要叫我回去，長官也沒有權力命令人家中途回去。我離開日本時，是向閣老請假才出國，換言之，是奉閣老之命而來。你叫我回去我也不回去。」這件事應該是我不對。

還有一天吃飯時，我興致大發地說：「不知道幕府到底在想什麼？主張什麼攘夷鎖港。你看品川港還增建砲台，開什麼玩笑。建那砲台的人就坐在我們這張飯桌，建那砲台就能保住日本嗎？日本可是一個重要的國家喔！」我當時大概瘋了，竟然在大眾面前說這種話。雖然小野是個頑固之人，但是我的反叛心也太過份了。我被人討厭是理所當然的，這一點，我毫無怨尤。

IO

明治維新

慶應義塾是個安全的地方。在這裡，大家一律平等，絲毫沒有令人懷疑的地方。這裡既有投靠賊軍的人，也有官方的人，真是不可思議。這種事情是裝不出來的。在我的心裡完全沒有偏頗的想法，我既不支持幕府，也不支持官軍，要戰爭的話隨你們，我表裡如一，因此慶應義塾能夠平安地度過這個時期。

時局越加緊迫，至慶應三年（一八六七）的歲暮，國情板蕩，學生自然也受到影響；有的返回故里，有的奔散四方，學生逐漸減少。同時，我所居住的鐵砲洲奧平行館也即將成為外國人居留地，既然被幕府沒收為居留地，我也無法住在該地。

即於慶應三年的十二月底，我買下新錢座一名叫做有馬的諸侯的房子，我一搬到該處，鐵砲洲即成為居留地。翌年，慶應四年，亦即明治元年（一八六八）的元旦，將軍德川慶喜決定舉兵遠征京都。翌日，德川軍開始揮兵而下。會津、桑名兩藩的軍隊當前鋒，往京都的南方，鳥羽與伏見進軍，史稱鳥羽伏見戰爭。

三日的傍晚，薩摩、長州聯軍與德川軍開始戰鬥，直至翌日清晨，薩長聯軍打敗了德川軍。六日半夜，德川慶喜率領少數人員逃回江戶。逃回江戶城後，又發生了接二連三的大事件，這是王政維新的開始。直到當時為止，我堅決不介入政治圈。說起來，王政維新是我與政治產生瓜葛之始。要說明我一直不介入政治的來龍去脈，必須追溯到我的少年時期。

厭惡世襲門閥制度

我出生於下級武士家庭，在封建時代，日本國內任何一藩國皆極為守舊。各藩國武士的階級都是出生時即已注定，上級武士即為上級武士，下級武士即為下級武士，宛如放在箱子裡排列好似的，一點都不會變動。因此，出生在上級武士家庭的人，他的父親亦是上級武士，他的兒子也是上級武士，經過一百年也不會改變。因此出生在下級武士家庭的人經常受到上級武士的輕視，不問個人的聰明愚劣，上級武士總是輕視下級武士。我從少年時期起即對此種制度忿忿不平。

此種不平的心理在受到別人侮辱時達到最高點。由於厭惡被侮辱的事由，反而使我忘記侮辱我的人，而只是痛恨那件事情。我認為拿自己的門閥作威作福的人實在可恥，也因此我認為這是件丟臉的事情。譬如，我看到上級武士以高壓姿態對待下級武士時，我雖然痛恨上級武士的傲慢無理，另一方面，我反過來想，這傻瓜只會作威作福，真是可恥又可憐，我在心中輕視他們。

有人說我當時少年老成，也有人說我是一個僧侶，說我為了教化人心，而提倡平等觀念，反對歧視等等。但是一個十來歲的少年不可能思考那麼深奧的事情，我當時只是認為藉著世襲身分作威作福的人實在可恥。因此，我在中津藩內不管被人輕視或侮辱，都不會遷怒而羞辱他人。

譬如，我是下級武士出身，對上級武士則必須低聲下氣。如果依照這個道理類推，那麼還有很多階級比我低的武士，我便可以依照別人輕視我的態度去輕視他們，亦即宛如在長崎討伐江戶的敵人一般。如此雖然表面上能夠扯平，但是我不能這麼做。我不僅不這樣對待他們，我對階級比我低的人還十分客氣。

父母的遺傳

我這種態度並不是我始創的，我推測是得自父母的遺傳。如前所述，家父是漢學者，身分與我相同，因此他一定也被上級武士輕視，然而他絕不輕視別人。譬如，江州水口的碩儒中村栗園，家父把他當作親弟弟一樣對待。本來栗園的身分僅是豐前中津染布店的兒子，亦即商人的兒子。由於商人是四民之末，藩中的武士沒有人願意與他交往。然而家父極為欣賞他的人品，儘管身分階級不同，仍然待之以禮。讓他住在大阪的中津倉儲批發處的宿舍，而且還在各方面幫助他，使他終於成為水口的儒學者。

栗園與家父的關係如同骨肉兄弟，家父去世後，栗園老師仍將福澤家視為他的第二故鄉，與我們保持交往直到他去世為止。由此看來，厭惡門閥絕不是我自創的，而是遺傳自父母。因此，我在中津藩雖受上級武士的輕視，然而我不但不輕視階級比我低的武士，也絲毫不輕視商人或農人，當然更不會對他們作威作福。至於階級比我高的武士，你想要輕視他們也無從輕視起，因此我對他們只好若即若離，獨自過著心安理得的生活。

不想在中津藩求取功名

既然不想與上級武士來往，當然更不想在中津藩求取功名，而且我也沒有功成名就、衣錦還鄉的野心。對我而言，那錦衣反而讓我覺得害羞，不敢在大庭廣眾之前穿著。我年輕時即想，與其整天抱怨，不如離開藩國。這件事我不敢告訴別人，其實我的心早已離開了中津藩。

後來我赴長崎、大阪求學，也曾被中津藩聘至江戶，教導藩國子弟荷蘭學。然而我對中津藩的衙門極為冷淡，在極長的一段時間裡，不曾對衙門有過什麼建議。經常有在野的書生建議改革藩政、提倡洋學，或建議改革兵制。可是我從來沒有提出建議，而且我也不曾向藩國大臣求取功名或爭取一官半職。

我至江戶之後，靜觀中津藩嘗試各種改革。中津藩曾將兵制改採西式的操練法，對此我不曾出言褒貶評論。中津藩也曾擬提倡漢學，頻頻改革學校制度，亦曾將兵制改成甲州流派，以吹法螺來訓練軍隊。這一點，我也只是冷眼旁觀，不予置評。

有一次，我曾拜訪一退休大臣，他極喜歡議論政治。他慷慨激昂地說：「最近朝廷與幕府之間的關係甚為不穩，朝廷公卿不該如此，江戶幕府的大臣所做的事也很無聊。」一聽完他的高見，照理說我也該對目前局勢評論一番，可是我說：「您所言甚是，朝廷公卿與幕府大臣皆誠如閣下所言，可是實際的政治往往無法像旁觀者所想的那麼容易。以我們自己的中津藩為例，藩政理應有得有失，可是在旁觀者的眼中，或許他們認為藩政一塌糊塗。要是設身處地站在藩中大臣的立場設想，其實有很多事情不能隨心所欲地改革，只好處處維持現狀。太過於批評別人也不見得有意義。我不想評論政治。」

賣掉賞賜衣服

我的態度即是如此，不想談論政治。因為不想談論政治，所以也不想在中津藩當官。既然不想當官，就不需要拜託別人，因此可以說，我目中既無人亦無藩國。儘管如此，我也不想與中津藩敵對，我只希望安安靜靜地借住藩國的宿舍，過著平靜淡泊的生活。

有一次，衙門有事找我，於是我到江戶行館的總務官那裡。總務官說主君有一個東西要賞賜給你。他拿出一件繡有奧平主君家徽的絲織武士披風給我，此即所謂的「拜領家徽服」。然而我既沒表示高興，也沒抱怨說這東西太簡陋，只說一句謝謝。

我回家時順道至亡兄的朋友菅沼孫右衛門值勤處，碰巧遇到一位不知是和服店或是舊衣店的老闆也在那裡。我聽他們兩人正在談製作武士披風的事。我問菅沼：「孫右衛門兄，你要訂做武士披風嗎？」「對。」「我有一件上等絲織披風，你想要嗎？」「那太好了，上面繡有家徽嗎？」「家徽是主君的家徽，誰都可以穿。」「那很好。你拿來讓我看看。」「你想買的話，我現在就帶在身邊。就是這一件武士披風。」「果然是主君的家徽，那我可以穿。好吧，我買下來。剛好和服店的老闆在這裡，你要賣多少錢？」「價錢由和服店老闆來定。」和服店的老闆說這是單層的披風，值一兩三分。我們當場就成交了，我拿著一兩三分錢回到鐵砲洲的住處。

依照中津藩一般的習慣，若受賞賜繡有主君家徽的衣服，那是家門至高的榮譽，還要將受賞賜的日期寫在家譜裡。對我而言，穿不穿那件披風都無所謂，反而是金錢比較實在。拿了一兩三分錢，我便可以買昨天看到的那本原文書，如果不買原文書，我就拿去喝酒。我就是這麼率直天真。

主從之間亦禮尚往來

我的個性即是如此。我對藩國的感情，說好聽一點是極為淡泊，然而在同藩武士的眼中，我只是一個無情的傢伙。中津藩的年輕武士經常在酒席中批評我，我反駁：「你們說我冷漠無情，可是我不曾做過對不起奧平主君的事情，也不曾干擾藩政，我一直遵守上面的命令。所謂的熱心又是什麼呢？我沒辦法做出厚臉皮的事情來，你們若說這就是冷漠，那我也沒辦法。剛才說過，我不僅不曾做出對不起藩國的事情，也從沒向藩國要求什麼報酬。我不曾說過要升官，也不曾說過要增加俸祿，你們有人聽我要求過嗎？你們可以問問藩中大臣以下的官員。要我厚著臉皮獻殷勤，或是厚著臉皮哭泣求情，那可不合我的個性。如果說我這樣做不對的話，那最好把我趕走。若下令把我趕出藩國，我會恭敬地遵命離開。人與人的交往都是禮尚往來。若是藩國對我說，你們歷代都奉領藩國的薪俸，理應對藩國感激不盡，若是這樣，那我也要說句失禮的話，我會說我們歷代都為藩國努力奮鬥，沒有特別蒙受藩國的恩情。相反地，若是藩國說你們屬下歷代都對藩國有所貢獻，那麼我也要改變說法，我會謙卑地說，我們幾代都受到藩國的照顧，實在感激不盡；我們這幾代以來，也有人對藩國沒有什麼貢獻的，也有人生病請假，然而藩國仍舊照發薪俸，讓我們家族過著和樂安寧的生活，主君的恩情比海還深，比山還高。這就是禮尚往來，我甚懂得這個道理。我討厭只會求取恩情，又批評我冷漠無情的人。」

征討長州時勸學生不要回藩

長州藩的政局越來越不穩定，他們被貼上朝廷之敵的標籤。元治元年（一八六四）七月，朝廷命令幕府討伐長州藩。因此，幕府命令中國地區[1]、四國、九州二十一藩的諸侯出兵討伐。豐前中津藩也派出軍隊。當時中津藩至江戶留學的學生有小幡篤次郎等十人，他們因為出兵的徵召而必須回國。我聽到這個消息，對他們說不准回國。

派這些年輕人去作戰極為危險，說不定被流彈打到而性命不保。在這前途未卜的戰爭中，讓這些學生去拿槍，與叫農人拿槍沒兩樣。我認為叫這些優秀的學生回去拿槍實在沒有道理。即使沒有中彈，若腳踏到鐵釘也是一種損傷。因此我對他們說，你們不用管徵兵令，儘管裝病，拒絕回國。我一個也不讓他們回去，萬一有罪，頂多遭到放逐而已。

征討長州這件事的對錯另當別論，總之這不是學者書生應該參與的事情，我絕對不讓他們回國。中津藩也不特別追究，沒有強迫他們回國，只把罪歸於他們的父兄，通知他們說，你們的子弟違背命令不回國，乃督導不周所致，應禁足兩個月。

我的想法大致如此，我在藩國服務公職，可是不想參與藩政，也不想出人頭地立身揚名，亦即我的心中絲毫不存半點世間所謂的功名心。

不滿幕府的施政

我對中津藩的態度如前所述。至江戶後，我受聘於幕府。後來幕府要我當他們的家臣，答應給我一年一百五十大袋米的薪俸，但是我實際才領到一百大袋米，身分頗似「旗本」[2]。然而我與在中津藩時一樣，我不想升官求取功名，從不介意自己的身分地位如何，因此發生

1　日本本州西部地區，即現在的岡山、山口、島根、鳥取五縣。

2　幕府直屬家臣，俸祿一萬石以下，可以晉見將軍者稱為「旗本」，不可晉見將軍者稱為「御家人」。

了一件趣談。

在江戶，他們稱「御家人」為「旦那」[3]，稱「旗本」為「殿樣」[4]。我雖然成為旗本，但是從不曾想過自己是一個「殿樣」，家人也不覺得我與從前有什麼不同。有一天，一個在幕府就職的知己福地源一郎來我家門口問：「請問殿樣（主君）在家嗎？」「我們這裡沒這個人。」「不在家嗎？殿樣不在家嗎？」他與應對的下女如此對答。由於我家很小，我聽到了他們的談話。我走到玄關，請客人到裡面坐。下女的確不明白「殿樣」是誰，因為在我們家，沒有人說過「殿樣」，也沒有人聽過「殿樣」。

赴歐船中的對話

話雖如此，我並非完全沒有政治思想。例如，文久二年（一八六二）赴歐的船中，松木弘安、箕作秋坪與我三人，針對日本時事侃侃而談。當時我說：「我認為幕府已經很難統治全國，你們認為將各藩的諸侯聚集起來，組成類似德意志聯邦的國家如何？」松木與箕作兩人皆說：「我們認為這樣比較穩當。」

我們漸漸談到自己的志向，我說：「其實我的願望是一年領兩百大袋的米糧，身為將軍的顧問，大力鼓吹文明開國，大刀闊斧地改革各種制度。」松木立刻附和：「對！對！我也想這樣做。」換言之，松木的功名心當時也僅止於領兩百大袋米，向將軍鼓吹文明開國的思想。當時洋學者的想法大同小異，沒有人立志做大官發大財。不過，後來松木改名寺島宗則，榮任明治政府的參議、外務卿等官職，以他本人的性格、資質而言，我認為並不適合。

此事擱下不論。盱衡當時的形勢，天下的浪人，亦即革命份子，集中於京都。而江戶方面則是德川幕府，亦即當時的政府，因而相當緊張。當時的日本政治分為東西兩派——「佐幕派」與「擁皇派」，而我對此兩派的態度又是如何呢？

第一、我極為討厭幕府的世襲門閥制度與鎖國主義，因此不想為幕府效勞。

第二、另一方面，擁皇派那群人的攘夷論比幕府更激烈，我無意幫這群破壞份子。

第三、姑且不論東西兩派的是非曲直，男子漢大丈夫身處亂世，理當志在青雲，不管是加入擁皇派也好，或是佐幕派也好，皆應粉身碎骨，為自己的理想奮鬥，然而這種雄心壯志與我的個性不合。

以下詳細說明我的想法。我初次到江戶時，對幕府的人員不懷好感。遇到「旗本」或「御家人」時，他們進退應對都很高雅，與鄉下人不同。他們談吐得體，舉止大方，可是那只是表面功夫，他們既沒有縝密思考事物的腦力，似乎也沒有體力。然而他們是能夠晉見將軍的身分，而我當時只是諸侯的屬下，無法與他們平起平坐。對於「旗本」等人，即使他們

---

3 有主人、施主、丈夫等意思。

4 藩國的主君、或貴人之意。

不在現場，也要必恭必敬地稱呼他們，這種態度與對待京都那些無所事事的公卿貴族無異，表面上恭敬，心裡卻徹底地看輕他們。

葵葉家徽的威力

這些無腦力、無體力的幕府人員的態度叫人不敢領教。看起來似乎是小事情，然而當時最令我生氣的是，在旅行途中，幕府人員的囂張情形是當今之人無法想像的。譬如，我是屬於譜代大名[5]的屬下，在幕府人員的眼中，宛如低賤的蛆蟲一般。我們若是在路上遇到三種人——幕府官員、穿著德川葵葉家徽衣服的「御三家」[6]、屬德川家族的越前藩的諸侯，或是他們的屬下，那我們就有罪可受了。

在寒風呼號的清晨，我們走出旅館，欲渡河而過。我們任憑寒風吹襲，在河岸等候一小時，好不容易船隻到了，大家歡欣鼓舞，正欲上船時，不料從後面走來穿著葵葉家徽的武士，他們優先搭上該船，而我們還必須在那裡喝一小時的西北風。有時我們找不到抬轎的轎夫，只好到批發商處去拜託，好不容易找到轎夫，一個穿葵葉家徽的武士又來插隊，此時不管心地怎麼善良的人都會火冒三丈。其實，幕府的這種蠻橫無理無所不在，只是我們當時年輕氣盛，覺得直接受到侮辱，在旅途中的一件偶發事件，便讓我們不禁熱血沸騰。我們不會加以深思熟慮，只是心中忿忿不平，心想世界上怎麼會有這種惡劣的政府。

幕府的攘夷主義

前面說過，幕府的作威作福使得年輕氣盛的我火冒三丈。此事暫且不論。關於開放日本的門戶與外國往來之事，幕府的態度令人無法坐視。當時我讀洋書，又去美國，接著又去歐洲，歐洲回來之後再度赴美。我不僅做學問，還到國外實地考察，即使對外交只是懵懵懂懂，可是我知道與外國交際應該如此這般。

依我的見解，德川政府已經不能寄予期望。當時日本國內的輿論皆是一面倒的攘夷，所有的藩國皆是攘夷藩，只有德川幕府看起來像是主張開國論似的。但是我們要是往深處看，天下最大的攘夷藩，最討厭西方國家的即是德川幕府。明治維新之後，雖然也有人在著作中發表德川幕府的宰相井伊直弼主張開國論，因此幕府是開國主義。這是什麼話，開國主義全是騙人的。

井伊直弼這個人是如假包換、純粹的德川直系武士。當火燒江戶大城時，他守護幼君撤退到紅葉山。他看到周圍雜草叢生，雖然當時如驚弓之鳥狼狽不堪，他仍然親自拔起腰刀，

5 德川家康稱霸天下前的家臣。

6 德川一族中位階最高的諸侯，指尾張、紀伊、水戶三家。

剷除雜草，手抱著幼君，徹夜站在屋外。此外，此人雖然曾經將京都附近的攘夷論者逮捕加以處刑，但是這不表示他憎恨攘夷論，而是害怕這些浪人威脅到德川幕府的政權。從這些事實看來，井伊直弼真的是德川家的心腹，他是個勇敢無雙的忠臣。然而提到開國與鎖國，則只能說他是地下攘夷家。

德川幕府之所以主張開國，是因為首當其衝，不得已只好主張開國。我們若是揭開他的假面具，即知他們是積極的攘夷論者。對於這樣的政府，我不能寄予同情。茲舉德川幕府一冥頑不靈的例子。

我身邊有一本千伯版的經濟論，在某個場合，我無意中向幕府的財政官員提到這本經濟著作，該官員極為高興地說：「我很想看那本書，僅僅目錄也沒關係。」我回去立刻翻譯，翻譯中遇到competition這個字，由於漢文與日文中無適當詞彙，我思考良久之後才創造出「競爭」一詞來。我將二十幾條的目錄翻譯之後拿給該官員過目。

該官員看得頻頻點頭稱是，但是他提出一個異議：「這裡有個『爭』字，我認為這個字不大妥當，究竟是怎麼回事？」「這個字沒什麼稀奇，就如同日本商人目前所做的，若是隔壁的商店賣得便宜的話，那麼我就賣得更便宜。要是甲商人改良他的商品，乙商人就會改良得比他更好，以招徠顧客。若是某個錢莊降低利息，則隔壁的錢莊也跟著降低利息，以求生意興隆。我把這件事稱為競爭。」「原來如此，西洋的制度很辛苦。」「這沒什麼辛苦的，商業的世界都是靠這個原理來運作。」「聽你這麼一說，我也大致了解。可是我總覺得『爭』

這個字不妥當，不能拿給閣老看。」

我聽他提出這種謬論，心想，他大概是想在經濟書籍裡找到人們互相禮讓的字眼。譬如，一邊做生意，一邊還為了忠君愛國而免費賣東西，他大概是想在書中看到這樣的句子。於是我說：「您要是認為『爭』這個字不妥當，那我也找不到其他的詞彙翻譯，乾脆把這個字塗掉。」因此我把競爭兩字塗黑，然後把目錄交給他。我們從此事即可知幕府全體的心態。

征討長州藩時，外國人皆頗為注意此事。有一次，某英國人或是美國人寫信給幕府，問長州藩的諸侯究竟犯了何罪，為什麼要征討？當時的閣老官員討論良久，寫了一封冗長的回信。在那封信中，完全沒提到開國與鎖國的論爭。照理說，回信中應寫目前我們已經開國，可是長州藩的諸侯不遵守政府的命令，仍仇視外國人，或寫他們在下關對外國的船艦開砲射擊。然而回信中完全沒出現有關開國鎖國的文字。只寫一些漢學者喜用的字句：「他們在京都胡作非為，違反敕命，違背幕府命令，其大罪罄南山之竹而難書。」我看到回函，知道幕府已經不可救藥。表面上假裝開國，其實非常想要攘夷，我對幕府已經無法表示同情。

話說回來，若由京都的擁皇派浪人取代幕府，那又如何？若由他們執政，反而會變成更加激烈的攘夷家，他們比幕府更差。「尊皇攘夷」與「佐幕攘夷」雖然名稱不同，其實雙方皆是如假包換的攘夷家。其攘夷雖有程度之別，但其爭論點在於是否要將攘夷的動作表現出來而已。他們針對這一點爭吵，結果京都的攘夷派與關東的攘夷派互相發砲射擊。雙方皆不足取。

這兩者當中，特別是京都的攘夷派，既殺人又放火。問其目的，他們說，即使把日本破壞成焦土，也要徹底攘夷。他們的一舉一動都必須是為了攘夷。雖然日本全國人民也起來響應他們，但是我無法同情他們，加入他們的行列。這些人其實是使日本亡國的人。若把國家交給這些野蠻人，那麼亡國即在眼前。我一直認為京都這群浪人真是無法無天，我絕不擁護他們。

在這個時期，先師緒方洪庵的夫人隱居江戶，對我而言，她是如同母親般的恩人。有一天師母把我和箕作兩人找去，她說：「你們雖然受聘於幕府，但這個工作毫無益處，應趕快辭掉。你們應該到京都去看看，那裡較有發展。」我們聽了師母的說明之後，才知道村田藏六，後改名大村益次郎、或佐野榮壽（常民）這些革命份子皆在緒方家出入。師母知道他們的革命行動之後，因為她把我和箕作看成是自己的兒子，才勸我們不要待在江戶，要到京都、大阪去。當時我和箕作回答：「謝謝師母。到大阪去，一定會有發展，可是我們還想保住頭顱，不能加入攘夷的行列。」亦即我們無法參與京都浪人的工作。

關於我本身的私事還有一件事值得一提。我在少年時期即離開中津藩，因此沒有正式服務藩國的公職。我到江戶來，雖然受聘於幕府，但也只是執筆翻譯的技術人員，從沒參與政治。因為我自認為是技術人員，因此不想在政治上求發展。我自己既不想走上仕途，而且我也沒那個能力。

即使我發憤圖強，投靠幕府或京都，我也不願仰人鼻息，在別人底下工作。我在中津藩是個下級武士，一直受到輕蔑侮辱，那種怨恨真是刻骨銘心，無法忘懷，現在要我去屈就別人，向人低聲下氣，這我做不到。若你問我不想當政治界的大人物嗎？我也不想幹。如前所述，我不想在一成不變的制度裡當個小人物，同樣的，我也極為討厭在一成不變的制度中作威作福，藐視別人。

我從幼年時起，從未直呼別人的姓名。除了對車夫、馬夫、工人、小商人等下層社會的人之外，我不曾說過無禮的話。我不僅對青年書生，對家裡的小孩也不直呼其名。另一方面，我對政界或社會上的大人物，也不覺得他們有什麼了不起。假如他是個白髮老人，那我即以對待老人應有的態度對待他。如有高官態度高傲，我只覺得可笑，不想與其談話。這不知是我天生的性格，或是書生的習性，總之直到老年我皆如此。我這種個性，自然與官場文化不合，我自認為在明治維新前後是個特殊的人物。

話說德川慶喜將軍所率領的幕府軍於京都敗給了薩摩、長州聯軍，明治元年（一八六八）一月八日，德川慶喜從京都逃回江戶。當時朝野譁然，不僅武士如此，連拿筆的學者、醫生、和尚等人，皆整天談論政局，如癡如狂，每個人相見總是談論此事。幕府城內已是脫序狀態，本來大小諸侯的會議也常有會議，現在則變成宛如沒有住持的佛寺，有的人盤腿而坐大聲吆喝，有的則從袖子裡拿出一小瓶的白蘭地來喝，秩序禮儀蕩然無存。

我認為有必要出去觀察時勢。雖然江戶城內外交部的翻譯工作已經停擺，我還是每天照常進城，一半為的是觀察動向。茲舉一當時流行的政論。有一天，加藤弘之與某人——名字已經記不得了——穿著正式武士服在外交部休息。我看到他們說：「加藤君，今天你為什麼穿得這麼正式？」「我們請求晉見將軍。」當時德川慶喜將軍已經回到江戶城，因此，策士論客、忠臣義士群集城內，他們慷慨激昂，悲憤異常，向將軍呈獻種種奇策妙案：京都的賊軍已經出發，我們必須在富士山將他們攔下；不，我們要利用箱根的險阻之勢，於二子山殲滅賊軍。東照神君（德川家康）三百年的偉業不可毀於一旦，吾人身為臣子，與其成為知義的王臣苟且偷生，不如做個知恩的忠臣毅然赴死。

不用說，加藤弘之也是他們的一份子，他一定是想請求晉見德川慶喜。因此我說：「有一件事情拜託幫我打聽一下。你們大概知道是否會發生戰爭，知道的話，請通知我。」「你打聽這個幹什麼？」「這還要問？要是決定發動戰爭，我就捆綁行李準備逃走。如果不發動戰爭，那我就可以悠閒地生活。對我而言，戰爭與否是個極為重要的問題，請你幫我打聽一下。」加藤聽了怒氣沖天地說：「事到如今還說這種風涼話，莫名其妙。」「不，這不是風涼話，對我而言，這是生死問題，你們要戰要和都是你們的事。若是發生戰爭，我即立刻逃走。」只見加藤暴跳如雷。

又有一天，外交部的職員出來問我：「請問福澤先生有幾個部下？」「什麼事？」「萬一有事，我們必須為在江戶城內的人準備伙食，所以現在要調查人數。」「喔！原來是這樣，太謝謝你了。不過我既沒有部下，也沒有長官。請不要算我的伙食。如果知道戰爭就要爆發，我哪可能來到江戶城悠哉遊哉地吃便當？我一見大勢不妙，立刻三十六計走為上策。請不用費心安排我的伙食。」我一邊喝茶一邊笑著說。說實話，若是德川幕府真的想作戰，絕不允許我高談闊論，一定一刀把我的頭砍下。換言之，幕府末年的情形看不出會正式開戰的樣子。

在這之前，當德川慶喜將軍回到江戶時，說是為了政治改革而任命種種官員。這全是個鬧劇。譬如，任命某人負責新潟衙門，某地的代官由誰擔任，甚至任命某人掌管棄守之地的衙門，亦即在江戶成立虛擬的衙門。此外，也有人被任命為監察官，有人當採購官。我記得加藤弘之、津田真一郎（真道）被任命為監察官或採購官，我也差點被封採購官。聘書按正式儀式半夜送到我家，可是我拒絕：「對不起，我生病無法任職。」

局勢日益緊迫，官軍（京都勢力）進到江戶城，在江戶成立「鎮將府」，德川慶喜乃至水戶隱居，這是慶應四年，亦即明治元年（一八六八）春天發生的動亂。當時我在芝區的新錢座買了一棟房子，因此必須搬家。那棟房子占地四百坪，建築物有店面長屋及倉庫各一棟，我必須為學生蓋教室及宿舍，而且也必須蓋我自己居住的房子。

當我開始興建房子時，正好是江戶市內最動亂的時期，如此反而更有利。整個江戶都沒有人在蓋房子，不僅如此，放眼望去盡是些捆綁行李，準備至鄉下避難的人。準備周到的人家，還把大灶裡的鍋子拆下，自己另做土灶煮飯。就在這個時節我開始興建房子，因此木匠、泥水匠歡喜之情溢於言表。工錢便宜得令人難以相信，他們只要有飯吃即可，亦即只要給他們米糧費就肯工作，因此，給了一點點工錢，就來了一大堆工人，房子一下子就蓋好了。

其實那間房子也不算是新建的，我將奧平行館拆掉，在上面蓋了約一百五十坪，一切費用總共約四百兩。我記得房子於明治元年四月完工。

我要蓋房子時，我的朋友特別來阻止我：「哪有人現在興建房子的？到處都在拆房子避難，只有你一個人要蓋房子。」我回答：「話不是這麼說，我現在要蓋房子，看起來好像很好笑，若是我去年開始蓋，那又該如何呢？發生戰爭逃難時，我也不可能扛著房子跑。不錯，若是現在發生戰爭，或許房子會被燒毀，或許不會。即使燒掉了，就當作是去年蓋的，不足惋惜。」我毫不猶豫地開工，結果房子安然無恙，就好像做投機生意成功似的。

另一方面，由於我蓋新房子，新錢座附近因而鮮少有人逃難。他們大概認為，這邊既然有人蓋房子，應該不會發生戰爭，暫時不要搬家。其實我當時心存恐懼，說不定房子從什麼地方開始燒起，屆時我要到什麼地方避難。若是在房子裡挖個洞躲起來，要是下雨那怎麼辦？若是躲在倉庫的地板下，萬一遭到砲擊怎麼辦？

正在左思右慮之際，我拜託幾個紀州藩的學生帶我去附近的紀州行館（現在的芝離宮），那裡有一個廣大的庭園，而且有雙重高低不平的隄防可以避難。我認為這個地方很好，萬一槍砲聲響，我可以逃到這裡。可是這裡不能從正面進去，只好從海岸進來。就在最後時刻，我租了一艘小船，租期五、六天，我將小船繫在新錢座的海岸。我計畫時候一到，我們全家即搭上那艘小船，從海路駛往紀州行館，躲藏在隄防之間。

當時我有兩個小孩，即長男一太郎與次男捨次郎。我正計畫將全家帶到該處避難時，發覺情況並沒那麼令人擔心。官軍進入江戶城後，軍紀相當良好，態度也很溫和。前面說過奧平行館在汐留，而一太郎的祖母即住在奧平行館。

有一次，五歲的一太郎住在他祖母處。第二天，據說有不法之徒聚集在附近的「增山」諸侯行館，長州藩的士兵乃前去圍剿；有人被捕、有人被斬、有人掉進奧平行館的水溝中，又被人從上面用槍刺死。而我的小孩住在祖母處，我擔心奧平行館被燒毀，祖孫兩人的處境堪憂。我也沒辦法接他們回來，結果到了傍晚，戰鬥終於平息下來。此時官軍很溫和地對我說，你們只要靜靜地待在家裡，我們不會傷害你們，我們軍令如山，請你們放心。他們不斷安慰我。我們家人都毫髮未傷。這與我先前的想像相差很大。

慶應義塾日益興隆

到了四月，我的房子也已竣工。學生在慶應三年（一八六七）與慶應四年之際分散四處，在我身邊者僅十八人。至慶應四年四月始逐漸歸來，眼見著慶應義塾的學生增多，漸成氣候。

我第二次赴美比第一次赴美時領到更多的錢，而且旅行中的費用全由政府支付，因此政府給我的津貼全都沒用，我盡量將那些錢拿去買書，包括大、中、小的辭典，地理書籍、歷史等，此外還有法律、經濟、數學等書籍。這些書都是第一次進口至日本，義塾中幾十個學生都能擁有原文書，努力進修，對他們而言，真是方便之至。

在那十幾年裡，美國出版的教科書能在日本國內供學子研讀，全是我開風氣之先將美國原文書帶回日本的功勞。我這麼做的原因是，學生在慶應義塾學習，畢業之後至各地擔任教師，當他擔任教師時，自然會將其所學帶至該校。因此慶應義塾所用的教科書在日本國內廣為流傳，此乃自然的道理。

身處官寇之間不偏不黨

前面說過，官軍非常溫和，令人疑懼一空。可是在政治方面仍極為敏感，容易被貼上某某嫌疑的標籤。我為了讓自己不被貼上這種標籤，盡量使自己透明化，亦即，我使住宅與義塾透明化，絕對找不出一支槍、一把刀、一彎弓箭，一切讓人一目了然，一覽無遺。

由於我採取這種態度，所以官軍與賊軍都在我的地方進出，我都沒有排斥，也都不偏袒，雙方皆是我的朋友。此時發生一件趣事。當官軍進入江戶城，而賊軍尚未據守上野前，在市川附近發生小衝突。賊軍方面有人夜晚至市川戰鬥，白天則到義塾睡覺，我完全不在乎。我聽他講戰鬥的情形，只對他說：「原來你做這種危險的事，不要去比較好。」

古川節藏脫逃

古川節藏乃「長崎丸」的船長，他對我說他想比榎本釜次郎先逃離江戶，投靠賊軍。古川節藏是我前幾年從大阪帶來的朋友，我把他當弟弟，因此我親切地制止他：「你不要這樣做，這場戰爭沒有勝算，穩輸不贏。我不說東西兩軍何者有理，事情演變到這種情形，你即使搭船逃離江戶也不會改變戰局。我看你不要這麼做。」

節藏仍不服輸地說：「哪有這回事，我們一定會打贏，我就要出發了。我要召集各方同志，搭上此船，在適當的地方舉兵反擊。官軍若至江戶，我們便出其不意將船隻開到大阪灣從後面攻擊，官軍一定抱頭鼠竄。」他不聽我的話，所以我說：「既然這樣，那就隨你，我也不管你的輸贏了。我不想幫助你，可是你的妻子太可憐了，我會保護她的安全。你既然不聽我的話我也沒辦法，你高興怎樣就怎樣。」我們就此告別。

學生發瘋　自美國歸返

還有一件事情。此時有一位仙台來的書生名叫一條某某，他從前在我的私塾學習，之後到美國留學，現在從美國回來。我聽說他發瘋了。又有一名我的學生，他與一條同窗，名叫柳本直太郎。直到最近，柳本在愛知縣當書記官，現在似乎已經當了市長。這柳本聽到同窗的一條生病了，便到橫濱，特意上船為一條看護。

當時仙台藩是朝廷之敵，在江戶如遇到仙台人即立刻逮捕。一條現在來到了橫濱，他是仙台人，本來應該逮捕，可是他又是個瘋子，官軍不知如何是好。當時寺島（宗則）掌管橫濱衙門，他下令，一條是個瘋子，不用逮捕。就在這時，這病人開始懷疑起別人，認為食物被下毒，拒絕進食。他大約有一個星期都不吃不喝，眼看就要餓死了，不管大家怎麼勸說，他都拒絕飲食。

不料，這病人突然說他想見福澤老師。可是我住在江戶，橫濱衙門只准他待在橫濱，不知是否可以帶他到江戶去。於是乃向衙門長官（寺島）請教，長官說，若是去福澤處，則沒有問題。因此他們把他帶到我新錢座的家。此時發生了一件趣事。一條來了之後，我先和他寒暄問候，我拿茶請他喝，他竟然喝了。我勸他吃飯，於是拿出飯糰給他。我說：「我也要吃，你也吃一個。你要是不敢吃的話，你就吃我吃剩的一半，保證飯糰沒有被下毒。」結果他也吃了飯糰。

既然吃了飯糰，就表示他忘了食物有毒的事。大概是他到了我這裡便放了心，也恢復了食欲。可是他仍是個病人，不知會做出什麼事來，因此需要有人日夜看護他。有趣的是，當時我這裡既有官軍也有賊軍，官賊兩軍的人士輪流看護病人，既沒有衝突也沒發生不愉快的事情。也就是說，慶應義塾是個安全的地方。在這裡，大家一律平等，絲毫沒有令人懷疑的地方。這裡既有投靠賊軍的人，也有官方的人，真是不可思議。這種事情是裝不出來的。在我的心裡完全沒有偏頗的想法，我既不支持幕府，也不支持官軍，要戰爭的話隨你們，我表裡如一，因此慶應義塾能夠平安地度過這個時期。

新政府徵召

王政維新終於底定，於大阪成立明治臨時政府。這臨時政府下達徵召令，首先被徵召的是神田孝平、柳河春三與我三人。柳河春三不喜歡至大阪，因此他說雖然接受命令，但是希望在江戶就職。神田孝平則奉命前往大阪履新。我則再三推託生病不能出仕。

後來，大阪的臨時政府遷至江戶，江戶的新政府又三番五次地要我出來當官，我始終拒絕。有一次神田孝平至我住處勸我務必出來為官，我回答：「你到底怎麼想？男子漢的出仕隱居，鐘鼎山林各有所好，這不就是一般社會上的道理嗎？依我的見解，你之所以為新政府工作，是因為你實踐你平生之所好，所以我非常贊成。但是我卻討厭做這件事，所以我不出來做官，也是實行自己的所好，這與你出來當官是同樣的道理。因此，現在我支持你的出仕，你也應該贊成我的在野，為我的退隱江湖好好地讚美我一番。今天你不但沒讚美我，還叫我出來當官，這不是太不夠朋友了嗎？」由於我們兩人交情很好，所以我直言無諱地反駁他。

學者與豆腐店同等

在拒絕了神田的邀請之後，我又再三向政府聲明絕對不在政府機關做事。有一天細川潤次郎來找我。當時政府尚沒有「文部省」這個機構，他來勸我負責政府的學校部門。我仍然如同往常一樣回絕他。我們談了些話之後，細川說：「政府不會白白叫你工作的，你為國家效力，政府會好好表揚你。」

我回答：「我不知道為什麼需要表揚，也不知道為什麼不需要表揚。每個人做自己該做的事情，不是很正常的嗎？車夫拉車，豆腐店賣豆腐，書生讀書，這都是盡他們的本分。如果說做自己本分的事，政府還要表揚，那麼就應該先從隔壁的豆腐店開始表揚。換句話說，我認為根本沒有必要表揚。」我的言論也太武斷了。

我之所以討厭政府，歸根究柢，在於我有一先入為主的觀念，即明治政府是個守舊的攘夷政府。我最討厭攘夷了，我認為如果主張攘夷，那麼即使政府改變了，國家也沒有辦法維持下去，日本將四分五裂。

沒想到後來政府漸漸走向文明開化的康莊大道，真是可喜可賀。然而我當時無法預測會有今天的情景，只以當時的情況來評價。當時我認為這群諸藩的牛鬼蛇神盡做些傻事，製造個守舊的攘夷政府，這些傢伙恐怕會把國家亡了。因此我下決心盡量遠離政府，在日本努力做自己想做的事情。

對英國王子舉行祓除儀式

我之所以認為明治政府是個攘夷政府，絕不是沒有證據的。現在介紹一奇談如下。王政維新之後，究竟是明治元年（一八六八）還是明治二年，我已經記不得了，英國王子來日本訪問，預定將進入東京城。這件事，表面上是要迎接貴賓，可是政府官員卻認為讓充滿晦氣的外國人進入皇城有待商榷，因此當王子將進入皇城時，官員在二重橋上為他舉行潔身的祓除儀式才讓他進城。

這件事情成為國際上的笑柄。當時美國代理公使波德曼每每向華盛頓政府報告自己任地的情況。但是如果寫不太重要的事情，總統是不會過目的，相反的，如果寫總統肯過目的報告，則是公使的榮譽。波德曼公使發現了英國王子入城的祓除儀式消息，欣喜若狂，認為若將此事寫上，總統一定會看這個報告。他寫一個觸目驚心的標題：Purification of Prince of Edinburgh，亦即「愛丁堡王子的祓除儀式」。而此文的內容是，日本是個夜郎自大的小鎖國，經常視外國人為禽獸。此次英國王子入日本皇城訪問時，日方於城門外替王子舉行祓除儀式。他並加以說明，所謂的潔身祓除儀式，是日本上古時代替晦氣纏身的人舉行浴水潔身的儀式，至中世紙張發明以來，用紙張做成類似拂塵的祓除工具在人身上撫摸，以拂去身上的晦氣污穢。此次為英國王子所施行的祓除儀式，即表示在日本人的眼中，英國王子只不過是一隻不淨的禽獸。

這件事情是我從好友尺振八那裡聽來的。尺振八當時於美國公使館擔任口譯員，他來我家對我說，最近發生了這件趣事，真好笑。他把事情的本末一五一十地告訴我，我聽了真感到痛心，不但笑不出來，而且還想哭。

美國前國務卿批評日本

當時，美國前國務卿西華得與女兒一起到日本遊玩。西華得是美國有名的政治家，他在美國南北戰爭時極為活躍，在林肯遇難的同時，他也被兇手殺傷。他本來與英國人不合，可以說是個親日派。可是這次來日本實地一遊之後，再也無法偏袒日本。他批評，這種性質的國民，令我很同情，這些國民無法自立。

依我的見解，新政府官員的一舉一動都離不開儒教的糟粕，他們據守古學的窠臼，喜歡擺一副官架子。外國人也才會發出如上的評論，這種評論令人痛心疾首。不過，我是個日本人，不能袖手旁觀。政治方面只好讓它順其自然，而我自己該做的事情是，將自己所學的洋學教給學生，盡最大的努力著書翻譯，希望能將我國國民引導向文明之國邁進。我的希望雖然很渺茫，但是我很堅持。

擔心孩子的將來

我當時的心情真是非常落寞孤寂，我不曾向人訴說心事，現在敞開胸懷來懺悔。在維新前後，我看到國家混亂落後，覺得我們國家難以獨立，將來不知會受到外國人的何種侮辱。可是我盱衡全國，找不到一個人可以訴說我的心情。我自己一個人無法成什麼氣候，而且我也沒那種勇氣，當時的情形真是可憐。

將來若是外國人開始對日本囂張跋扈，我自己還勉強可以避開這個災難，可是小孩仍有一段很長的路要走，他們太可憐了。我拚了命也不讓他們當外國人的奴隸。我也想過讓他們當天主教的神父，遠離人間政治。這樣他們可以自食其力，不會煩擾別人。而且他們身為神父，自然可以免除外國人的屈辱。我自己沒有宗教信仰，只因擔心小孩的未來，而想讓他們出家，心裡千頭萬緒。三十年後的今日回想起來，一切如夢似幻，只能由衷感謝今日我國能走向文明開化之途。

學費的濫觴

我將鐵砲洲的私塾遷到芝區的新錢座，是在明治元年（一八六八），亦即慶應四年的事。由於是在明治改元之前，所以我將那所私塾的名稱冠以當時的年號，取名為慶應義塾。那些離散的學生也逐漸歸來，慶應義塾日益興隆。隨著慶應義塾的興隆，也就產生管理義塾的問題，因此我制定了義塾規則。又由於手鈔本費時，所以改印木刻本，學生人手一冊。在眾多規則當中，有一條規則是每個月得向學生收取學費，這是慶應義塾首創的規則。

從前日本的私塾都是模仿中國的制度，在學生入學時繳納束脩，尊稱授業的人為老師。入學後，只在中元與歲暮兩次，學生各自將錢或物品包裝好，插上禮品標籤，送到老師家。可是我的想法是，只交束脩的話，老師不會盡全力教書。教授也是社會上的工作之一，每個人做自己的工作而拿報酬，這並沒有什麼不好的地方。因此，可以公然地訂一個價錢，取名為「學費」，亦即每個學生每月交二分錢，由慶應義塾的高級生來教他。當時在義塾中食宿的高級生每個月只要有四兩錢即可餬口。因此，每個月學生將學費交齊之後，我即分別交給教師每人四兩，這樣他們就不會餓死。若是還有剩餘，那些錢就撥給義塾。

現在學生繳交學費似乎是理所當然的事情，可是在日本國內首次收學費時，震驚了天下人的耳目。我向學生說：「你要交二分錢，既不需要禮金袋，也不需要插上禮品標籤。你若是拿一兩過來，我會找零錢給你。」我雖然這麼說，學生還是用禮金袋包好送來。我對學生說這樣會占用數錢時間的，於是把禮金袋還給他。這種作法當然很煞風景，難怪會驚世駭俗。

有趣的是，現在繳交學費已經成為日本的風俗習慣，大家一點都不稀奇。不管什麼事，開創新制度並實行，只有橫衝直撞的人才做得到。這個制度能夠很順利地完成，而且在不知不覺中成為社會上的習俗，對我而言真可謂功德圓滿，心滿意足。

上野之戰

新錢座的慶應義塾幸好沒被兵火燒毀，教室也整修完畢，可是社會上仍喧囂不已。明治元年（一八六八）五月，上野發生大戰。在這前後，江戶市區的戲院、演藝廳、相聲館、飲食店全都歇業。整個江戶市區一片漆黑，秩序亂得一塌糊塗。可是在戰爭那一天，我也不停課。雖然上野砲聲隆隆，可是上野與新錢座距離兩里，我們不用擔心砲彈飛來，當時我正用英文書講解經濟學。由於聲音吵雜，還可看到砲煙，學生覺得很有趣，拿著梯子爬到屋頂上觀看。這個戰爭從中午打到晚上，然而對我們來說，可說毫無關聯，一點都不可怕。

日本唯有慶應義塾屹立不搖

奇怪的是，由於我們處變不驚，在兵荒馬亂當中，卻流行起學習西洋文物的風潮。上野的戰役剛結束，奧州的戰爭又開始，然而學生仍陸續入學，義塾的學生越來越多。

盱衡當時的社會，德川幕府所辦的學校已經垮台，連教師都行蹤不明。而維新政府根本無暇顧及學校的問題，日本國內仍繼續教書念書的地方，唯有慶應義塾。

當時我曾經鼓勵義塾的青年學生：「從前，由於拿破崙入侵，荷蘭的命運因而斷絕，其本國不用說，連印度的領土都被占領，全世界找不到能夠插國旗的地方。然而，幸好全世界唯一還有一個地方能夠插荷蘭的國旗，那即是日本長崎的出島。當時的出島是荷蘭人的居住地區，歐洲的兵亂並沒有影響到日本，出島的荷蘭國旗仍然在百尺竿頭上飄揚。現在荷蘭人經常誇口，荷蘭王國不曾滅亡。同樣的，慶應義塾為了日本洋學的存亡，亦與荷蘭的出島相同，不管世上如何動亂，我們絕對不讓洋學的命脈斷絕。慶應義塾一天也不停課，只要義塾還存在一天，大日本即是世界的文明國。我們不要在乎世間的變動。」

私塾風紀難管理

雖然如此，我為了管理義塾的風紀，吃了不少苦頭。戰爭結束後，雖然學生增加很多，可是前來的學生大都是奧州戰爭結束後退役的少年學生，他們沒有回國，只把槍枝一丟即來求學。其中尤以土佐藩的年輕武士最令人感到害怕，他們雖然沒攜帶槍枝，但是插著長短武士刀，好像隨時都要砍人的樣子。這麼兇狠的武士，卻穿著女人的和服。我問他怎麼穿這種衣服，他很驕傲地說，這是在會津搶來的衣服。他看起來血腥恐怖，一看即知是個棘手人物。

前面說過，我在新錢座創設慶應義塾的同時，制定了簡單的義塾規則：在義塾中，不准借貸；該睡的時候睡；該起床的時候起床；要在規定的時間至餐廳吃飯；不准隨便塗鴉，不僅禁止在牆壁、紙門塗鴉，連自己的紙燈、桌子、一切物品皆不准塗鴉。既然制定了規則，就必須執行。

因此若有人在紙門塗鴉，我就用小刀將那部分割掉，叫住在那房間的學生補上。若在紙燈上塗鴉，我就責備紙燈的主人。有時被責備的人會說：「這不是我寫的，是別人幹的。」可是我也不原諒他，我說：「說別人寫的不成理由，自己的紙燈被人塗鴉還不在乎，只能說是個傻瓜。處罰傻瓜的方法就是早點去換紙張，塗鴉的紙燈不准放在義塾裡。我把它撕掉，你自己去貼上。」我絲毫不讓步。不管怎麼兇狠的年輕武士，我都不畏懼，照樣嚴厲訓誡。

有一個武士，我已經忘記他的名字了。我看到他的桐木枕頭上有塗鴉，我說：「這是怎麼回事？我說過即使是自己的私有物品也不准塗鴉，你這是什麼意思？我想把你的枕頭刨掉，但是我無法刨掉，只好將它打壞，你再去拿一個新的來。」我把他的枕頭放在腳下踏碎。我一副若是不服氣的話儘管放馬過來，可是對方沒出手。說起來，我的體格相當粗壯，可是我不懂武術或柔道，生平也不曾打過人。但是我訓誡人的樣子，就好像要抓人打人一樣，我不是用嘴巴嚇人，而是用身體唬人。大家也都被我唬了，相當聽話，連從戰場上回來的血腥傢伙也安靜下來，義塾總算上了軌道。義塾中，也有非常溫和，具學者風範的少年，他們認真求學，義塾的學風因而日盛，直到明治四年（一八七一）為止，他們都在新錢座求學。

文部省草創

維新的動亂也差不多平息了，天下趨於太平。然而新政府要整頓的事情千頭萬緒，直到明治五、六年（一八七二、一八七三）為止，仍無法觸及教育問題，因此全日本專教洋學的地方唯有慶應義塾。一直到「廢藩置縣」[7]為止，只有慶應義塾專教洋學，同年文部省草創，翌年八月三日，文部省公布了新的「學制」，明治政府才開始致力於教育改革。

慶應義塾仍照以往教授學生，學生人數逐漸增加，經常維持在兩、三百人左右。教授的內容只限於英學，亦即只教學生讀英文書籍，理解英文書籍。日本自古以來都讀漢學，可是我們沒把重點放在漢學，因此學生當中很多人看不懂漢文。由於光讀英文，不讀漢文，所以也有少年看不懂日文書信。我們的方法與別人相反，一般人是先讀漢文之後才讀英文，而我們這邊有不少人是先讀英文，之後才讀漢文。

如波多野承五郎等人，從小就只念英文，因此看不懂日文信。可是他聰明絕頂，學完英文之後，再學漢文，結果漢文也學得很好，現在已成為日本的大學者。

教育方針注重數理與自立

說起來，我於日本戮力提倡洋學，想盡辦法讓日本成為西式文明富強之國。我使慶應義塾成為西洋文明的領導，使之宛如東道的主人，也可說是一手包辦西方文物制度的買賣，或是西方學問的特別代理商。外國人並沒有拜託我這麼做，而是我主動這麼做，難怪會受到守舊頑固的日本人的厭惡。

我的教育主義著重在自然的原則，亦即以數、理兩科為根本，然後發展出萬種有形的實際學問。至於道德方面，我將人定位在萬物之靈，能夠自尊自愛，不做卑鄙之事，不做不道德的事情。不管在什麼情形下都不觸犯不仁、不義、不忠、不孝等事，把自己的品性提升至高尚的境地，培養出獨立完整的人格。我定好這兩個基礎之後，專心一意地付諸實行。

我們比較東西雙方進步的緩急，可以看出極大的不同。雖然雙方皆有道德的準繩，也有經濟的議論，在文武方面各有優劣，可是我們從國力的強弱來看，在富國強兵、為最多數人民謀求最大幸福這方面，東方諸國明顯落後西方國家。若說國力的強弱是取決於國民的教育，那麼雙方的教育必然有所迥異。

7 一八七一年七月，明治政府廢除原本的藩國，改設置府縣。同年底，除北海道之外，共設置三府七十二縣。

我們拿東方儒家思想與西方文明思想來比較，東方所欠缺的是，在有形方面是數理學，在無形方面是自立精神。不管是政治家治理國事，還是企業家從事工商買賣，甚至國民愛國，家庭親情濃郁，莫不出於此二者。自從有人類、國家以來，西方人的萬物萬事都離不開數理與自立精神。而如此重要的兩種原理，卻是我們日本向來所輕視的。在這種情況下，短時間內，日本不可能與西方諸強並駕齊驅。我深信這完全是漢學教育的過錯，我們因為資金不足，無法在私塾中設立專科，不過我們盡量以數理為教育的方針，另一方面提倡自立論，隨時隨地不斷地提醒學生注意此事。

我本人也努力實踐，在不知不覺中，我越加不信任漢學。時至今日，我聽到慶應義塾的畢業生出社會後，不管其身分地位如何，在數理方面不會迂腐不通，並顯出高尚的人格，能夠獨立處世。這是我老年餘生的一大樂事。

前面說過，我不僅不信漢學，不注重漢學，從年輕時開始，我就想更進一步把陳儒腐說一掃而空。一般的洋學者或翻譯員詆毀漢學者並不稀奇，也不會造成太大的傷害，然而我讀了不少漢文書，卻假裝不懂漢文，而且還抨擊漢學，因此格外受到憎恨。

我在一般人面前佯裝是個漢學的門外漢，可是漢學中的典故我大抵都知曉。如前所述，我從少年時起即跟隨嚴格的老師學習艱深的經史，不但熟讀《左傳》、《國語》、《史記》、《漢書》，連《詩經》、《書經》等經義，以及老莊等較有趣的書籍，我都曾聽老師講解，自己也曾研究。這些完全是豐前中津大儒白石老師的教導之恩。我明明通曉經史之義，偏裝作不知，我往往不客氣地攻擊漢學者的弱點，可說是個叛教者。站在漢學的立場，我是個旁門左道。

我之所以將漢學視為敵人，那是因為我深信，在今日開國之際，若是陳腐的漢學占據了少年的腦子，則日本無法進入西方文明之國的行列。因此，我要盡最大的力量拯救他們，將他們引導至我所信仰的原則。我的態度是，全日本的漢學者儘管攻擊我，由我一個人來抵擋他們。縱觀當時的政府及社會，雖然文明教育已經稍微普及，可是中年以上的人可說與洋學無緣，當他們思考或決定一件事情時，都以漢學的道理為依據。漢學可說是做人處世的最大準則，而我卻完全否定漢學，因此我深感自身的安危受到威脅。

著書翻譯　一切中立

維新前後是我致力於著書翻譯的時期。這著書翻譯的出來，我在《福澤全集》的序言中寫得很清楚，在此省略不談。我著書翻譯的工作，完全是我一人的想法，既沒有受到他人的指示，也沒與別人商量。我照自己所想的執筆，我沒把草稿拿給漢學者或洋學者看，也不曾託人寫序文或題字。

我這種作法也與當時的作法迥然不同，其實或許應該請當時的大老寫序文較好，可是我討厭這樣做。我不喜歡這麼麻煩的事，不管事實真相如何，我的著書翻譯絕不受守舊人士歡迎。儘管如此，我的書仍然成為大暢銷書，這大概是託文明開國風氣之福吧！

慶應義塾遷至三田

明治四年（一八七一），慶應義塾從芝區新錢座遷至現在的三田，這也是義塾的一大改革，有必要在此說明。在前一年的五月，我罹患嚴重熱病，病癒之後，或許神經過敏，總覺得新錢座土地不時發出臭味。事實上，這個地方確實是塊濕地，因此我興起遷移住所的念頭。我在飯倉找到很多要出售的房子，當交易快談成時，我的學生說，既然老師想搬離義塾，那不如連同義塾也一起搬走。

當時東京市內有不少諸侯的行館，學生們每天都四處尋找空行館。起先大家意見紛紜，這邊也不滿意，那邊也不滿意，最後大家決定搬到三田的島原藩避難行館。該處位於乾燥之地，也能夠眺望海濱，頗適合當校址。雖然大家無異議通過，可是這間房子是別人的，想遷移至此，必須拜託東京府，由政府徵收島原藩的土地，再租給我們。

要達到此目的，必須先在政府內部打好關係。我不僅拜託當時的東京府知事，也拜託我的好友佐野常民等人。我們由義塾的高年級學生奔走活動。有一天我去岩倉公[8]官邸，那是我第一次拜訪他，結果很快得以晉見。我先向他說明慶應義塾的處境，並拜託他將島原藩的房子借給我們。岩倉公當下就答應了。

一切皆極為順利，就連東京府也恰巧來拜託我一件事。當時東京的市區是由諸藩的士兵拿著槍來維持治安，這些維持治安的士兵名為「巡邏」，在東京市區實在極為煞風景，彷彿東京是個戰地似的。政府認為這種情形不妥，乃計畫成立類似西方警察的組織。

政府為了了解警察的組織，乃派官員前來託我調查。在談話中，他還透露若調查有成，政府會有回報。我心中暗喜，我說：「這件事容易辦，我立刻著手調查。不過我也有事拜託，我曾經向長官請求借用位於三田的島原行館基地，希望能如願。」我可以說是拿調查警察法與租借土地做為交換條件，官員並沒有拒絕，可說是默許。

於是我收集各種原文書，將有關警察法的部分翻譯出來，整理出一本書。東京府將我的翻譯參照本地的實情加以修改，斷然廢除士兵的巡邏，成立新的組織，名為「邏卒」，後來又改名為「巡查」。東京市區終於制定了和平穩當的取締法。因此東京府也欠我一次人情，乃徵收島原的房子及土地，並發出公文將該不動產借給我。我租借土地約一萬數千坪，建築物包括兩棟諸侯的住屋及數棟長屋，合計六百數十坪，以一坪一圓計算，我繳納六百數十圓的租屋費，於明治四年（一八七一）春天將慶應義塾遷移至該地。

8　岩倉具視（一八二五～一八八三年），於幕府末年主張「公武合體」，亦即天皇與幕府合作的體制。維新後任右大臣，後當特命全權大使赴歐美考察，鞏固了立憲體制的基礎。

廢除敬禮

搬家之後，新校地甚為寬廣。我們將諸侯住屋當作教室，店面長屋作為書生的宿舍，由於房間不夠，再買下附近幾棟房子充當學生宿舍。遷到大校地之後，學生人數也逐漸增多，慶應義塾令人耳目一新。

順便再介紹一則奇談。我們從新錢座遷移到三田之後，校地增加三十倍，建築物也不可同日而語；新教室的走廊有九尺寬。我每天在義塾巡迴，將星期日定為清潔日，一一檢查學生的房間，連角落也不放過，我甚至親自開門檢查廁所。我一天要經過好幾次走廊，因此會遇到不少學生。由於新生還不懂義塾的規矩，每次見到我都彎腰行大禮。對方既然很有禮貌地敬禮，我也必須回禮。這件事在匆忙時覺得十分麻煩。因此，我詢問教師們說：「你們在走廊遇見學生時，會不會因為敬禮而覺得麻煩？」大家都異口同聲說，義塾變大了，在自己的家中老是敬禮真是煩人。

我聽了便說：「好，我來貼布告。」布告上寫道：

私塾的學生不僅對長者要有禮貌，學生相互間也禁止粗暴無禮。然而在講堂的走廊或宿舍內外往來頻繁的場所，即使遇到教師或學長，也不須恭敬地敬禮，相互行以注目禮即可。學生沒有必要將時間浪費在無益虛飾的事情上，希望各位學子遵守之。

若是說不要對長者敬禮，聽起來好像是要叫人忘記禮儀，冒犯長上。但是我當時的目的不是如此。要將千百年來在壓抑之下養成的一般習慣改變成活潑的朝氣，廢除敬禮也是一時的手段，其功能確實能立竿見影。現在義塾仍保存這種風氣，處理學生問題一律用義塾的規則，有違反規定者便毫不留情地處罰。學生若感到不滿，儘管離校，我們毫不在乎。我們雖然制定規則維持學生的秩序，但是沒有必要保留敬禮這種鄉下的習慣。雖然如此，本義塾並沒什麼粗暴的學生，相反的，大部分的學生看起來氣宇軒昂，富男子氣概，這大概是廢除虛禮虛飾所致。

官方出售土地

三田的諸侯行館基地成了我的租借地之後，我既沒有繳地租，也沒有付租地費，只付租屋費，這塊土地如同我的私有地。然而畢竟是租借地，不知何時會被趕走。東京市內也有很多與我們同樣的租借官地者，我推測他們一定與我一樣擔心，因此我左思右想，看看能不能買下官方釋出的土地。

當時的政府有一「左院」的機構，我認識左院的一個議員。每次與他見面，我總是向他遊說租借地有名無實，與其大家皆使用官地，不如將這些土地釋出，成為私有地，讓大家能夠擁有所有權。我不斷向他分析利弊得失，此外，每逢遇到其他政府方面的人，我都提起這件事。

明治四年（一八七一）左右，我終於聽到政府擬將市區的租借地出售給租借人或有關人士的風聲。我喜出望外，打聽到東京府有一位掌管土地問題的課長，名叫福田。我立刻至福田的住處，確定事實的原委，並約定公布命令時要通知我。我回家之後，天天在家裡等候佳音。數天之後，有人來通報，今天已經發出命令。我毫不猶豫，隔天即派遣代理人至東京府請求購買土地。

我們雖然繳了錢，但是東京府才剛剛公布命令，尚未有人申請，也沒有帳簿，收據的格式亦尚未決定。因此東京府說正式交付的證書待日後另發，今天僅收下訂金。我付了訂金，等同於土地已經出售給我。幾天之後，購買土地的正式證書交付給我，那塊土地終於成為我的私有地。土地所有權狀上面寫著除本基地外，尚有市區附屬畸零地，總共一萬三千數百坪，本基地每千坪價格十五圓，市區畸零地較貴，兩者加起來才五百數十圓，幾乎等於免費贈送。

這個價錢的高低另當別論，我之所以如此性急，是因為我在該處住得越久，就越覺得那是一個好地方，可以說是全東京最好的地方，沒有一個地方可以與它相提並論。當我正與義塾的師生共享歡樂時，突然出現一個不好的預兆。果然不出所料，官方出售諸侯行館的風聲傳開之後，島原藩的一名武士來我處說，這行館是有淵源、有紀念性的行館，其原主人島原藩主請求購買此地，希望我能讓渡。

我拒絕了他，我說：「這塊土地從前是誰的，我不過問，總之我是向東京府購買的。我只遵從府的命令，如果你們有什麼意見，請向東京府反應。」可是對方也非常難纏，三番兩次來找我，最後要求只要出售一半即可，我還是不答應。

我堅持說：「土地所有權的問題不是由島原藩與我雙方直接談判即可，因此不願回答。一切的問題，你自己去問東京府。」幸運的是，這困難的談判從此消失。即使至今日，在東京市區仍難找到像慶應義塾這麼好的地方。面積一萬四千坪，土地乾燥而平坦，面臨大海無屏蔽，空氣清新，眺望亦佳，這是慶應義塾唯一的資產。現在若是出售，其價格將會是當時購買時的數百倍至一千倍。不過我們的年輕教師野心更大，他們認為有一天價格會提高到一千倍、兩千倍。

教員為錢的多寡爭論

三田的新校地萬事順利，慶應義塾雖然沒半塊資金，但是我們每個月向學生收取學費，再分配給教師，總算能夠收支平衡。

慶應義塾的教師都是本義塾的早期畢業生，所以並沒有向義塾拿錢的念頭。說起來，我自己不僅未向義塾拿過一分錢，在興建校舍時，每每由我出錢建設。教師們也是如此，他們若是到外面工作，可以領到不少薪水，可是他們寧願在義塾工作，這也等於是拿出私房錢的意思。

我雖然沒有資金，但也能維持義塾的經營。現在將當時的實際情形介紹如下。每到月底分配金錢時，教師之間動輒有所爭議。這爭議即是分配金錢多寡的爭議：「我不能拿那麼多，你分太少了。」「不，我拿太多了。」我太多了，你太少，好像在吵架一樣。我在旁邊觀看，每次都笑著說：「你們又在吵了。不要算得那麼清楚，反正也沒多少錢，分個大概的數字就好，不要再爭吵了。」

正因為如此，慶應義塾才能夠成立，也就是說是教師、學生把義塾當作自己的家，努力學習，絕不是我一個人所能創立的。世間上的種種事情，還是不要介入太多，令其自由發展較好。後來時代逐漸進步，開始募集義塾的維持費用，而且也開始為籌備大學而募款，這些募款活動，我都不怎麼參與，一切都委任義塾畢業的年輕人。

II

暗殺疑雲

我看看四周，軍隊穿著各色各樣的服裝，肩膀上扛著槍，威風凜凜地在街頭行走。如果他們知道我就是福澤諭吉，一定向我開槍。我雖然感到害怕，但知道越到緊要關頭越要鎮定，我裝作若無其事地等待順風出航。若是要我敘述當時懼怕的心情，可以用一句話來形容：簡直就像斷腿的人遇到狂犬。

如前面所言，我的言行並非故意矯作以製造敵人，而是在鎖國風氣盛行的日本，如特立獨行主張開國論，自然而然會製造敵人。那些敵人並不會大費口舌長篇大論罵你，而是令人不寒而慄的暗殺與偷襲。

對我而言，在這世界上，最厭惡的、不愉快的、可怕的、恐懼的事情就是暗殺。其滋味，只有身歷其境的人才能體會，非筆墨所能形容。如果是生病或是身體某處疼痛，還可以與家人或朋友商量請教，只有暗殺這件事，若向家人說，只會增加他們的擔心。而且這種事情擔心也沒有用，因此我從未將此事告訴家人或朋友。

我本就無罪之身，雖然明知即使被列入黑名單，也沒什麼可恥之處，況且與人商量也沒有什麼幫助，只好獨自擔心。我一年到頭都擔心被暗殺，嘗到了所謂風聲鶴唳的滋味。正如同我們現在懼怕狂犬一般，即使遇到乖巧的狗也覺得有點可怕。當時我見到陌生人都有點害怕。

從地板下逃走

茲介紹幾則趣聞如下。現今位於三田的慶應義塾的大門進去後右手邊的房子，是明治初年時我的住處。興建這個房子時，我命木匠將房子的地板挑高，並將棉被櫥內的地板做成可掀式地板，以防若遭人暗殺而來不及逃亡時，可以掀起木板從地板下逃走。這是我暗中設計的機關，現在大概還保存著這樣的結構。我命木匠如此製作時，並沒有說明原因。這種令人擔心的事情也不便向家人說，換言之，這是我一個人的煩惱，現在想起來真有點傻。

從頭細數暗殺的歷史

此事姑且不論。據我的觀察，自從日本開放門戶以來，此一段暗殺的歷史可以如是敘述。日本門戶一開，日本人民一開始僅是討厭外國人，並沒有特別的意義。當時全體國民認為外國人充滿晦氣污穢，不願讓他們踏上日本的土地。

其中，武士腰插雙刀，而且身強力壯，年輕氣盛的武士往往會暗殺外國人。然而這些年輕武士並不憎恨日本人，所以儘管我是西學書生，也不會遇難。在大阪求學的時候就更不用說了，而我剛到江戶時也不用擔心。譬如，開國之初，日本人於橫濱暗殺外國人時，我只是為此事件感到驚訝，但不會對自身的安危感到不安。

之後，仇恨外國人的風氣日盛，殺人的方法也計畫得較縝密，理由也很單純，但區域更加廣闊，而且也隱含著政治上的意義。如萬延元年（一八六〇）井伊直弼遭狙擊之後，世間殺氣騰騰，手塚律藏、東條禮藏只因為是西學者，便遭到長州人襲擊，另外塙二郎是個國學者，卻被說是奸臣而遭人斬首。江戶市內的舶來品店因為販賣外國物品，被貼上損害國家利益的標籤而遭人壓迫。

整個社會都是這種風氣，這即是尊王攘夷的開始。幕府對王室的法律多年來都沒有改變，可是位於京都的朝廷堅決主張攘夷，而幕府的攘夷論則因循姑息，態度不明朗。只因為如此，攘夷派即說，幕府的態度違背京都朝廷的意旨，不了解尊王的大義，是崇洋媚外的表現。在這種情形下，西學者被貼上賣國賊的標籤也是理所當然的。西學者因而感到恐懼，特別是我的同窗好友手塚與東條兩人曾被狙擊，因此我更加感到畏懼。

羨慕巡禮行腳者

我遇過可怕的事情。那是在維新前的文久二、三年（一八六二、一八六三）至維新後明治六、七年（一八七三、一八七四）那段時期，那十二、三年是社會最動亂的時期。那時我住在東京，晚上絕不外出，不得已必須旅行時，則編個假名，行李上也不寫上福澤兩字，以避人耳目。那樣子就好像逃亡者避人耳目，或宛如小偷四處逃竄一般。

在旅行途中，我遇到聖地巡禮行腳者，他們的斗笠上面清楚地寫著某國某郡某村某人。當時我心想，真令人羨慕，我若是個自由的行腳者有多好？我想起自己現在的境遇，以及社會的現況，不禁悲從中來。我把錢給了行腳者，問他們：「你們是夫妻嗎？故鄉有小孩嗎？有父母嗎？」我們談了不少話。

長州驚魂

我隱姓埋名從豐前中津返回江戶時，發生一件令人心驚膽跳的事情。元治元年（一八六四），我為了勸小幡篤次郎兄弟，以及同藩子弟共七、八人學習西學而至中津，當我們往江戶出發時，從中津搭船出帆。在海上兩、三天，天氣極為惡劣，我們只好隨風漂航。不料，船隻竟然駛進了攘夷風氣最盛的長州室津港。哎呀，南無阿彌陀佛！

當時我冒用同行少年的名字——三輪光五郎（現任職於東京目黑的啤酒公司），登陸之後我到梳髮店去，梳髮店的老闆喋喋不休地說：「打垮幕府！驅逐洋鬼子！」連女孩子們都唱著：「長州就要變成江戶。」我看看四周，軍隊穿著各色各樣的服裝，肩膀上扛著槍，威風凜凜地在街頭行走。如果他們知道我就是福澤諭吉，一定向我開槍。我雖然感到害怕，但知道越到緊要關頭越要鎮定，我裝作若無其事地等待順風出航。若是要我敘述當時懼怕的心情，可以用一句話來形容：簡直就像斷腿的人遇到狂犬。

箱根一劫

船隻抵達大阪後上陸，我們經由東海道到達箱根。我們住在山坡上的一間名叫「破不屋」的旅館，在那裡遇到一位從江戶來的戶田某某也在該處下榻。此人當時任職京都的山陵奉行官職，身邊帶著一大群人，不用問也知道是攘夷份子，一看就讓人心裡發毛。我整夜都沒睡，在天亮之前即逃之夭夭。

過中村栗園先生家門而不入

在旅途中，我經過江州水口中村栗園先生的門前而不入，我覺得很過意不去。前面說過，我家與栗園的關係匪淺，前幾年我首次赴江戶時經過水口，我造訪栗原先生，他喜出望外，向我說從前的種種往事：「令尊於大阪去世時，我立刻到大阪。你們搭船回中津時，我抱著你一直到安治川口的船上才離去。當時你才三歲，大概記不得了。」我彷彿遇到了親生父親似的，我主動開口說要住在他家一晚。

我們兩家是這種關係，所以這次我務必要去拜訪他。然而去他家之前，我聽到了一些風聲，水口的中村先生近來只講《孫子》，他家的玄關處擺飾武士盔甲。不用說，他是個攘夷派。從人情來說，我必須去拜訪他，可是我不敢去。栗原先生百分之百不會害我，可是他的弟子皆是熱血沸騰的青年，我若去拜訪他，恐會遭到不測。因此我只能過門而不入。之後，直到栗原先生去世為止，我沒有機會與他見面。至今，我仍為此事深感遺憾。

增田宋太郎偵察我家

以上是明治維新前的事情。我雖然毫髮未損，只是感到極為害怕。或許我是因為世間的風聲鶴唳而心生恐懼，然而經過一段歲月之後，我才得知確實發生不少恐怖事件。

明治三年（一八七〇），我回豐前中津迎接老母，護送母親與姪女返回東京。我於中津停留時，絲毫不曾感到恐懼，很放心地住在老家。幾年後我才知道，當時發生了很可怕的事情，可以說是揀回一條老命。我有一個表弟名叫增田宋太郎，他在九州西南之役時投靠賊軍，戰死於城山，在世上亦稍有名氣。

我去中津時，他尚年輕。他年紀小我十三、四歲，我將他當作小孩。我們住得很近，我仍與往常一樣，與他朝夕往來，感情甚篤，我暱稱他為小宋。這宋太郎的母親乃神官之妹，這神官的兒子，亦即宋太郎的表哥，乃水戶學派的學者。宋太郎拜其表哥為師，學問相當扎實，而且增田家家風嚴謹，沒有半點有辱封建武士人格的地方。宋太郎的父親是我母親的表哥，我亦知其手采，可說是偉大的武士。

宋太郎在這種家庭長大，又學習水戶學派的國學，當然一定是個尊皇攘夷派。可是，我這次返回中津，仍把宋太郎當作乳臭未乾的小孩，暱稱他為小宋。不料這宋太郎心懷鬼胎，竟圖謀不軌。他看起來溫文儒雅，沒想到來我家只是為了當偵探監視我。

當他偵察完畢，準備於當晚收拾我，於是偷偷至我家窺伺我的動靜。我們住在鄉下，既沒有圍牆，也不鎖門。不過當晚正好我有訪客，那客人是我的前輩學者，名叫服部五郎兵衛，是個嶔崎磊落的人。我們主客相對，一邊飲酒一邊高談闊論。那時宋太郎一直站在門外，過了十二點，看我們似乎還沒有想去睡的意思，至深夜一點，我們仍無睡意。我們兩人無止無境地喝酒談天。最後宋太郎找不到機會下手，只好作罷。說起來，這是拜我喝酒通宵達旦之賜。

一夕之危

家務事也大致處理完畢，我們準備搭中津的運米船至神戶，然後從神戶搭外國的郵船至東京。正欲搭船時，中津附近的海域甚淺，船隻難行。距中津西邊一里之處，有一港口名曰鵜島，船隻停靠於該處。由於我大病初癒，又攜帶老弱婦孺，因此預定前一晚先赴鵜島住一夜，隔天早晨再搭船。

當天晚上，我住宿在鵜島的碼頭旅館。所謂不知心不煩，後來我才得知，那天晚上我可說是九死一生，千鈞一髮。那家碼頭旅館的小老闆即是革命志士的一份子，我們一行除了老母與姪女之外，還有近親今泉的寡婦及六歲的幼兒（秀太郎），勉強能夠起來對抗的只有我一人，但是我又是病後的孱弱之身。旅館的人員派人通知中津的同志：「今夜是最好的時機。」

於是中津的革命志士，亦即暗殺者，於金谷集會，決定當晚衝至鵜島殺掉福澤。其理由是，福澤近來欲慫恿奧平小主君至美國，這是天地不容的勾當，違背人臣之道。因此滿座一致通過誅殺福澤諭吉。

我的命運似乎走到了盡頭。一群勇猛壯士衝進老弱婦孺住宿之處，我只有死路一條。然而這時發生了一件不可思議的事情，可謂天助我也。這群壯士居然爭吵起來。他們之所以爭吵，是認為今夜乃暗殺的最佳良機，只要前往狙擊，必定圓滿成功。然而好爭功名乃武士的習性，他們當中有兩三人爭著當暗殺先鋒，有一人說：「我先下手。」另一人即說：「這怎麼行？讓你們看看我的本領。」他們互不相讓，終於爭吵起來。

這群武士爭吵至深夜，由於聲音太過吵雜，連鄰居都聽到。鄰居當中有一個叫中西與太夫的人，他年紀比我長許多。中西聽到吵雜聲，想去探個究竟。當他知道這群武士想暗殺我時，他便說：「殺人是不好的事情，你們不要去。」中西不愧是年紀較長的武士，思想也較成熟。可是這群壯士不理會他的話，堅持要採取行動。這群年輕武士又開始與老武士爭吵起來。就在爭執中大空終於破曉。我全然不知，於該日清晨搭船前往神戶，海上一路平安。

老母無法至大阪觀光

我們抵達神戶。母親於天保七年（一八三六）離開大阪，已三十幾年沒回到大阪。於中津啟航時，我原本計畫帶母親重遊大阪京都，讓母親高興。可是我們住進神戶的旅館時，接到東京的小幡篤次郎的來信。信中說：「聽說最近京都大阪地區政局不穩，你抵達神戶之後，盡量不要暴露行蹤，早點搭郵船返回東京。」真是突來的噩耗，可是我也不能讓母親知道，只好找個藉口取消觀光，無奈地返回東京。

白費心警戒

雖然發生了上述的鵜島事件，但也發生了白費心機的事。大約在明治五年（一八七二），我至中津視察學校，當時我勸舊藩主舉家遷至東京，由我負責陪同。雖然我明知武士不喜歡藩主離開藩地，可是藩主如在藩地繼續維持諸侯時期的作風，奧平家將無法維持下去。

因此我們採取迅雷不及掩耳的速度，計畫花六、七天整理行李，帶著老藩主及公主從中津海邊搭船至馬關，於馬關改搭輪船至神戶。我們準備妥當之後，於傍晚走到中津的海邊準備搭船，然而一點風都沒有。半夜，我們於水尾木海上拚命划水，可是船隻絲毫沒有前進。

當時我想：「糟糕！這樣下去那群年輕武士一定會趕來。他們若趕到了，目標就是我。還好，可以趁現在天黑，趕快離船上陸。」當時天氣極熱，我們在天將破曉前返回中津城下，接著跑回小倉，然而這些辛苦全部白忙一場。後來我們才知道，當時藩中武士非常平靜，對此事沒有爭論。當我杯弓蛇影，巧運心思時，卻沒事；當我糊塗毫無警覺時，反而是最危險的時候。

疑神疑鬼

在維新前的文久三、四年（一八六三、一八六四）左右，江戶深川六軒掘，住著一位叫藤澤志摩守的旗本。他是當時的陸軍將官，也是極端的西學者。

有一天，他家中有聚會，參加的人有小出播磨守、成島柳北，以及大師級的荷蘭學派醫生，連我在內總共七、八人。當時的局勢如前所述，我約有十二、三年晚上不敢外出，整天提心弔膽，暗中把武士刀磨利，以備不時之需——雖然我不敢用來砍人。

那天的聚會大家談得很開心，我們皆忘了自身危險的處境，直到半夜十二點，大家才發覺時間已晚，出門恐怕會有危險。雖然大家沒做什麼見不得人的事，只因崇尚西學，即不敢半夜出門。有人說：「這麼晚了，怎麼辦？」主人替客人設想周到，為我們叫了一艘有屋頂的小船。我們七、八人搭上船，從六軒掘的河岸，沿市區的河流，亦即護城河前進。成島柳北從柳橋上岸，其他的人也陸續上岸。最後只剩下我和一位叫作戶塚的老醫生，我們在新橋上岸，戶塚返回麻布，我則必須回到新錢座。

從新橋至新錢座大約一公里路，時間已經過了半夜一點，大氣極為寒冷，天空寒月高照，令人不禁毛骨悚然。我從新橋上岸之後，走大馬路，往新錢座方向走去。我靠大馬路的左邊行走，四處張望，一個人影都沒有。那個時期，經常有浪人在街頭徘徊，到處都有殺人事件發生，令人不寒而慄。

我把褲裙拉高，以便危急時能夠迅速逃走。我快步行走，當我走到源助町的中央，對面走來一個男人，不知是否我心裡害怕的緣故，我覺得他非常高大。我心想：「終於出現了，現在想逃也來不及了。」當然，如果警察適時出現，或是我趕快衝進別人家裡還能得救。然而在這種社會動亂不安的時節，普通人家是不會開門的，也不可能出來幫忙。

我又想：「糟了！現在往後走，反而背面受敵，他會從後面追趕而來，從我背後砍殺。乾脆我大膽地往前走，如果讓他發現我膽怯，一定會成為他下手的目標，不如抬頭挺胸往他的方向走去。」我本來靠馬路的左邊行走，為了顯出我毫不畏懼，我朝馬路中央走去，沒想到那傢伙也往馬路中央走來。雖然我心想：「大勢不妙！」但已經無法後退了。

我在心中盤算著：我從前也學過快刀攻擊法，萬一他拔刀攻擊，我即從下面戳他一刀反擊。我在心中下定決心還擊，而他也緩緩走來。其實我最討厭殺人了，連看也不敢看。可是現在逃跑的話一定會被追殺，萬一他有拔刀的動作，那我也顧不了那麼多了，我也會拔刀迅速攻擊。

當時既沒有法院也沒有警察，砍了人也不會被判罪，只要逃離現場即可。我們一步一步走近，終於到了擦肩而過的時刻。然而，對方沒拔刀，我當然也沒拔刀。擦肩而過之後，我快速逃跑，到底跑得多快，我已經記不得了。我跑了幾十公尺之後回頭一看，那個人也快速逃跑。我當時心驚膽跳，等到雙方都逃跑之後，我深深地吸一口氣，放下心來，不禁覺得好笑。

兩個膽小鬼相遇，還用心地演了一齣戲。我可以想像對方的心理狀態。真是令人噴飯的一齣戲。我當初並不想拔刀，只是害怕逃走反而會被殺害，所以只好硬著頭皮往前走。對方也想得真妙，雖然內心感到害怕，但卻裝出威風凜凜的樣子，等到走到刀尖可以碰到對方的距離，才加快腳步逃走。在這種地方被殺，就如同死在路邊的野狗一般，因此我們雙方都感到害怕。現在這個人究竟在何處？三十年前他還是個年輕人，現在應該還活著。如果他還活著，我真想見他一面，兩人好好地談一談當時恐懼的心情。

I2

雜記

有一次我與兩、三人在街上散步，遇到一群武士，他們見我們沒佩帶武士刀，於是威脅要殺我們。然而我還是決定廢刀，絲毫不管社會上的看法，還向人揚言：「在文明開國的時代，還有人得意洋洋地把凶器佩帶在腰間，真是一群驢子；刀子越長表示越傻。我認為武士刀應該改名為傻瓜計算尺。」

暗殺矛頭轉向政治家

前面說過，我們從文久二、三年至明治六、七年（一八六二、一八六三～一八七三、一八七四）左右，一直擔心被暗殺。然而世間的風潮變化莫測，新政府的組織略具規模，執政者的權力也越加集中，其威信自然也跟著高揚起來。因此天下的耳目也都集中於政府，個人的不滿與公眾的苦水也都將原因歸罪於政府。再加上羨慕與嫉妒，暗殺的矛頭不知不覺轉向政府官員，西學者因而鬆了一口氣。

暗殺明治政府官員的行動，肇始於右大臣岩倉具視的襲擊事件[1]，止於明治十一年（一八七八），明治政府的中心人物大久保利通內務卿遭到暗殺身亡。此間每次的暗殺事件都隱含著政治意義，因此西學者可以逍遙地過日子。我們可真替政治家感到可憐，由於我們這些學者不被羨慕嫉妒，所以今天我可以在此安心過日子。

揮劍棄劍

我曾說於芝區源助町下定決心揮劍斬人，並說過我稍懂快刀攻擊法，讓人以為我像個武人，把刀劍看成第二生命似地。其實事實完全相反，我老早就想丟棄日本的武士刀。我在源助町時，腰間插著雙刀，長刀是金剛兵衛盛高，短刀是備前祐定，兩把都是鋒利的名刀。後來這兩把刀以及家裡所有的武士刀全都賣掉，只留下一把短刀，將之偽裝成長刀插在腰間充數。

茲敘述一則與此有關的事情如下。有一天我去拜訪住在本鄉的好友高畠五郎，在談話中，我發現他擺飾著一支極長的長刀。我問高畠：「那把刀看起來像是武術刀，你做什麼用？」主人回答：「最近社會上盛行劍術，我雖然是西學者，卻不甘示弱，也買了一支長刀。」

我潑他冷水：「這樣做沒有意義。你想拿長刀嚇人，可是你擺在家裡，根本嚇不倒那些浪人。你這樣做完全沒有用。我把家裡的刀劍全部賣掉，只留下現在腰間插著的這兩把刀。你看！這把長刀是從腰刀改製成的，短刀則是用削柴魚的小刀插在刀鞘裡偽裝的。你根本不適合拿這麼長的武士刀，我勸你還是把它賣掉，拜託、拜託！不信你看，我相信你一定沒辦法拔這把刀，你拔拔看。」

他回答：「我拔不出來。這麼長的武士刀我沒辦法。」我說：「你瞧！哪有人擺一把自己沒辦法拔的武士刀。不是我自誇，我能夠拔出這把刀，可是我卻把刀賣掉了，我拔給你

1　一八七四年一月十四日，九名高知縣武士因岩倉具視反對征韓論而於東京的赤阪見附發動襲擊，岩倉具視掉入江戶城外層的護城河，僅眉下及左腰受到輕傷。後來兇手遭到逮捕，處以斬刑。

看！」我把四尺長的重刀拿到院子。我表演了兩、三次瞬間攻擊術，我說：「你瞧！厲害吧！你有辦法這樣嗎？這麼厲害的人都把刀子給賣掉了，不會拔刀的人卻只拿來擺飾，這樣對嗎？我認為不只洋學者要把刀子賣掉，所有的日本人都該賣掉武士刀。我勸你還是快點下定決心賣掉這把刀，如果非要插在腰間擺門面，插把小刀就好了。」

摺扇中藏鏢

大概在同一個時代，我受雇於幕府的翻譯局。有一天我到翻譯局上班時，有人對我說：「最近流行一種很有趣的扇子。從前就發明了鐵扇，現在更加進步，外表看起來像是支普通扇子，但是裡面卻藏著一支鏢。這個發明真了不起。」

我跟他唱反調：「從扇子裡面拔出鏢來有什麼了不起？若是反過來，從鏢裡面拔出扇子，這才了不起。喜歡打打殺殺的人才會發明這種無聊的東西。」

幕府被推翻之後，我立刻放棄自己的武士身分，不插雙刀，成為一般百姓。慶應義塾也漸漸有人廢刀，可是廢刀並不是那麼容易。表面上看來，廢刀就等於廢止攜帶凶器，理應受到世人的歡迎，可是事實並非如此。

我剛廢棄雙刀至汐留的奧平行館時，由於我腰間空無一物，中津藩武士看得目瞪口呆，甚至有人認為我對藩主不敬。有一次我與義塾的小幡仁三郎等兩、三人在街上散步，遇到一群武士，他們見我們沒佩帶武士刀，於是威脅要殺我們。然而我還是決定廢刀，絲毫不管社會上的看法，還向人揚言：「在文明開國的時代，還有人得意洋洋地把凶器佩帶在腰間，真是一群驢子；刀子越長表示越傻。我認為武士刀應該改名為傻瓜計算尺。」聽完我的話，義塾當中有不少人跟著我廢刀。

和田義郎挑戰壯士

明治四年（一八七一），慶應義塾從新錢座搬遷至現在的三田。就在那時，有一天和田義郎（已故）大膽地挑戰壯士。和田後來當了慶應義塾幼稚園的園長，他性情極為溫和，將幼稚園的小朋友視為自己的小孩般照顧，小朋友也將園長夫婦看成是親生的父母般。和田本來是和歌山藩的武士，年少時即立志於武藝，體格也很健壯，特別是最擅長於柔道，可謂不知恐懼為何物的武士。

有一天晚上，他腰間沒插刀，帶著兩、三個人在芝區的松本町散步，碰巧遇到一群武士攜帶著武士刀大搖大擺地迎面走來，和田見狀，不慌不忙地站在馬路中間小便。此時對方只有兩條路可走，一條是躲開小便，從道路兩旁走開，另一條是向和田挑釁砍殺過來。正當千鈞一髮之際，對方看到和田殺氣騰騰，顯現一夫當關萬夫莫敵的氣勢，那群年輕武士只有默默地走開。以今日的眼光來看，在大馬路小便真是不成體統，不過在亂世，這種行為不算什麼。他這種粗暴的行為反而有益於義塾的獨立精神。

強迫農人騎馬

我們不僅試過武士，也對農人、商人測試其態度。有一次我帶著小孩至江島鎌倉遊玩，當我們通過七里濱時，有一個農人騎著馬迎面而來，他一看到我們立刻從馬背上跳下來。我用手擋住馬嘴，責備他：「你這是什麼意思？」那農人露出惶恐的臉色，頻頻道歉。

我說：「傻瓜，你誤會了我的意思。這不是你的馬嗎？」「是我的馬。」「既然是你的馬，騎自己的馬有什麼不對，趕快上馬吧！」我看他仍然不敢騎，於是說：「你不騎的話，看我揍你。你這種態度是不對的。現在政府的法律已經准許農人與商人騎馬，遇到誰也不須下馬。趕快上馬。」我強迫他上馬。當時我心想，自古以來的習慣實在很可怕，這些農人因為沒受過教育，所以也不知道法律。我擔心下階層的人民皆是如此，國家哪有希望！

測試路人的態度

此外還有一件趣事。明治五年（一八七二）左右，攝州三田藩有一位叫九鬼的諸侯，與我交情甚篤，再三邀我至三田一遊。我當時大病初癒，很想到有馬泡溫泉。我們一行人先抵達大阪，從大阪至三田約十五里，我們打算中途在名鹽停留一晚。

既然到了大阪，自然要到緒方老師家拜訪。緒方老師雖然已經去世，但是師母把我當作親生兒一樣看待，因此我至大阪之後，先去拜訪師母，並向師母報告我們將去三田及有馬遊玩。由於我乃病後之身，師母猜測我大概無法步行，所以為我雇了一頂轎子。

當時是舊曆三、四月，正是春光明媚之時，我穿著緊身褲，披上一件披風，帶著一支黑雨傘，正打算乘坐轎子時，我試著走了一點路，竟然能步行，於是我說：「我不需要轎子了。抬轎的，你可以走了，我自己走。」我自己一個人，因為沒有同伴，一路上沒有人可以交談，覺得非常無聊。當我正想找人談話時，有一個農夫從對面走來。我向他問路，可是我的態度高傲，語氣也不好，無意中顯露出從前武士的身分。那農人很有禮貌地告訴我怎麼走，並向我敬禮之後才離開。

我覺得很有趣。我身上除一支黑雨傘之外，並沒有其他能張顯我身分的東西。我想再測試一次，於是對下一個人大聲吼叫：「你過來，前面那個村莊叫什麼來著？有幾戶人家？那間瓦屋頂的大房子是農人的還是商人的？主人叫什麼名字？」由於我以武士的口氣問他，那個人低頭站在路旁，戰戰兢兢地回話。

下一次，我改變態度，對下一個人說：「這位先生，請問……」我很客氣地問他。由於我在大阪出生，也在大阪住過一段時期，所以也會講大阪的方言。大概他認為我是出門收帳的商人，對我非常無禮，連點個頭都沒有便走開了。

接著，我用蠻橫的態度問下一個人；接著，再客氣地問下下一個人。我不管對方的外貌如何，只決定這回用蠻橫的語氣，下回就用客氣的語氣。我大約走了三里路，結果不出所料。我對這樣的結果感到非常失望，這些人真是沒指望了。人應該保持自己的個性，謙虛的人謙虛，蠻橫的人蠻橫，而不是依對方的態度來決定自己的態度。

由此可知，地方的小吏一定作威作福。現在社會上流傳高壓政府的說法，可是我認為並不是政府採取高壓的態度，而是人民自己招來高壓的。對這樣的人民究竟要如何是好？想要遺棄也不能遺棄，想要開導也無法開導。雖說這是千百年來的積弊，然而沒受教育的農人若只會向人道歉還可以接受，偏偏他是以對方的態度來決定高傲還是溫和，像個橡皮糖似的。

雖然我曾對我們的人民失望，但這世界變得真快，最近這些橡皮糖居然還變成偉大的國民，有人從事學問研究，有人往工商業發展，又有一些從軍的人，他們為國家赴湯蹈火在所不辭。現在若我帶著一支黑雨傘，擺出武士的姿態，我想全國再也找不到一個人會怕我。這應該歸功於文明開化的成果吧！

大膽創新　引進文明

我的目的其實不在於訓練少年念原文書，而在使閉關自守的日本打開門戶，積極引進西方文明，使日本富國強兵，躋身文明諸國。而且我不能光說不練，必須以身作則。我一直戒慎恐懼，唯恐自己言行不一。因此我首先為我們一家的生計謀獨立，絕不受別人支援；另一方面，看到社會上有需要改進之處，我也不理會世人的想法，斷然改革。

譬如，前面說過的收取學生的學費；捨棄武士的靈魂——雙刀；提倡新的演說法，並實地去演講；在著書、譯書方面，我打破古來的文章作法，改用平易近人的通俗文體。我的這些作法引起當時守舊派人士的反彈，不過幸運的是，我寫的書受到大眾的歡迎，大家如久旱逢甘霖般搶購我的書，當時的情形可謂一時洛陽紙貴。在當時局勢不穩之下，不管怎麼偉大的學者或文學家所寫的書，都無法像我的書那麼暢銷。

我認為這不是我的才氣高人一等所致，而是時勢造英雄。另一方面，當時的學者不是文筆不好，就是過度熱中政治，以至於看不清局勢。總之，著書與譯書是我唯一的謀生基礎，慶應義塾向學生所收的微薄學費，我絕不放進自己的口袋，完全做為教師的薪資，而且有時我還捐款給義塾。

我的個性整體說來，可以說是放任主義，也可以說是只有小欲沒有大欲。我對慶應義塾盡心盡力，連細微的事情都為之操心；可是另一方面，我卻不是將自己整個生命投注在義塾裡，也沒有那種讓慶應義塾永久維持下去的使命感與榮譽心。因此我沒有什麼足以畏懼的地方。

我與義塾的師生交談，隨心所欲地做事，自然而然培養出義塾的獨立風氣，然而卻與社會上的種種風氣不合。另外，我雖不熱中政治，一直堅持在野的精神，可是我善用我的口與筆發表言論，有時還激怒當局，其實我並非不滿政府的施政。

政府官員，不管他以前是激烈的攘夷家或是令人頭痛的人物，一概既往不咎，只要他跟得上文明開化的腳步，開放門戶，勤於施政，我即不再置評。不過也有官員喜歡區分官民或是朝野，干涉私立學校，甚至也有人想阻礙私立學校發展，我很討厭這種心胸狹小的思想。一提到此事，我的話恐怕又會多起來，言語也會變得粗魯無禮，還是不提也罷。最近帝國會議開設以來，官方的作風也大大地改進，已經看不到太離譜的事情了。我相信不久的將來，府會雙方將會和解冰釋。

一面之交　奉獻全力

我曾為一面之交的朋友奉獻心力。這完全是我好管閒事，絕不含有任何政治意義，只可以說是一種嗜好、一種慈悲、一種憤怒。

有一人名叫大童信太夫，他曾任仙台藩駐江戶長官，在舊幕府時期，他與我交情甚篤。雖然他不是荷蘭學者，也不是英學者，可是他熱愛西方文明，喜歡西學書生，可謂品格高尚的名士。當時諸藩國的駐江戶長官經常與藝妓胡鬧，或是到茶館泡女人、熱中相撲力士等等，這些都是江戶的普遍風俗。大童信太夫是大國的長官，理當有相當多的交際費，可是他不用來吃喝玩樂，而用來支援學生的經濟，當時仙台的學生可以說沒有人沒吃過大童家的飯。包括今日的富田鐵之助在內，沒有人不受到他的幫助。

但是在幕末，時局益加緊迫。明治維新之際，仙台藩加入了佐幕派，但很快就失敗了。其主謀者被認定是仙台藩大臣但木土佐，當他切腹自殺之後，發現主謀之後另有主謀。這幕後主謀即是大童信太夫及松倉良助兩人。此二人在維新之後返回仙台藩，可是仙台藩中卻有人洩漏此事。

雖說政府已經將朝敵處分完畢，事情已經告一段落，但是既然有人密告，也就不能置之不理。於是政府乃派遣久我大納言為敕使至仙台藩。其實政府用意甚佳，當時因為此事件已告落幕，政府不想再無事生波。久我大納言與仙台藩是親戚，因而故意派他去仙台藩，其用意當然是要他手下留情，這點政府可以說是設想得相當周到。

然而，仙台藩的武士一聽到敕使要來仙台，眾人急著表現，竟然將七個首級獻給久我，久我嚇得說不出話來。當時有人向松倉與大童兩人通風報信，他們從後門逃走，逃至東京。不用說，他們兩人的首級是在獵捕名單裡的。

仙台藩人對在東京的同藩武士也施以同樣殘酷的手段。有一個名叫熱海貞爾的人，有一天晚上被同藩的武士追殺，他趕緊逃到我家。雖然處境甚為危險，但是大童與松倉能夠倖免於難。因我素來與他們交情很好，知道他們的住處，他們也來我家玩。他們兩人不怕被政府的人員看到，因為政府不會這麼無聊，根本不想找他們。不過若是被同藩的人抓到了，那可就慘了。他們若向政府說，犯人在這裡，任憑政府再怎麼寬大，也不能視若無睹。

每次我與他們交談，與其說我同情他們，毋寧說我對仙台藩武士的殘酷無情感到憤怒。這些軟腳武士既窩囊又殘酷。我心想，我一定要幫助大童。於是我與大童見面，對他說：「我認為，要讓你在光天化日下活動，最好的方法就是直接與藩主商量。這件事對我而言實在很辛苦，可是我還是想到日比谷的仙台行館見藩主。」之後，我去見了藩主。

我之所以敢向藩主遊說，是因為這位藩主是從仙台藩的分支——宇和島藩——來到仙台藩當養子的。幾年前當他到仙台藩當養子時，我曾大力幫忙。當時大童任江戶行館長官，由於他交友廣闊，選擇養子的事情就由他一人擔任。有一次他對我說：「貴藩的主君出身宇和島藩，其兄長目前仍在宇和島，不知此人聰明才智如何？」我調查之後，將結果向大童報告，大童放了心，要我去和宇和島家的人交涉。

於是我至麻布龍土的宇和島行館，向其宰相櫻田大炊說明此事。櫻田二話不說，立刻回答：「能當本家的養子，實乃光榮之至。」所以目前這個仙台藩主當時能當仙台藩的養子，實在是我與大童兩人在幕後斡旋奔走的功勞。

我參見藩主之後說：「貴藩的大童、松倉兩人，前些日子從仙台逃到江戶，因為若待在仙台的話，準會被殺死，所以他們才逃到那裡。假如現在他們兩人形跡敗露，藩主會殺他們嗎？還是不想殺他們？」「我絕無意殺他們。」「既然這樣，你可不可以進一步設法幫助他們，救他們一命？其實，藩主欠大童一份人情。這件事情不知你是否知情？你來仙台當養子時，曾經有過這麼一段事……」

藩主聽我嚴肅地說明之後回答道：「我絕無意殺他們，這件事我完全交給大參事處理，假如大參事想幫助他們，那我絕對無意見。」藩主仍是個少年，所以一切事情都委任大參事處理。我又說：「那你這方面確實沒問題吧！」「沒問題。」「那麼我去見大參事。」

大參事就住在隔壁的房子，我立刻到隔壁去。我對大參事說：「我剛拜訪過藩主，藩主說一切都委任於你，因此生殺大權都操在你手裡。你究竟想不想殺他們？你如果想殺他們，他們絕對不會露面。我知道他們的住處，如果你想找到他們，就儘管去找吧。我一定會盡我最大的力量保護他們，保證你們怎麼搜都搜不到。問題是，你想這麼折磨人家嗎？」我軟硬兼施，大參事說不出話來。

最後，大參事才說要幫助他們，不過他希望薩摩藩能夠出面說句話那更好。我說：「好，我去找薩摩藩。」我到薩摩藩的辦事處，說明事情的始末。薩摩藩說他們是個大藩，為這種事情插嘴發表意見實在不妥，不過這也不是什麼困難的事，他們可以通過宮內省探聽政府的本意。薩摩藩得知政府的本意之後，告訴我：「政府希望他們出來自首，自首的話，只要關八十天即可釋放。」

我為了慎重起見，又到仙台藩行館找大參事，我說：「政府說自首的話，只要關八十天即可，我擔心你們會把他們關得更久。所謂自首，是要到此處自首，我擔心你會不會擅自將八十天改判為八年。我希望你能給個保證，否則我不交人。」我獲得他們的保證之後，還威脅他們，如果違約的話，我會報復。

翌日，我帶著他們兩人至日比谷的仙台行館。一進行館，那裡的吏員全是大童、松倉兩犯人從前的屬下，犯人在該處反倒凸顯其偉大，一見到從前的屬下就說，喂！某某，最近好嗎？我在旁邊看得真想笑。

他們兩人在宇田川町的仙台藩行館二樓住了八十天，終於無罪釋放。之後兩人恢復清白之身，可以在外面自由走動。我們至今仍有往來，互通書信，相信此交情一輩子都不會改變。這件事情，我除了為仙台藩的無能殘酷感到憤怒之外，也為這兩位少有的名士的處境感到同情。我為他們兩人四處奔走，看起來好像不費什麼力氣似的，不過在那沒有人力車的時代，一切都靠步行，真是累得說不出話來。

接著來談榎本武揚的事情。

前面說過，古川節藏可以說是從我家逃走的，後來我聽說他比榎本更早逃走。首先，他召集房州鋸山的佐幕黨搭乘長崎丸，讓這些人至箱根山上反抗官兵。古川節藏從品川港脫逃時，是長崎丸的艦長，及長崎丸至北海道函館後，他又成為高雄丸的艦長。他為了要搶奪官軍的東號艦——亦即我們從美國購買的東號艦——於奧州宮古港發動攻擊，結果敗陣投降，被護送回東京。

當時既沒有法律也沒有法院，只有名為「糾問所」的牢房。而古川節藏與小笠原賢藏——與我一起至美國的海軍士官——兩人被關在霞關的藝州行館。雖然之前我曾經罵古川不要做無謂的反抗，但今日他身繫囹圄終究是件值得可憐的事。

幸好我有一個醫生好友在藝州行館任職，我向該醫生拜託讓我見古川一面。因為沒有看守人員，所以在醫生的安排之下，我們得以見面。牢房是個黑暗的地方，我看見他們兩人被關在裡面，我開口說：「活該！你不聽我的話，才落得今天這種下場。現在你們大概吃不飽穿不暖吧！」我回家拿毛毯給他們，並燉牛肉給他們吃，還詢問他們戰爭的情形及被監禁的痛苦。我去見過他們幾次面，所以對牢房的情形非常了解。

言歸正傳，現在來談榎本釜次郎。榎本釜次郎比節藏還晚回到東京，他們同遭牢獄之災，可是我一直沒有榎本的消息。

我雖認識榎本這個人，但僅止於一面之交，所以我也沒特別將他放在心上。榎本的母親係日本第一馬術名人林代次郎的女兒，而林代次郎乃貴族一橋家的養馬師傅。榎本釜次郎的母親嫁給幕府的武士榎木圓兵衛，其次男即榎木釜次郎。而林家與我內人的娘家是親戚，因此榎本的妻子也曾到我家，我內人小時候也曾隨同祖母去過榎本家，我們並非完全不熟。

此次榎本身繫囹圄，其母親、姊姊、太太全都住在靜岡，由於音訊全無，全家憂心疾首。恰巧榎本的妹婿江連加賀守因曾任職於幕府的外交部，而我也在外交部的翻譯局工作，因此我與他很熟。此次江連從靜岡寫信告訴我：「榎本的近況究竟如何？由於音訊全無，全家人都替他擔心。我們聽說他被關在江戶，但是無法證實。我們雖然問了江戶的親戚，可是他們都怕惹禍上身，沒有人願意回信。因此我才寫信給你，如果你有消息，煩請通知我們。」

母姊探監 榎本出獄

我看到這封信，真是火冒三丈。榎本的親戚明明住在江戶，卻怕惹禍上身而不敢寫信，真是卑鄙無情。幕府的人員皆如此。我下定決心要扛起這個重擔。由於我曾探望古川節藏，所以大致了解牢房的情形。我立刻寫信告訴江連：「榎本目前被關在牢房，不知道將來是否會被處死刑。雖然前途未卜，但身體無恙，請將此事轉告給其母及家人。」

江連又來信說：「榎本的母親及姊姊想赴東京，不知是否適宜？」我回答：「沒問題。我乃清白之身，不怕被連累，你們儘管過來。」不久榎本母女兩人來到東京，我向她們說明牢房的情形之後，正準備探監的物品時，他母親說想親自去見釜次郎。

然而當時是個沒有法律的社會，不知要向何處申請探監手續。於是我替榎本的母親寫了一封請願書，內容是：「此次小兒釜次郎觸犯法網，誠感惶恐羞愧。釜次郎於其父圓兵衛生前極盡孝道，其事父的事蹟如下……。在其父生病期間，他又如此這般盡人子之孝。老天有眼，如此孝順的人，怎麼會做出不忠的事情來，他的品格裡，找不到一點不義的地方。我來日不多，請閣下手下留情。如果釜次郎必須接受刑罰，我願意代替兒子接受死刑。」我在這封請願書裡，夾雜一些不知所云的句子，並請榎本的姊姊阿樂謄寫，然後由老婆婆拿著枴杖與請願書到牢房去。這封請願書似乎感動了看守的人員，當然人犯不會因此得到釋放，但母子兩人終於可以隔著鐵窗見面。

真是無巧不成書，此時發生了一件妙事。榎本於函館投降時，將自己於荷蘭留學時的海上公法筆記贈給官軍，最後這本荷蘭文的珍貴筆記落到黑田良助（黑田清隆）將軍的手裡。有一天黑田派人拿該書至我處說：「這本荷蘭文的書不知寫些什麼，請你幫我們翻譯。」

我看了之後，即知這是榎本的講義筆記。雖然荷蘭文對我而言並不難，但我為了讓對方焦急，故意不翻譯。我僅翻譯了起初的四、五頁，然後連同原書奉還對方，我說：「你僅看起先的四、五頁也知道，這本書對航海而言是不可或缺的一本好書。不過，如果這是印刷的原文書，那我就可以翻譯出來，可是這是一本上課的筆記，只有抄寫此筆記的人才能了解內容。真是可惜，一本寶書卻無法看得懂。」我明知這是榎本的筆記，卻故意不翻，那是因為我有深謀遠慮。

當時，黑田來過我的住處，我也去過他的府上。有一次我送黑田一張相片。那是一張美國南北戰爭時，南方某人將穿著女裝落荒而逃的相片。那是我從美國帶回來的一張照片，我將它送給黑田，我說：「這是美國南方的大將，你看他逃走的樣子。雖說我們不該苟且偷生，但是生命誠屬可貴。當人想要求生時，也顧不得自己的形象了。一旦將他處死了，想後悔也來不及。榎本雖然與官軍作對，但是我認為還是不要將他處死較好。這張相片請您笑納。」

隔一段時間之後，榎本終於獲得釋放。不過榎本獲得釋放並不是我四處奔走的功勞。據云，當時長州方面的人想要殺掉榎本，而薩州的武士卻想救他。由於西鄉隆盛等人的大力幫忙，榎本終於得救。此事對我而言，比大童信太夫的事件更加棘手，我四處奔走，終於得病，一直到我快要痊癒時，也就是明治五年（一八七二），榎本才被釋放。遺憾的是，其老母在愛子出獄前即已病故。

前面說過，榎本釜次郎與我並非刎頸之交，我實在沒有必要為他出那麼大的力。只是我氣憤仙台藩武士太過窩囊，也氣憤幕府人員軟弱無力，不近人情。因此我才為了救他而四處奔走。

我好幾次都對妻子說：「我為了榎本而疲於奔命，完全是為了想救一條人命而已，此外沒有別的意圖。我與他不熟，不過我看得出他非池中之物。雖然他的想法有點怪異，可是終究是個幕府臣下出身的人，一定喜歡當官。他現在雖然身繫囹圄，將來若是出獄，或許又當明治政府的官，屆時一定又是個威風凜凜的官樣。那時如果我們笑他忘記從前的遭遇，笑他厚顏無恥，那絕對不是榎本的不對，反而是我們的想法太膚淺、卑鄙。如果將來我們有嘲笑他的念頭，倒不如現在就不要幫助他。」妻子也同意我的話，說我們絕不會有那種膚淺卑鄙的想法。

我的預言果然成真。榎本步步高昇，當了公使、又當了大臣，成為偉大的政治家。我宛如是個卜卦算命的半仙。其實我與妻子兩人早已有所約定，這世界上只有我與妻子兩人知道此事，不管榎本當了多大的官，在我們家絕對不提他的名字。我們家的小孩，一定是現在看到這個紀錄才知道此事。

13

維持生計

前幾年第一次公布所得稅法時，發生了一件趣事。我們這地區的所得稅官員說我家的財產約有七十萬圓，他要以這比例課稅，我對他說請你不要忘記你說的話。我們全家就在你面前裸體走出家門，剩下的東西，你就用七十萬圓買下來。

現在來談我家的經濟問題。這世界上最可怕的事情，除了暗殺之外，就是向別人借錢了。當我下定決心絕不在金錢上占人便宜時，我越感到向人借錢是一件可怕的事。我們家兄弟姊妹從幼年開始，即嘗盡貧窮的滋味。我們永遠無法忘記母親含辛茹苦的情形。

還互助會錢

我們是貧窮的下級武士，在艱苦的生活中，母親的為人處事經常感動我們，茲介紹一例如下。當我十三、四歲時，母親曾吩咐我去還錢。事情的始末是這樣子的，天保七年（一八三六），由於父親的去世，我們隨著母親回到故鄉中津。

我們欲修繕住屋，然而阮囊羞澀。此時有人幫我們籌組互助會，一口二朱錢，我們標到幾兩錢，遂能緩一時之急。以後我們這些會員每年都籌組幾次會，每口出二朱錢，用抽籤方式輪流標走，直到大家全部輪完。可是有錢人認為只為了二朱錢，一個互助會要拖好幾年才能結束，因此有人繳了二朱錢之後便退出，這種情形即稱為「中途停止繳納而不退還」。此時，會頭就好像白白拿了人家的錢似的，可是這是當時一般的習俗，沒有人覺得不對。

輪到我們當會頭的時候，有一個航運行的老闆，名叫大阪屋五郎兵衛，他繳了二朱錢後即退出。當時我才三、四歲，完全不懂事。至十三、四歲時，母親對我說：「有一件事一直沒告訴你，十年前我們起了會，大阪屋繳了錢後退出，福澤家等於從大阪屋拿了二朱錢，我一直覺得很過意不去。武士接受商人施惠，這些錢，我們不能放進口袋後不還人家。我很早便想還，但是一直缺錢，直到今年，我們家經濟才好些。現在你把這二朱錢還給大阪屋，向他們道謝。」母親把錢用紙包妥交給我。

我把錢拿到大阪屋，大阪屋大感意外，推辭說：「你把錢還我們，我們反而於心不安，這件事已經那麼久了，你們不用放在心上。」他再三推辭，然而我因為母親吩咐一定要歸還，所以我們兩人推來推去，幾乎爭吵起來，最後我才把錢交給他。這件事距今已經五十二、三年，然而當時母親的叮嚀，以及大阪屋的言詞，我至今記憶猶新。我不記得確切的年月日，只記得是在早晨，我到豐前中津下小路的大阪屋五郎兵衛的家，主人五郎兵衛不在，我把錢交給其弟源七。這件事深印在我年少的腦海裡，所以我對金錢的處理一直都很謹慎，不敢胡作非為。

絕不向人借錢

後來我逐漸長大。在中津時，一邊學習漢學，一邊打工，多少對家計有所幫助。下級武士家庭出身的我，備嘗艱辛，既在園子裡幹活，也舂米煮飯，可謂無所不能。

我二十一歲時，第一次到長崎，當然沒錢繳學費。我替佛寺看門，也當過砲術家的食客，雖然捉襟見肘，但是我也學了一點荷蘭學。後來我又到了大阪，在緒方老師的學堂求學時，我仍然對金錢戒慎恐懼，不曾向人借錢。

我的想法是，向人借錢一定要還，既然一定要還，即是將來有錢可還，那不如現在忍著不借，一直等到將來有錢的那一天。因此我不僅沒向人借過二朱錢或一分錢，連一百文的錢也沒向人借過。我一直等到我有足夠的錢的那一天。

我也從未典當東西。在學堂時，我的冬夏衣物都是母親從故鄉寄來的棉織品。若是拿衣物典當，將來總有一天要贖回來。既然有贖回來的錢，那不如等到有那筆錢為止，因此我雖有需要錢的時候，卻不曾典當東西。

然而急迫時該怎麼辦呢？譬如，我的惡習——酒癮發作的時候，該怎麼辦呢？那時我會把衣物賣掉。舉例來說，當時典當一件睡衣可借得二朱錢，若賣掉的話，則可得二朱又二百文錢。

而且我也不去抄書賺錢。我身負求學的大任，為了金錢而浪費時間未免划不來。對我而言，真是一刻值千金。沒錢的話，就下定決心不花用。我在大阪的時候，不曾向人借過一分錢，之後來到江戶也不曾向人借錢。

我有時會想，若是我欠別人錢，債主來討債時，我該怎麼辦？我一想到那情形就不寒而慄。我經常聽說朋友遇到債主討債時，便從張三處借來還給李四，接著又從王五處借來還給張三。我對這種作法一點都不能認同。說句抱歉的話，我很同情那種為借錢還錢而四處奔走的人。總之，我膽子很小，不敢借錢。我恐懼債主前來催討的那種情況，那就如同有人拿刀子從後面追趕而來一般。

買傘與木屐代替乘轎

現在舉一個我重視金錢的例子。我至江戶時，有一個朋友在下谷練塀小路的大槻俊齋老師的私塾求學。當時我住在鐵砲洲，我赴朋友處聊天，到了晚上才回家。回家途中經過和泉橋時，突然下起雨來。看來是無法用走的到鐵砲洲了，剛好和泉橋旁有一家轎子店，我問那抬轎的到鐵砲洲要多少錢？他回答三朱錢。我想，我有兩隻腳，拿出三朱錢來搭轎子實在浪費。再往前走，又有一家木屐店，我進入店裡，買了一雙木屐與一支傘，合計二朱多錢，還不到三朱錢。

我將腳上穿的皮拖鞋放進懷裡，換上木屐，撐著傘走回鐵砲洲。我邊走邊想，這雙木屐與這把傘以後還用得上，若是坐轎子，就什麼都沒有，錢真的要花在刀口上。從這件小事就可以類推其他的事情，我不曾浪費過一分錢。我曾將二、三分錢放進紙袋裡，不管放多久，那些錢永遠在那裡。

我天性嗜酒，有時候會和朋友去喝酒。喝酒當然要花錢，不過我不會自己一個人到酒店喝酒，從這一點就可以知道我多麼愛惜金錢。另一方面，我絕不貪財，唯一的例外是，我對奧平家表現得像個朝鮮人那麼愛錢。除了那件事之外，我絕不貪財，我一再告訴自己，要獨立自主、自食其力。

革命當天如期交錢

明治維新的前一年冬天，我買下芝區新錢座的有馬家（諸侯）約四百坪的避難行館。依照德川家從前的法律，武家行館只准更換，不准買賣。可是到了江戶時代末期，各種制度都面臨大改革，即使是武家行館也可以自由買賣。當時我聽到新錢座的有馬行館預定出售時，我即託同樣住在新錢座的木村攝津守的傭人大橋榮次，幫我買下有馬行館，價錢為三百五十五兩。

當時的社會，武士與武士之間的買賣，都沒有交訂金或訂契約的習慣，雙方都只有口頭上承諾而已。我們約定於二月二十五日一手交錢一手交屋，因此我於前一天籌好三百五十五兩，並用布巾包好。

第二天早晨，我到新錢座的木村家，然而大門深鎖，連小門也關上。我對看門的人說：「請開門！為什麼把門關上呢？」「不能開門。」「為什麼不能開？我是福澤諭吉啊！」由於去美國前，我經常出入木村家，彷彿是木村家的一份子，因此看門的人一聽到我的名字便打開小門讓我進去。

進門後，我聽到門前傳來吵雜的聲音。我不知道發生什麼事情，往南邊一望，只見黑煙直冒。我走進木村家，見到大橋。我問大橋：「門前怎麼吵吵嚷嚷的？」大橋細聲說：「你真的不知道？發生了大暴動。酒井的人馬說要燒毀三田的薩州行館。一切亂七八糟，戰爭爆發了。」我聽了大吃一驚，我說：「我真的不知道發生這麼大的事情。不過，我今天是來繳那間行館的錢。」

大橋說：「這個時候還在談買行館的事情！江戶的所有行館，現在都不值一文錢，只有傻瓜才會在這時候買房子。你還是把錢拿回去吧！」他不收我的錢，可是我堅持說：「話不是這麼說，我們約定今天一手交錢一手交屋，所以我必須繳錢。」大橋把頭轉到一邊，一副不理我的樣子，他說：「雖然我們有約定，但是現在時局變化這麼大，哪有人在戰時買房子的？如果你現在非買不可，你出一半的價錢，對方也一定賣。說不定你給他一百兩他就高興得不得了。你再考慮看看。」

我反駁：「不，不能這樣。大橋先生，你聽我說。前些日子，我說要買有馬行館時，你當時是怎麼約定的，你當時只說，十二月二十五日，也就是今天，我把錢交給你，此外我們沒做別的約定。你當時並沒有說萬一時局變化就解除契約，或是價錢就減為一半，我們當時沒有這種約定。雖然我們沒有寫契約書，但是我們所說的話就是最好的證據。既然約定了買賣，不付錢的人就是不對。不管怎麼說都要付錢。不僅如此，我還有話要說。如果照您所說的，我只付三百五十五兩的一半，或是只付一百兩，現在時局變成這樣，有馬家大概也會答應。也就是說，價值三百五十五兩的房子，我只花一百兩就能買到。然而這個動亂結局如何還不知道。雖然現在酒井的人馬把三田的薩州行館燒掉，但這也不算什麼大動亂，說不定一下子就天下太平了。等到太平之世，我已經住進買來的房子裡。而有馬的部下眾多，他們每經過我家門前，一定會瞪我家一眼。他們心裡一定想，那間房子本來說好要賣三百五十兩，然而要付錢的那天，剛好發生三田的大動亂，結果只賣了一百兩，這福澤賺了二百五十五兩，而我們有馬家虧了二百五十五兩。所以他們每經過我家，一定狠狠地瞪我家一眼。雖然他們嘴巴不說，但是心裡一定這麼想。我不想住得這麼不愉快。總之，請把這些錢收下來，就算我全虧了也沒關係。並非我把錢交出去就可以住進來，說不定這動亂越演越烈，我不得不逃走。如果真是那樣，那也沒辦法。這世界上沒有人知道將來會怎樣，有人自認為會活著，結果死了，何況是金錢的事，更不可預測。我還是必須把錢交給你。」

大橋聽了我的話，終於收下了錢。從這件事就可以知道我對金錢極為嚴謹，這大概是昔日武士的風骨所致。當時的武士認為，為了金錢的得失而心生動搖乃是一件卑鄙的事情，也是沒有骨氣的表現。

謝絕孩子的獎助金

還有一件與此類似的事情。明治初年時，橫濱有個大商人設立學校，他聘請慶應義塾的年輕學子當教師，並讓他們負責學校的一切事務。那所學校的創辦人告訴我，他希望我到他們學校兼差，幫他們整頓校務。

那時我們家有兩男一女，哥哥七歲，弟弟五歲。我計畫他們長大之後送他們出國遊學。然而當時社會的一般風氣是，學者或政府官員老是想依靠政府，讓自己的子弟公費留學。當他們運用種種關係達成目的時，便欣喜若狂。這種心態我實在不以為然。

我認為，讓自己的兒子出國留學是件好事，但是經濟情況不好而到處向人拜託請求，我會竊笑他們就像乞丐似的，沒有骨氣。然而，我自己有兩個男孩，我的孩子到了十八、九歲時，我打算送他們出國。但是出國留學的前提是，必須有錢。我雖然會努力賺錢，但是前途未卜。要讓兩個人到外國留學數年的學費可是一筆大數字，我究竟能否靠自己的能力籌到這筆錢，完全沒有把握，我經常為此感到煩惱。這件事我一點都不引以為恥，常坦率地對人說：「我很需要錢，我想讓孩子去留學。現在我的孩子一個七歲，一個五歲，再過十年，我就必須面臨這個問題。我擔心到時候是否能籌到這筆錢？」

有人把這件事告訴那個大商人。有一天那個大商人來找我：「我希望你來當那所學校的校長。我並非每個月要給你幾百圓的薪水，我知道你不會向我要薪水的。我想出一個好方法。你有兩個小孩，我現在就把你那兩個公子的留學費用交給你，你認為如何？我現在就把一萬圓交給你，可是你現在不需要這筆錢，所以我們把這筆錢存在別的地方，等到小孩子長大了要出國留學時，那筆錢本金加上利息，數目將相當可觀，我相信可以很順利地修完學業。你認為我的想法如何？」

他的想法的確不錯，我也正為錢的著落而焦急，現在兩個小孩的留學費用好像從天上掉下來一般，本來我應該立刻答應，可是我開始猶豫起來。我想，當初我拒絕擔任該校的校長，當然有其理由，現在一聽到有一大筆錢可拿，立刻改變自己的說法，答應擔任校長，到底是從前不對還是現在不對？若是為了金錢而否定自己的說法，那豈不是為了金錢而不擇手段？

這一點我做不到。我今天之所以想要錢，那是為了孩子。讓孩子到國外留學，目的是要讓孩子學些有用的東西，或是使其成為學者。可是我必須考慮，使孩子成為學者，究竟是否是父母的義務？小孩雖是自己的親生骨肉，可是父母親所應該做的，只是供給他們衣食，讓他們接受父母親經濟能力所能負擔的教育，這就夠了。我們不能說沒讓他們接受最好的教育就是沒盡到父母親的義務。

若是父母親因為小孩而改變自己的信念，那他的信念又何在呢？雖說父子關係是密不可分，但是父親還是父親，孩子還是孩子，兩者是獨立的個體。所以父母親沒有義務為孩子改變節操，百般侍奉他。於是我告訴自己，若是今後我的孩子因為沒有錢而不能接受良好的教育，那麼這也是那孩子的命。將來我若是有錢便讓他受教育，若是沒錢便不讓他受教育。

我雖然已經下定決心，然而對方是出於一番好意，何況他不知道我的想法，所以我很有禮貌地拒絕他。在我們談話之間，我看著我的孩子，考慮到他們的前途，再想想自己目前的處境，內心起伏不定，猶豫不決。等到我們談完了，我仍照以往養家餬口，翻譯著書，沒想到我賺了不少錢。在我孩子還沒大到可以留學時，我已經存夠了錢。因此我讓唯一的姪兒中上川彥次郎先到英國留學。我只有一個姪兒彥次郎，彥次郎也只有一個叔叔，因此我把他當作親生孩子看待。

彥次郎在英國留學三、四年，花了不少錢，可是我還有錢讓孩子出國留學。我的兩個孩子都在美國留學六年左右，現在回想起來，仍然覺得非常高興。幸好當時我沒拿他的錢，若是我拿了他的錢，我會一輩子不安。我現在的心境就彷彿是把一塊寶玉保存得毫無瑕疵一般。

不虛報年齡

不只是前述的大金額的錢財，即使是一點點小錢，我也不貪婪。

明治九年（一八七六）春天，我帶著長男一太郎與次男捨次郎兩人至大阪、京都等地觀光。一太郎當時滿十二歲，捨次郎滿十歲，我們父子三人不帶隨從，從橫濱搭乘三菱會社的輪船。上等的船票約十圓、十五圓左右，我們付了錢，抵達神戶，在好友金場小平次的店鋪住了一晚。然後我們至大阪、京都、奈良等地觀光，之後返回神戶。

我們打算再度搭乘三菱的輪船，於是托店鋪的掌櫃買船票。他買完票之後，我們一看，一張全票，兩張半票。我對掌櫃說：「剛才我對你說，我要買兩張全票，一張半票。你大概買錯了，麻煩你去幫我換。」掌櫃沉著地說：「不，我沒買錯。我問了大公子的年齡，他滿十二歲又三個月，當然買半票。雖然規定滿十二歲以上要買全票，但是我沒看過滿十三、四歲的人買全票的。」

我說：「不管是超過兩、三個月或兩、三天，我們還是要遵守規定。」掌櫃仍堅持他的意見：「我才不去做那種傻事。」我只好說：「不管怎樣，錢是我出的，你只是幫我買票而已，你不要再說了。」我把錢交給他，在出發前，才換好票。我認為這是理所當然的事情，就如同我們買東西當然要給錢一般。然而現在有很多人搭火車時，買了普通車票卻去坐上等車廂。前些日子，我返回箱根時，看到有人從橫濱上車，他拿著普通票卻去搭上等車廂。我極不欣賞這樣的人。

辭退中津藩的米俸

從上述的事情看來，彷彿我是個清廉之士似的，其實不然。我這清廉之士對中津藩政府可說做了不少卑鄙的舉動。這事說來話長，我先說明這數年來我對金錢的態度有所改變的原因。

明治維新之時，幕府對幕臣提出三項問題：第一，是否要當皇臣？第二，是否要至靜岡當幕臣？第三，或是要回鄉當平民？我當然回答要返鄉當平民。當時，我捨棄長短武士刀，馬上成為布衣。

從前，我雖然算是幕府的臣子，但仍半屬中津藩的藩臣。現在我已經成為平民，當然沒有理由領幕府的薪俸，同時我也辭退了中津藩六人份的米俸。當時我的生活極不穩定，只能勉強餬口。然而如前所述，我生平極為節儉，我的著作與翻譯帶給我一些收入，同時我絕不浪費，因此我仍有一點積蓄，不能說是赤貧。如果我以後身體康泰，我相信可以不靠別人的援助即可維持生計。因此我辭退了中津藩的米俸。

不料中津藩的官員反而不悅，他們說：「你何必做得這麼絕？還是照往常一樣領取米俸吧！」我們為此起了爭議。說起來真奇怪，當我們想申請米俸時，他們百般刁難；現在我們不想要了，他們反而強迫我們接受。在雙方堅持之下，對方說：「你這種態度真沒禮貌，你對藩主既無情又不忠。」

我也不認輸，反駁說：「你們既然這麼說，那麼我就領下米俸。不過，我要你們每個月把那些米俸舂成白米，順便煮成白飯拿給我，不，不是每個月，而是每天。至於那些費用，你們就從米俸裡面扣除。我辭退米俸，你們就說我無情不忠。我既然戴不起這頂不忠的大帽子，那麼我就繼續領取米俸，只是你們要每天將它煮成白飯或米粥。我要在我家附近張貼布告，通知乞丐每天來吃。我要將主君的米飯分發給那些乞丐。」那些官員看我反應激烈、蠻橫，也就不再堅持他們的意見。我與中津藩的關係就此結束。

我對中津藩的態度猶如朝鮮人般卑鄙

表面上看起來，我好像是個高風亮節的君子，可是底牌一掀，只是一個大笑話。不止我一個人如此，中津藩的武士皆如此，不，全國各諸侯的屬下皆如此。

從藩主那裡拿到東西稱為「拜領」，其實藩士的心中根本沒有還禮的念頭。若是藩主請客，藩士也不會覺得不好意思，只是鞠躬道謝，心中沒有禮尚往來的念頭。關於金錢也是如此。

中津藩給我錢，我不但不會辭退，反而想拿更多一點。我若能夠多拿一兩或十兩，那種心情就好像出去打獵獲得獵物似的。所謂的「拜借」，也是只借不還。只要拿到手，借的錢就變成自己的錢，完全沒有禮義廉恥的觀念，就如同今日的朝鮮人那麼貪財。大家為了免費拿藩國的東西，既說謊也諂媚，無所不用其極，真是可笑之至。

掠奪一百五十兩

茲介紹兩、三件事如下。小幡等人來到江戶，由我負責全程的接待。藩國當然沒給他們旅費，因此我得絞盡腦汁籌錢。譬如，當時橫濱發行類似今日的西文報紙。那西文報紙一週發行一次，我將該報紙翻譯成日文，然後拿到佐賀藩或仙台藩的辦事處推銷，如此，我可以賣得一點錢。

此外，我從外國帶回的原文書，若有不需要的便出售，以換取金錢。可是我必須照料許多學生，所以這些錢尚不夠用。那時，我聽說江戶的藩邸有一筆錢進來，於是我乃虛擬一文曰：某月某日由於某事，我將獲一筆款項。我將該文拿到大臣家裡，深深鞠個躬，行大禮，輕描淡寫地說：「由於這個原因，我希望藩國能替我代墊一百五十兩。」大臣逸見志摩是個正直而不會刁難別人的人，他模稜兩可地說：「如果只是暫時借錢，那就借給你吧！」

他一說完，我立刻到財務主管那裡，我說：「剛剛我向志摩大臣如此說，他回答沒問題，我現在來請求借錢。」財務主管對我的話有點懷疑，他說：「我不知道這是什麼時候的事情？目前我還沒收到通知。」我說：「雖然沒有通知，但是這件事已經成立，你只要把錢交給我就好了。」財務主管只好說：「大臣既然這麼說，我們這邊並非沒有錢，應該沒什麼困難。」

財務主管的回答雖然不是很肯定，可是我視為已經答應，立刻到掌管金庫鑰匙的出納那裡，我說：「我來借錢，請把錢拿給我。我已經辦完合法的手續，不會陷你於失職的。只要三個月，我這邊會有一筆錢進來，屆時我會還錢。」我以迅雷不及掩耳之勢，趁官員與官員之間還沒協調溝通，立刻奪取一百五十兩。當時我宛如抓到龍宮的珍珠，而且我完全沒有歸還珍珠的念頭。說起來，我真是個無法無天的傢伙，不過由於這些錢，我舒舒服服地過了一年。

賣原文書大撈一筆

有一次，我拿原文書至到奧平壹岐處，拜託他買下來。奧平大臣是個內行人，他看看那本原文書說：「這本書很好，我想價錢一定相當貴。」他頻頻讚嘆，可是我知道他心裡想什麼。我若回答這本書雖然很有價值，可是價格低廉，那麼他一定會說，既然物美價廉，那麼請拿到別的地方去賣吧。

於是我出其不意地說：「沒錯，這本是很重要的原文書，而且價錢很貴。今天我來請奧平大臣買下，其實我的目的是，賣給藩國拿到錢之後，再向藩國借書，說穿了，我只是要白拿這筆錢。我現在已經把真心話向您報告，請您就以買這本書的名義給我錢。換言之，我就像個體面的乞丐。」我這麼一說，大臣也拿我沒辦法。

其原因是，我知道大臣自己曾經以一本原文書強賣給中津藩，撈到二十幾兩，因此我也如法炮製。如果被他拒絕，我打算翻臉，把他的事情掀出來。我的作法可以說是採取恐嚇手段，奧平只好勉強答應。我即以賣原文書的名義撈到二十幾兩，其中十五兩寄回故鄉給母親應一時之急。

人是社會的寄生蟲

我的手段極為卑鄙，而且絲毫不感到羞恥，也不覺得做錯事。當時我的想法是不拿白不拿，就好像打獵時，捕到雁會比射到麻雀還偉大。因此，我若是撈到一大筆錢，就覺得很偉大，當然這是極為膚淺的想法。

本來我的天性並沒有那麼卑鄙，而且我出生在家教嚴謹的家庭，母親為人正直，從小教導我們絕不可心存貪念。為何我會對中津藩做出這種不知廉恥的事情，我也不知道。如此說來，人可以說是社會的寄生蟲。若是社會維持不變，這寄生蟲則不斷無限制地繁殖。要除去這寄生蟲，亦即習慣的奴隸，讓社會煥然一新，只有等待發生激烈的大變革才有可能。

現在維持了三百年的德川幕府已經垮台，日本社會產生大變革，我也宛如大夢初醒，自覺對藩國應該改變原有的態度。我從前之所以對藩國做出那麼多無恥的事情，那是因為我們過於尊崇藩主，把他當作比一般人更高超的人物，而且認為他的財產就是大家的共有物，不知不覺產生了卑鄙的想法。現在藩主也與我們一樣平等，既然是平等的，那麼我貪想別人的財產就不對。

維新當時，我並沒有特別的思考，也沒有自創學說，只是我的心境變化激烈。為何一個原本專對藩國做卑鄙無恥勾當的人，後來會推辭藩國的薪俸？即使不推辭也沒有人會嘲笑我，為什麼我的變化會這麼大？這就好像貪婪的朝鮮人嚴厲拒絕別人的禮物，一下子昇華成伯夷叔齊般的聖人。我對自己的這種激烈變化感到吃驚。追根究底，我認為是封建制度的政府垮台之後，個人的奴隸心也隨之一掃而空。

無法指望中國成為文明國

談及此，順便提到中國的前途。縱觀今日中國的情勢，我認為只要滿清政府存在一天，中國就無法邁向文明開化的大道。換言之，必須徹底推翻這個老朽的政府，重新建立新的國家，人心才能煥然一新。不管滿清政府出現多少偉大的人才，或是出現一百個李鴻章，都無法進入文明開化之國。要使人心煥然一新，將中國導向文明之國，唯有推翻滿清政府，此外別無他途。

將滿清政府推翻之後，中國是否能像日本的明治維新那麼成功，誰也不能保證。不過，為了國家的獨立自主，無論如何一定要打倒滿清政府。中國人所要的，究竟是國家的政府，或是政府的國家，我想中國人自己也很清楚。

中津藩的平靜有其原因

話題越扯越遠，不過我還是要來談中津藩的情形。如前所述，我絕不介入勤王佐幕這種天下事的政治議論，至於中津藩的藩政，我更是毫不關心，因此我一直過著心情愉悅的生活。

明治維新時，縱觀諸藩國的情勢，勤王派與佐幕派激烈對立，動輒命令舊大臣切腹自殺，或者因為藩政的大改革而引起黨派的流血衝突。諸藩國當中十之八九皆是如此。如果當時我在政治上有求取功名的企圖心，至中津藩提出佐幕或是勤王的主張，必定會引起一陣騷動。

然而我不發一語，如果遇到有人爭論，我會對他們說大家不要吵了、冷靜下來吧。我就是如此淡泊，也因此中津藩極為平靜，不但沒有發生殺人事件，也沒有處罰官員的事情發生。

向中津藩大老勸說以不變應萬變

我於明治三年（一八七〇）至中津迎接母親。當時藩政也已經過大幅度的改革，眾人聽到我從東京返鄉，便想聽取我對局勢的看法。我被叫到大老的家裡，一看，裡面坐滿了文武百官。我猜測，他們一定認為我會發表驚人的見解。大老們擔心地問：「中津藩下一步應該怎麼走？我們如墜入五里霧中，不知怎麼走。」我回答：「不用擔心，一切以不變應萬變。有很多藩國想平均俸祿而鬧得雞犬不寧。我認為我們不需要做任何改革，一切按照舊制度，拿千石俸祿的人維持千石，拿百石的人維持百石，天下太平、無為而治才是上策。」我一說完，在座的官員皆目瞪口呆，另一方面卻露出放心的表情說：「閣下的言論是個穩健的建議。」

勸說販賣武器

接著我又提出一個建議，我對他們說，雖然剛才我說薪俸與身分階級沒有必要改變，不過我要提出一個忠告。今天中津藩既有槍又有大砲，很明顯的企圖以武力立國，然而以現今中津藩內的武士與武器究竟能否作戰？我認為是不可能的。因此，如果今天長州人攻了進來，我們只好順從長州，要是薩州軍隊來襲，我們也沒有辦法抵抗，只好順從薩州。

關於此事，以我的話來說，即「弱藩無罪，武器禍水」，因此不如把武器全部賣掉。中津藩的大砲全是庫魯普大砲，現在賣掉，還能賣得三千、五千，或是一萬圓。我們如果全部賣掉，就如同琉球一樣沒有防備武器。如果長州入侵，我們也不抵抗，薩州入侵，我們也不抵抗；若薩州提出要求，我們可以請他們直接和長州談判，相反地，長州提出要求，我們請他們直接與薩州談判。亦即把難題丟給別人，自己袖手旁觀，我們這樣做，對方既不會殺我們，也不會拘捕我們。

另一方面，這社會遲早要面臨文明開化，目前最重要的事，即廣設學校，讓藩中的年輕子弟了解何謂文明開化。然而一邊要廢棄武器，另一方面又要廣設學校，未免太過理想化了。因此我想出個辦法來。據我的觀察，東京的新政府擬大幅改革陸海軍，卻苦於經費不足。此時我們若提出申請書，說由於中津藩廢除武器，每年剩餘幾萬圓的經費，我們願意將這些經費捐給政府，請政府自由使用。如此一來，陸海軍一定非常高興。

就政府的立場而言，諸藩的三百個諸侯皆各自擁有不同的武器與軍隊，政府將非常頭痛。不用說，政府一定想將其統一。甲藩使用庫魯普大砲，乙藩則使用阿姆斯壯大砲，丙藩使用法國槍枝，丁藩則使用荷蘭的哥貝爾槍。日本國內擁有千萬種槍枝，一旦發生戰爭，政府將束手無策。因此我建議捐錢給政府才是上策。如此一來，不獨政府高興，中津藩也可享受清閒，可謂一舉兩得。

武士解除武裝

然而有人極力反對我的建議。負責軍事的官員有三、四人在場，其中菅沼新五右衛門等人極力反對，結果導致眾人皆反對我的看法。他們認為武士絕不能解除武裝。我不願與他們做更深入的討論，只說：「既然你們認為不行就不要做。沒關係，隨你們，我只是談談我的想法而已。」

一個不可否認的事實是，由於我不熱中政治，中津藩的武士皆沒受皮肉之傷，此點可以說是我對中津藩的功勞。而且中津藩的武士，不但沒有減俸，普遍來說，還增加了薪俸。譬如，我妻子的娘家，原本領取二百五十石的米糧，後來改領三千圓的公債券；今泉秀太郎原本領取三百五十石的米糧，後來薪俸改為四千圓。然而正如俗話所說：「惡錢留不住。」武士的鈔票最後也都花光，變得空無一物。總而言之，中津藩與其他藩比起來可算極為太平。

對商業一竅不通

現在言歸正傳，再來談經濟的問題。我雖然非常節儉，但對商業一竅不通。所謂一竅不通並不是不知其原理，只是我覺得親自去做買賣非常麻煩。而且我還殘留著武士的風骨，腦子裡深印著君子不該貪利的思想，覺得做買賣很令人難為情。

我第一次到江戶時，中津藩的前輩岡見彥三翻刻荷蘭詞典出售，一本定價五兩。當時這個價格算是很便宜，也有很多人想買。我介紹朋友買了一本，當我拿五兩錢去時，岡見包了一分錢給我，我大感驚訝，不知所措。介紹人買書居然還可以抽佣金，這是什麼話？我心想，他一定瞧不起我這少年書生才這麼做，我有點生氣，跟他爭論起來。對我這個書生而言，根本不知道買賣抽佣金是商人的習慣。

買炭火鏟得知貨幣法有誤

一介書生不知商人的習慣，那是理所當然的事。然而關於經濟的原理，我可注意到當時商人所沒注意到的地方。

有一次我至五金行買炭火鏟，價格是一貫二、三百文錢。當我將錢交給老闆時，突然想到，這銅錢的重量大約是七、八百目至一貫目，而我所買的炭火鏟才二、三百目。這銅錢與炭火鏟同樣是銅做的，為何貨幣便宜而商品價格高昂。這裡顯然經濟法有問題。若繼續維持這個制度，乾脆把銅錢熔解再鑄成火鏟即可獲得一筆利益，因此我認為日本銅錢的價格一定高漲。

我又想，西方各國的金、銀的價值比是一比十五，而日本的金幣銀幣比卻不是如此，換言之，日本的貨幣法犯了大錯。由於我這麼一說，外國商人在日本門戶開放時，立刻將日本的金幣外銷到海外，賺了不少錢。我也勸過有錢的朋友多買些金幣，而我自己卻不想買。

我記得安政六年（一八五九）冬天，我去美國前，我向某人提及金銀的事情。隔年夏天回國時，那個人因為獲得不少利益，為了感謝我，他拿一大把銀錢送我。我向他道謝之後，立刻偕同朋友到酒店暢飲一番。

翻譯簿記法卻不喜簿記

明治維新後，我翻譯了簿記法的書籍，今天坊間的簿記法書籍皆是仿效我的翻譯而寫成的。因此照理說，我應該是個簿記專家，可是讀書人與商人的想法有如天壤之別，我不但不能學以致用，單看別人的帳簿也覺得很辛苦。我若是花點心思的話，應該可以看懂，可是總覺得很麻煩。

舉凡慶應義塾的會計、報社的記帳，或是複雜的財務，我一概委託他人，我只負責看最後的數字，因此我也自知無法做生意。譬如，義塾的書生繳交學費時，他說要將所有的錢寄放在我這裡，每個月來我這裡取出需要用的錢。貴族院議員瀧口吉良從前當書生的時候，也是將幾百圓存放在我這裡。我將那些錢放進櫃子的抽屜裡。他每個月來拿十圓或十五圓，我用紙張將剩餘的錢包好，再放進抽屜。

我明知將錢存放在銀行會更方便，可是我不會這麼做。我不但不會存放在銀行裡，也不會將那些錢與我的錢混在一起，等他們來拿時，再拿一部分出來。總而言之，這是我天生的武士個性，或者可以說是書生的抽屜會計法。

拿得出我的借據便給一百萬圓

有一次，我前面提過的那個大金融家來找我。他談到錢的問題，而且談得很深入複雜，使我頭昏眼花。因此我說：「這麼麻煩！這些錢給甲，那些錢給乙。既然有錢借人，那又何必再向別人借錢？我也知道商人借錢來做生意，可是如果有錢借人，那就表示有多餘的錢才會去借人。即使是商人，如果有錢借人，那倒不如自己使用那些錢，而不要再去向別人借錢。自己明明有足夠的資金，還特意向別人借錢，這豈不是吃飽了沒事幹，白費苦心。」

那人笑著說：「閣下之言差矣！您只能用迂腐不通來形容。商人用很複雜的方式周轉金錢，這當中蘊藏深奧的道理。我們怎能照您說的那樣做？不只商人要借錢，這世界上有誰不必向人借錢的呢？您能舉個例嗎？」

由於他潑我冷水，我突然靈機一動，我說：「你說這世界上有誰不必向人借錢的，這個人遠在天邊近在眼前。至今為止，我不曾向人借錢。」「少騙人了。」「真的，我活了五十年（這是十四、五年前的事），沒向人借過一分錢。如果我騙你，只要你找得到我寫的借據，我立刻用一百萬圓買下來。在日本國內，你一定找不到我的借據。」

當時我才想到，我一輩子不曾向人借錢。對我而言，這是不足為奇的事情，然而在世人的眼中，或許這是極為不尋常的事。

懶得把錢存銀行

我現在多少有點財產，雖然有點錢，但是我家的會計極為簡單，絕沒有這筆錢必須還誰，那筆錢要去拿回來的麻煩。我也知道手邊有沒有兩、三百圓沒關係，因此大可將錢存在銀行，必要時開張支票即可，如此，還可賺到一點利息。雖然我很清楚這個道理，也希望大部分的人皆如此，但是我自己卻覺得麻煩。與其為這種事情傷腦筋，不如把現金擺在抽屜裡，付錢時，數數紙鈔就可給人了。我與內人想法一致，亦即我家屬於封建武士的抽屜會計法，與文明的金融法格格不入。

絕不抱怨

其實世人對我的看法不能說不對，我從年輕時開始，便沒有說過一句抱怨的話。譬如，因為家庭變故而需要錢，或今年因時運不濟而陷入困頓等，我都不曾向別人提起。在我的眼中，別人那樣的言行反而可笑；動不動就抱怨自己貧窮困頓，事事不如意，沒有希望等等，不然就是說要向人借錢。或許有的只是不經意地說了出來，或只是開開玩笑，但是我無法了解他們的想法。

我認為不管自己有沒有錢都與別人無關，不要在別人面前談自己的利害關係。我的作風是，沒錢的話就不要花；即使有錢也不浪費。我不管花多少錢都不去麻煩別人。不想用時即不用，想用時即用。我不曾與別人商量，也不想讓別人干涉我用錢。不管貧富苦樂，皆獨來獨往。即使經濟陷入困境，我也絕不透露半句，一直表現出悠哉悠哉的樣子。一般人看到我，或許有人會以為我是個有錢人。然而我也不在乎有沒有人猜測我的經濟情形，也不會去想他猜測得準不準。

前幾年第一次公布所得稅法時，發生了一件趣事。我們這地區的所得稅官員說我家的財產約有七十萬圓，他要以這比例課稅，我對他說請你不要忘記你說的話。我們全家就在你面前裸體走出家門，剩下的東西，你就用七十萬圓買下來。我把帳簿交給你，住屋、倉庫、衣服、器具、鍋子等，全都給你，不過你要拿七十萬圓來換。你隨便估價顯得不負責任，最好用現金來買，如此一來，我就成為富翁了，後半輩子可以好好享受一番。

不與他人談論私事

我在經濟方面極為保守，不敢大開大闔，這雖是我先天的個性，但也與我的境遇有關。我今年六十五歲，自從二十一歲離家以來，我就得照料自己。二十三歲時，家兄去世，之後我還須負責老母與姪女的經濟。我二十八歲娶妻生子，全家的責任都由我一人肩負。至今年為止，約四十五年之間，除二十三歲時向大阪的緒方老師表明我的貧困而接受老師的大恩外，我不曾跟別人談論自己的私事，也不曾拜託人。

我不想借重別人的智慧，也不想接受別人的指揮，一切聽天由命。該努力的地方即加倍努力，至於運用交際等手段，或是與朋友商量、建議等事情，我則與一般人無異。如果在一般的交際上尚無法達成願望，我不會更進一步請求別人，只會回到原點獨自冷靜思考。總而言之，我不想依賴別人的幫助。至於我從何時起有這種念頭，我也不記得了；大概是從年少時即有這種想法，不，與其說是想法，不如說是我的個性。

學習按摩

我十六、七歲時，在中津跟一位白石老師學習漢學。當時私塾之中有兩位極為貧窮的書生，我記不得他們是漢醫或和尚，他們兩人皆靠按摩謀生。由於我極想離開中津藩，所以也想仿效他們。我打算不帶分文離開中津，萬一窮困潦倒，至少還可以靠按摩自食其力。因此我向他們兩人學習按摩，並且不斷練習，最後頗有成果。

幸好後來我沒有潦倒到需要靠按摩謀生，不過，學會一技之長就一輩子都忘不了了，現在我按摩的技術還比鄉下的按摩師高明。有時我們去洗溫泉，我還會替妻兒按摩，讓他們笑成一團。

這就是我常說的自食其力。若是有人要替我做傳，一定會寫某某人夙懷大志，幾歲於私塾時即學習按摩等等一大堆嚴肅的字眼。其實，我十六、七歲時並無大志，只是因為貧窮而想讀書，況且我也不希望接受別人的幫忙，最後只好去學按摩。我認為人的志向會因為他的環境而改變。幼年時所說的話，長大後未必能兌現。一切只靠天資，再加上教育，以及不屈不撓的毅力，不可猶豫，如此堅持到最後才能成功。

一大投機

雖說我拙於做生意，但我一生當中卻做過大投機，而且圓滿成功。

我從幕府時代開始，即致力於著書翻譯的工作，而我將書本的販賣全部委託書商。江戶的書商未必全是奸商，但多少都會坑人。我們寫完草稿後，從排版、印刷到買紙，完全由書商包辦，價格也由書商決定，大部分的作者都只拿一點點的版稅。

我知道自己的書籍極為暢銷，若委託別人出版，實在不划算。那些書商沒有什麼智慧，只可說是腦力有限的商人。我決定要將我的權利全部爭取回來，然而實際的運作可說相當困難，不知從何著手，真有望洋興嘆之感。首先我要募集工人，而工人全都在書商那裡，不屬於我的管轄範圍。

因此我想出一個方法。當時是明治初年，我手邊有相當多的錢，我湊了一千兩左右，派人到紙張批發商那裡買紙。我買了一千兩的紙，而且以現金付清。書商聽了大吃一驚，因為他們一次頂多買二百兩錢的紙。由於我付現金，所以價格較便宜，紙張品質也較好。買來的紙張，我堆放在新錢座的倉庫裡，然後向書商調度印刷工人。

這些工人從早到晚將紙張搬進搬出，他們看到倉庫裡堆積這麼多紙張，認為若在這裡工作，這工作一定能夠持續下去。而且我付給他們的工資相當多，這些工人自動將他們的知識說了出來。另一方面，我們派去的監督者，雖然看起來好像是內行人，其實都是門外漢，可以說是暗中學習工人的知識，在工作中逐漸有所進步。接著我們又僱用版木師傅及裝訂師傅，將書商的工作全部接管過來。我們只讓書商負責販賣，並付他們手續費。這件事情是著作界的大革命，也是我唯一嘗試經商的例子。

14

品性家風自成一格

或許有人會認為我是孤僻的怪人，其實絕非如此。我與人交往，盡量保持無憎恨愛欲，不論貴賤貧富、君子小人一律平等，遇見藝妓、妓女也不會覺得有什麼特別之處。我絕不會認為此等人乃低賤之輩，不能與我同座，而一個人生悶氣，或露出難看的臉色。

無莫逆之交

關於經濟問題，如前所述，我的態度恐怕終身都不會改變。接下來談我的個人行為及成家之後的家庭狀況。

首先談我年輕時的往事。我在中津時，從童年至成年為止，無法與同藩的人打成一片，亦即無法與他們真誠地交往。我沒有一個可以談論心事的莫逆之交，不僅在社會上找不到金蘭之交，即使在親戚當中也找不到，聽起來我像是個性情孤僻的人，從不與人交往。其實不然，我不管與男士或女士在一起，都非常健談，不過這僅止於表面而已。

我不曾想模仿任何人，也不羨慕別人。被人誇獎時既不喜悅，被人批評時也不會動怒，什麼事都不放在心上。其實批評別人就是瞧不起別人，所以我從來不與人爭吵，最明顯的例子是，我不曾與同年齡的小孩吵架，不吵架就不會受傷害。我不曾與別的小孩吵架而流著眼淚回家向母親哭訴。我極為饒舌，但卻是個不用讓人擔心的小孩。

雖豪言壯語但謹守分寸

我離開中津藩至長崎、大阪求學時，雖常與朋友嘻鬧談笑，但我的行為舉止都中規中矩，這並非我特別努力謹慎，而是天性使然。雖然我經常說得天花亂墜，但絕不談論粗俗不雅之事。同窗書生若有人提到昨晚到風化區冶遊的事情，我也不會刻意避開，只會對他說：「少提這些沒營養的事情。」

到了江戶之後，我的作風也沒有改變。朋友一多，交際自然就多，雜談也就跟著多起來。然而一提到吉原、深川等風化區的事情，他們就沒有辦法與我談下去。其實我非常了解風化區的事情，根本不須看風花雪月的小說也能了解。由於朋友經常談及尋花問柳的事情，所以我也知之甚詳。

雖然知之甚詳，但是我不曾想學他們冶遊，不但沒去過吉原、深川，也沒去過上野賞櫻花。我於安政五年（一八五八）到江戶，唯一的壞習慣就是喜歡喝酒，可謂口腹的奴隸。家裡沒酒就到外面喝，我雖常與朋友相偕喝酒，卻不曾去賞花。

首次看到上野、向島

文久三年（一八六三）六月，緒方老師去世時，由下谷的自宅出棺，於駒進佛寺舉行葬儀。當時途中經過上野，那是我第一次看到上野，也就是我至江戶的第六年。當經過上野時，我邊看邊想：「原來這裡就是賞花的名勝上野！」

至於向島也是如此。我來到江戶之後，每每聽人提起向島，可是一次都沒見過。直至明治三年（一八七〇），我罹患傷寒，病癒之後，醫生與好友皆云騎馬是最好的復建運動。那年冬天，我騎馬東奔西馳，第一次看到向島與玉川，我也在東京市區內外繞了一圈。

當時向島的風景與道路皆甚佳，每次騎馬，我都會繞道向島。從上野回來時會經過土堤，土堤的那一邊就是吉原。我說想騎著馬到吉原觀光，但騎馬的同伴回答：「騎著馬到那種地方去不成體統。」至今我還不曾踏進吉原一步。

向小和尚敬酒

或許有人會認為我是孤僻的怪人，其實絕非如此。我與人交往，盡量保持無憎恨愛欲，不論貴賤貧富、君子小人一律平等，遇見藝妓、妓女也不會覺得有什麼特別之處。我絕不會認為此等人乃低賤之輩，不能與我同座，而一個人生悶氣，或露出難看的臉色。

四十多年前，我在長崎時，中津藩的大臣亦住在光永寺。有一天大臣招來五、六名不知是藝妓或妓女陪酒，當時正值我禁酒期間，但我仍被命令陪座。酒酣耳熱、杯盤狼藉之際，大臣向我敬酒：「先喝下這杯酒，然後再拿這個酒杯向你最喜歡的人敬酒。」

在那酒席上有幾個美女，我若向美女敬酒也不是，故意避開也不是。我看清楚大臣故意為難我，可是我毫不猶豫地把酒喝乾，然後向住持的六、七歲么兒敬酒：「小高，我奉大臣之命向最喜歡的人敬酒。」由於我哈哈大笑，大臣也占不到我的便宜。

今年春天，我聽說日本時報社的山田季治要去長崎，我突然想起光永寺的這段往事，於是我託山田幫我打聽光永寺的消息，以及小高那小和尚的近況。山田回話說，光永寺仍在，並沒燒毀；高先生也很平安，已是五十一歲的老僧了，現已退休。山田還拿照片讓我看。上述的事情是我二十一歲時的往事，算起來小高當時應該是七歲。唉！真是逝者如斯！

不避嫌

也就是說，我從年輕時即對女人謹守分寸，即使喝醉了，該規矩的地方一定規矩，絕對不會說出讓女人難堪的話。我酒量甚佳，雖然謹守分寸，但與女人談話時仍然談笑風生，神態自若，根本不避諱世間的嫌疑。我認為近朱而不赤才是男子漢大丈夫的真本事，從前那種如男女授受不親，或是男女夜行必須點燈等古老的教訓，我都覺得可笑。

以這麼偏狹的態度處世，怎麼能夠應付廣大複雜的社會呢？在那麼小的地方執著，想必世人皆忙碌不堪吧！我不被古人的教訓所束縛，我相信自己，毫不猶豫地在別人家裡出入。不管他家裡有沒有小姐，或是只有年輕的太太一個人看家，或是在杯盤狼藉的宴席上有藝妓在喧鬧，我都不避諱。我喝了酒就大聲說話，喝醉了就嘻笑喧譁，或許在別人的眼中我是個怪人也說不定。

不懼傳聞

有一天中津藩的大臣特意找我過去，他說：「你近來經常在某人家進出，而且我聽說你在他家喝酒喝得很晚。他們家有個未出嫁的女兒，而且經常有藝妓進出，可謂家風不佳，由於你經常接近他們，外面對你的風評也不好。古有名言，君子瓜田不納履，李下不正冠。你還年輕，今後還大有可為，希望對自己平常的行為多加檢點。」

雖然他誠懇地提出忠告，可是我絲毫不認錯，諷刺他說：「或許我曾經信口開河、嗓門過大而惹人厭，但是我第一次被人說是花花公子，這毋寧是我的榮譽，我覺得很有意思，今後我還要繼續進出他家。我不是一個軟弱的人，不會因為你的告誡就痛改前非，不過我會感謝你的好意。我不會在乎別人的想法，反而覺得很有趣，希望別人多給我些封號。」

首次看東京戲劇

前面說過，我到東京的第六年才首次到上野，第十四年才到向島，可說是個土包子，因此當然不曾看過戲。

我年少時，中津藩主曾邀請鄉下演員在城內的能劇舞台表演戲劇，藩主請藩中的武士前來觀賞，我當時曾看過一次。後來在大阪求學時，現在的市川團十郎的父親海老藏在道頓堀表演，有一天晚上，同窗書生對我說：「我現在要去道頓堀看戲，你也一道去吧！那邊有酒可喝。」我一聽到有酒可喝，立刻拿著酒瓶，兩、三個好友相偕去看戲。當天晚上我看了兩、三幕，這是我生平第二次看戲。

之後我來到江戶，從那時起，一直到江戶改名東京，我既不想看戲，也沒機會看。直至十五、六年前，在一個偶然的機會，我才第一次在東京看了戲。當時我做了一首詩：

誰道名優技絕倫　先生遊戲事尤新
春風五十獨醒客　卻作梨園一醉人

表面上看來，我宛如一個怪人。其實我極喜歡音樂，我不但讓女兒、孫子學古琴、三味線，也讓他們學舞蹈當作運動。這是我老年餘生的唯一樂趣。

不解情趣的緣由

其實我並非天生不解情趣。我相信沒有人天生就是煞風景的，我想大概是我少年時的種種環境使然的吧。

首先，由於從小就沒有人指導我接受教育，所以一直沒有機會正式學習寫字，至今我仍然不懂書法。長大之後，雖然有機會自己看著書法範本臨摹，但是當時已進西學之門，視儒學者為眼中釘。儒學者所做的事，沒有一樣看得順眼的，尤其他們的行為令人討厭，滿嘴仁義忠孝，實際上卻不是那麼一回事。特別是那些品性不好的人，會喝酒寫詩，寫得一手好字，這些人的評價反而較高。我對這些種種甚為反感。

因此我們這些西學者乃決定徹底與他們作對。例如，在江戶劍術全盛時期，我故意把刀劍賣掉，雖然我懂得瞬間拔刀法，卻假裝對劍術一竅不通。他們注重書法，我就故意寫得更難看些。我在不該反抗的地方反抗，刻意不學習書法，這成了我一生的一大遺憾。

以我們家的家風門第而言，家父與家兄皆是文人，特別是家兄擅長書法，也善於繪畫與篆刻，是個多才多藝的人。而他的弟弟在才藝方面一無是處，不但不懂書畫，連古董與美術品也不懂得欣賞。我興建房子時，全權委託木匠，庭園的設計則交給園藝店。我不懂衣物的流行，也不想知道，人家給我衣服我就穿上。

有一次，我太太不在家，我因急事必須外出，於是打開衣櫥的抽屜，拿起最上面的一件衣服穿上。回家後，太太看到我的穿著之後說：「你怎麼穿內衣出門呢？」此時我才知道鬧了一個大笑話。

我的不解情趣也實在太過分了，真是不值一提。總而言之，我從少年時即被環境所迫，終於成為今日的我。此生此涯，大概不會改變了吧！世人所喜歡的事情，我絲毫不感到樂趣，可謂一大損失。因此，近來我偶爾會去看看戲，有時還會邀演員到家裡來，不過我並不覺得特別快樂。只是我可以藉此聚集兒孫滿堂，讓他們表演種種才藝，品嘗各種佳餚，在歡笑中享受含飴弄孫之樂。這種歡笑對我而言就是一種音樂，也是我老年的最大樂趣。

娶妻生九子

現在來談我家的私事。文久元年（一八六一），通過中津藩武士的媒妁，我娶了同藩的武士江戶定府士岐太郎八的次女，現在已是我的老妻了。結婚當時，我二十八歲，妻子十七歲。以藩制的身分而言，妻方屬上級武士，我則屬下級武士，似乎門戶不大相當，然而我們兩人的血統皆甚佳。年代久遠的祖先就不論了，至少我們雙方的前五代都沒有遺傳疾病，也沒有罹患惡疾的祖先，現在我們夫妻倆身體都非常硬朗。妻生了四男五女，總共九個孩子，這九個孩子成長皆很順利。九個孩子當中，前五個小孩喝母奶養育，後四個小孩則為了母親的健康與衛生，我們僱用奶媽餵養。

教養子女從尊重做起

我們養育孩子，不注重衣著，對食物則極為用心。即使穿著粗衣，但一定讓他們吃營養品，九個小孩沒有一個營養不良。我們的教育方針是溫和與活潑並重，盡量讓孩子自由發展。

譬如，我們不強迫小孩進入熱水浴缸內洗澡。我們會在浴缸旁邊放著大水桶，讓小孩子依照自己的喜好調節洗澡水的溫度，另一方面，我們不讓小孩子只選擇自己喜歡的食物。而且我們既然要求孩子活潑，就沒有辦法要求室內裝潢美麗，舉凡紙門被戳破，或打破東西等，我們都不會大聲怒罵。只有小孩極度耍脾氣時，我們才會怒目以視，但絕不動手打他們。

我們叫喊自己的小孩或是媳婦，不會只叫名字，一定加上敬稱，兄姊稱呼弟妹亦如此。我們家中沒有所謂的嚴父慈母之別，嚴格時，父母皆嚴，慈愛時，父母皆慈愛。全家都宛如朋友似的，我的小孫子說，媽媽有時候會罵人，但是祖父一點都不可怕。若以世間的標準來看，我們管教孩子似乎太過寬鬆，然而以我的孫子為例，他們並不會特別不聽話，雖然我們一起嬉戲，但他們仍會聽長輩正經時的訓誡，這或許是不嚴格的好處。

家中無祕密

我們家中沒有祕密，夫婦親子間皆不隱瞞。孩子長大之後，我們不會只告訴這個孩子，而不告訴另外一個孩子。父母親會指摘小孩的缺點，小孩也會嘲笑父母親的失誤，這若以古代的觀點來看，似乎喪失了長幼之序。

宛如欠缺禮儀

以一般世間的禮儀而言，一家之主進出家門時，妻子皆至玄關送迎，可是我家則沒有這一套禮儀。我外出時，有時從玄關出門，有時從廚房出門，回家時亦如此，我總是從最接近返家方向的門進來。有時搭車回家，我會吩咐車夫或馬車夫不用特別打招呼，因為不管在我家玄關喊得多大聲，也沒有人會出來迎接。

關於這一點，我們鄰居的一個老婦人覺得我家的作風很不可思議。她今年七十七歲，是中津藩武士土岐家的寡婦，由於她嚴守武士家門的禮儀，對我們家的作法覺得不成體統，可是另一方面，她也找不到哪一條禮儀規定不可如此。

愛護子女一視同仁

我有九個小孩，我對他們一視同仁，而且四男五女，男女平等，毫無輕重之分。一般人若是生了男孩則非常高興，生了女孩，倘若身體健康，則還勉強可以接受，無形中表現出重男輕女的觀念。我認為這種觀念愚不可及，生了女兒又有什麼不好？倘若我的九個孩子都是女兒，我也一點都不遺憾。

目前我只覺得我們生了四男五女實在分得恰到好處。在我的內心深處，對於男女長幼之愛絲毫皆無區別。道德學者不是呼籲我們對世界上的任何人都要一視同仁嗎？那麼對自己的孩子不是更要一視同仁嗎？

只是，我雖說長男與其他孩子皆無區別，但是依照目前的制度，我死後，福澤家要由長男繼承，既然由他繼承，在財產的分配上自然要多分一點。而且若我家只有一樣東西，無法分給其他小孩時，我會留給長男，除此之外，我對待所有的孩子都一視同仁。

譬如，明治十四、五年（一八八一、一八八二）的時候，有一天我到日本橋的某朋友家，他們房間內擺滿了金屏風、漆畫、插花盆子等等。我問這到底是怎麼回事？他回答這些是要外銷美國的貨品。我看了看那些東西，沒有一樣是我需要的，可是如果我想買的話，全部都可以買下來。

當時我心血來潮，對他說：「我不知道你這些東西賣到美國可以賣多少錢，如果你想賣的話，我全買下來。可是我買下來並不是要轉手賺錢，而是要放在家裡收藏。」我朋友也不是一般的商人，他回答：「這些東西是從名古屋運來的，若是外銷到美國，那麼這些東西就無法留在國內了，要是賣給你，還可以保存下來。既然你要的話，那麼就賣給你吧！」

那幾百件東西，我沒仔細看就全買了下來，總共花了二千三百圓。買了那些東西之後，我既沒有拿來欣賞把玩，也不知道有哪些東西，甚至連數量都不清楚，只覺得放在家裡礙手礙腳的。五、六年前，我聚集孩子，命他們分成九等份，抽籤領取自己的一份。有房子的人就拿回家去，沒房子的人就放在我家倉庫裡。這即是我的財產分配法，絕不厚彼薄此，大家一視同仁，沒有人感到不平。

不喜西式遺囑

最近我寫了遺囑。關於遺囑，我們經常聽到西方人死後，大家一打開遺囑對遺囑的內容大吃一驚。然而我認為死後要拿給別人看的東西，在生前無法公布公開真是可笑。這一點，西方人還是執迷於傳統。我才不會做這種傻事，我把我的遺囑拿給妻兒看，笑著說：「我的遺囑放在衣櫥的抽屜裡，大家都可以看。若是我改變想法，重新改寫，我還會再拿給你們看。我死了之後，你們不要爭得你死我活的。」

注重健康甚於一切

關於孩子的教育，我最重視的就是身體的健康；年幼時，我不會強迫他們讀書，我的方針是，先養成獸身之後，再培養人心。

至三歲、五歲為止，我不讓他們看字母；至七、八歲時，我會讓他們學習寫字，但是不讓他們讀書。我讓他們為所欲為，盡情嬉戲。我所關心的只是他們的衣食，不過小孩子若是有卑鄙的舉動或是講髒話，我會責備他們。除此之外，一切任由他們自由發展，就好像養小貓小狗似的。

換言之，此即養成獸身之法。幸運的是，他們像小貓小狗一樣平安地成長，直至八、九歲，我才讓他們受教育。我每天定時讓他們學習，另一方面，絕不忽視他們的健康。世間的父母通常只注重念書，只要孩子靜靜地念書即誇獎他們。我不僅不曾誇獎孩子用功讀書，甚至還勸孩子不要過於認真。

我的孩子現在都已長大成人，現在輪到教育幼小孫子的時候了。我還是用同樣的方法，若是遠足的距離超過他的年齡，或是柔道、體操有所進步，我即獎賞他們以資鼓勵，相反地我不曾因成績優異誇獎他們。約二十年前，我曾讓長男一太郎與次男捨次郎進帝國大學預備科學習，結果兩人皆得了胃病。我叫他們回家調養，等到他們恢復健康之後，再讓他們返校。結果再度得了胃病，如此反覆三次。

當時，田中不二麿擔任文部省長官，我每每與田中談及此事，我對他說：「我把小孩送到預備科當實驗，結果我發現，若照文部省的學校教學法教育下去，學生一定沒命。即使保住性命，也一定發瘋，否則將變成身心衰竭的行屍走肉。這預備科的修業年限為三、四年，我本來認為這三、四年當中會修改大學法，因此我才把小孩送進預備科。我希望大學法早一點修改，否則東京大學要改名為少年健康屠宰場了。」

由於他與我交情甚篤，所以我毫無顧忌地說出來。然而我的建議如同石沉大海，小孩復學三個月，就要回家養病三個月。我終於下定決心，讓他們進入慶應義塾，他們於普通科畢業之後，再讓他們前往美國留學。我並非指責日本大學的學科，而是認為這種教育太過嚴格，學生負擔太重，因此我才不讓小孩念文部省的大學。我的看法至今仍然沒有改變，我仍然認為身體是最重要的。

一點一滴記錄回憶

人長大之後通常都想了解自己童年時的情形。別人不知是否如此，起碼我本人認為如此，因此我把小孩的成長過程記錄下來。我記錄小孩是幾年幾月幾日幾點幾分出生，生產時是否順利，童年時的健康情形，個性是否堅強，以及他們天生的習性等等。他們長大之後，如果看了我的筆記，就好像看到幼年時的照片似的，一定覺得很有趣。

我不記得父親的長相，家裡也沒有父親的畫像。至於我童年時的情形，也只聽我母親說過，家裡也沒有保留紀錄。我年少時，聽長輩告訴我從前的往事，心裡只覺得難過，不由得感嘆自己身世的不幸。現在我自己當了父親，為了小孩的將來著想，我將他們的成長過程一一記錄下來，相信他們將來應該不會感到遺憾才對。

三百多封書信

我們親子之間充滿溫情，即使現在我們都上了年紀，也不會堅持己見。我們夫妻皆認為，父母親與子女盡量不要分離，要保持聯繫。例如，前幾年長男與次男至美國留學六年。當時美國的輪船大約一星期一個航班，有時兩星期一次往返美日兩國。兩個孩子在美國的六年間，有事情時當然會寫信，即使沒有事情，只要有船班，我一定寫信。六年當中，我寫了三百多封書信。

我寫完信後就丟著不管，內人幫我校正並上封，所以他們可以看到雙親的筆跡。兩個孩子也是每有船班即會寫信回來。關於此事，我在他們赴美前嚴格叮嚀：「在美國期間，凡是有船隻班次，就必須寫信，即使沒有事，也要寫沒有特別的事。在學問方面，與其當個面黃肌瘦的大學者回來，不如把身體鍛鍊得更強壯一點，絕對不要過度用功。能節儉的話要盡量節儉，但是若生了病，或是與身體健康有關的事情，就要大膽地用錢，不要猶豫。」這是我的命令。六年之後，他們兩人皆平安歸來。

主張一夫一妻制

我們家庭雖然和睦，我的品性也算端正，但這並沒有什麼值得誇耀之處。社會上品德高尚的君子甚多，而且我也不認為修身養性是人的唯一日的。不過，在我廣闊的交際圈內，卻也發生了意外的影響力。茲介紹一例如下。

若是問中津藩的武士，福澤諭吉是怎麼樣的一個人？大部分的人都會說：「他是一個貧窮的下級武士，修西學，提倡奇怪的學說。他去過外國，也翻譯外文書，口出狂言，輕視儒學者。總括一句，他是個異端份子。」藩中的一般武士皆如此認為，那麼傳到藩主的耳朵裡就可想而知了。

然而物換星移，時至明治維新，中津藩對我的評價也有所改變，一般認為只要接近我，就能獲得一點收穫。當時中津藩有一個元老叫嶋津祐太郎，此人頗具真知卓見，他觀察時勢，發現把我排斥在外是一件不利的事情。在中津藩的宮內，有一位老夫人稱為芳蓮院。這貴婦人是從一橋家下嫁到中津藩的貴族，年紀已經老邁，在宮內身分地位極高。有一次，嶋津向此芳蓮院老夫人說：「西方諸國文學武備，富國強兵，既精醫術，也通航海術，其風俗亦與日本迥異。西方人的男女並無尊卑之分，而且不論身分高低，皆是一夫一妻。」

這老夫人年輕時也曾接觸過外國人，因此聽到此番話時，內心為之一動，乃興起接見我的念頭。自從我晉見老夫人之後，藩中的層峰階級也為我敞開大門，他們與我交談之後，逐漸認識我不是一個旁門左道的人，也不是什麼牛鬼蛇神，只是一個很穩健的人，因此他們與我交往越來越密切。這些事情我是後來聽嶋津說明才知道的。

話說一夫一妻制在上層階級已經形成勢力，雖然也有人批評這種制度不入流，但這只是不服輸的氣話，根本不足反駁。社會上大多數人都支持一夫一妻制，特別是上層階級的婦女皆表示強烈支持。我不知還能活多少年，但在我有生之日，不管會樹立多少敵人，我一定盡最大的努力對抗一夫多妻制，至少要看到一些具體的成果。

15

老年餘生

於是我乃發起第二大願：適合我的工作只有靠這三寸不爛之舌與一介文人之筆。我以身體的健康為後盾，致力於慶應義塾的校務，舞文弄墨，寫出《勸學》、《文明論之概略》、《國會論》等書。我一方面教育莘莘學子，利用演講傳達我的思想，另一方面著書翻譯，雖然忙碌萬分，但我只想盡一份棉薄之力而已。

厭惡宦途的理由

我的一生始終立場如一，少年時代的艱苦與老年時期的安樂，並沒有什麼與眾不同之處。我與一般人一樣，遍嘗人世間的苦樂，至今日為止，我沒有做過愧對自己的事情，也沒有後悔過，每天優游自在、心平氣和過日子，這大概是我最大的幸福吧！

然而世間有各種各樣的人，一定會有人對我的生涯不以為然，在背後指指點點。特別是有人會說，福澤並不是傻瓜，而且也頗為了解政治，可是卻不願當官。在日本的社會，可以說一百個人當中有一百個人都想在官場平步青雲，只有福澤一個人遠離宦途，實在居心叵測。不但有人在背後指指點點，也有人當面問我。而且不只是日本人感到懷疑，連外國好友也感到困惑，問我為何不出來替政府做事。有美國人對我說，如果身居政府要職，應可發揮長才，大展生平抱負，既有金錢又有地位，何樂而不為？對他們的好意，我總是一笑置之。

在明治維新當時，政府官員皆認為我是佐幕派，他們認為因我曾替幕府做事，為了堅守節操，所以不在新政府任官。他們並認定我喜歡將軍政治，討厭天皇政治。我知道他們的想法是：「自古以來若改朝換代，即有忠心不二的前朝遺臣，福澤也自認為是前朝遺臣，雖然佯裝不食人間煙火，但一定懷著孤臣孽子憂憤的心情。既然心懷不平，一定對新政府不懷好感。我們必須小心這傢伙，不可大意。」

其實他們所批評的所謂前朝遺臣，一向喜好德川幕府的門閥制度與鎖國主義。在明治維新之際，當這些幕府的忠臣義士高唱忠義論，甚至企圖遠離江戶，不願當新政府的臣民時，我還勸友人不必如此，輸了就輸了。因此認定我是前朝遺臣的，其理論不攻自破。我認識一個前朝遺臣，在明治維新時，他是如假包換的幕府忠臣義士，然而曾幾何時，他已經變成新政府的忠臣，因此他也不能稱為「遺臣」。遺臣論就此擱下不談。

如前所述，明治維新之時，因為我打從心裡厭惡幕府的門閥制度與鎖國主義，所以我不願成為佐幕派。另一方面，擁護天皇派比佐幕派更加積極主張鎖國攘夷，因此我更不可能加入他們的陣營，只是嚴守中正獨立的立場。新政府剛成立之初，表面上雖然發出開國的命令，但實際的態度仍舊是鎖國攘夷，絲毫不足信任。找遍全國，沒有一個可以與之交談者。我只好自求多福，一方面堅定開放門戶的立場，另一方面大力倡導西方文明。隨著時代的前進，政府的開國論逐漸付諸實行，日本的社會也慢慢轉化為西方的文明社會，我的美夢終於成真，說起來真是不可思議，如今我的心中已經沒有什麼不滿的了。

問題接踵而至

關於我自身是否踏入宦途的問題，實際上並沒有解決。我一開始之所以不願至新政府就職，那是因為討厭政府的鎖國攘夷主義。迨政府確立開國的方針之後，社會上很多人皆認為我會步入宦途，為引進西方文明而努力。然而我仍舊不為所動。

不願與作威作福的人為伍

我從前不曾與別人說過不願踏入宦途的真正原因，而且也認為不值一說，甚至連我的妻子也不知道我內心的想法。現在我將之說明如下：首先，雖然政府決定開國，引進西方文明，並大力改革政治制度，然而政府官員喜歡對國民虛張聲勢、作威作福。這種高壓的姿態並不能解釋為行政上的威嚴，只可說是作威作福。

舉一個具體的例子，就是現在仍存在代表身分高低的「位記」。照理說，明治維新之後，應該廢除位記制度，可是政府卻沒有廢除，有了位記就好像身上鍍了一層金似的，這制度使得日本國民有了上下貴賤之分，也使人以為官員與人民分屬不同的人種似的。如果政府高高在上，那麼替政府做事的人也變得高高在上，既然高高在上，那麼對老百姓自然會採取高壓的態度。這種高壓的態度就是作威作福，大家明知不好，可是這是一種官場文化，一旦加入官員的陣容，自然就變成虛張聲勢。不僅如此，政府官員一方面對地位比自己低的人作威作福，另一方面則必須忍受地位比自己高的人的作威作福，這種關係好像無窮無盡的鎖鏈一樣，毫無意義。

只要我不當官，即可以當個旁觀者，在遠處嘲笑那群虛張聲勢的傻子。以現今日本的風潮，只要當官，即使是最高的地位，都難逃虛張聲勢、作威作福的醜名。這一點與我的個性完全不合。

官員行為不檢

我之所以不願當官的第二個理由，實在難以啟齒，那是因為，就全體而言官員的氣質並不高尚。他們豐衣足食，住豪宅，用錢豪爽，做事果斷，不管在社會上或是在政治上都不見其卑鄙的行為，然而他們喜歡仿效中國文人的風流倜儻，對私生活完全不加約束。

他們喜歡醇酒美人，以滿足肉慾為人間最快樂的事情。家中大都蓄妾，並不因多妻而引以為恥，他們也不想隱瞞自己的惡行，旁若無人，我行我素。他們一邊著手引進西方文明的新事業，另一方面卻脫不掉日本與中國的老舊醜態。如果僅看此處，他們似乎可說是低一等的人。

但如果以世俗的眼光來看的話，他們的行為也沒有那麼醜陋，有時我也與他們交往，不管是談論國家大事或是閒雜之談，並不覺得有什麼妨礙之處。但是如果要我加入他們的伙伴，朝夕相處，大家吃同一鍋飯，我總覺得他們非常醜陋，令我厭惡。這可說是我個人的潔癖，也可說是我度量狹小，只是此乃天生的個性，無法改變。

討厭忠臣義士的膚淺

以下敘述我不願踏入官場的第三個理由。德川幕府末年，勤王派與佐幕派分據東西，當時我極度厭惡門閥制度與鎖國攘夷，不僅不支持幕府，而且還揚言應該打倒幕府。但是另一方面，擁護天皇的一派，其鎖國攘夷論比幕府還激烈，因此我也不想加入他們的陣營，只在一旁袖手旁觀。

維新騷動之際，德川將軍逃回江戶。當時幕府官員與佐幕人士議論紛紛：「東照神君（德川家康）三百年的遺業不可毀於一旦，身為人臣不可忘記三百年的君恩，薩摩、長州的軍隊有什麼了不起，他們皆是三百年前關原戰役時的投降武士，吾人乃德川家的正規子弟兵，堂堂的八萬騎有何面目向投降的武士屈膝？」有人主張在東海道給賊軍迎面痛擊，有人搭乘軍艦逃走。策士論客紛紛晉謁將軍，力促背水一戰，諫諍之極，遂放聲號啕大哭，滿座皆儼然偉大的忠臣義士。

儘管如此，這些忠義的言論也抵擋不住時代的潮流，幕府終究宣布解散。這些忠臣義士有人搭乘軍艦至北海道，有人指揮陸軍在東北地方苦戰，也有人痛心疾首逃往靜岡避難。那些忠心耿耿之士稱東京為賊地，拒吃東京的食物，晚上睡覺時頭不朝向東京就寢，一提到東京就認為口舌受到污染，一聽到東京的事情就認為耳朵受到污染。他們宛如伯夷叔齊再世，靜岡就猶如明治初年的首陽山。

然而一、兩年之後，這些伯夷叔齊咸感首陽山的蕨草日益匱乏，遂陸陸續續走下山來，有的人不僅至賊地探頭，甚至還替新政府做事。那些從海陸逃走的人，以及據守靜岡的伯夷叔齊，皆聚集到新政府身邊，去晉見從前的賊軍——今日的官員。他們會面時不須經人介紹，因為大家都是熟人。君子既往不咎，前言前行僅是兒戲，雙方握手言歡，以大圓滿收場。

這件事似乎可喜可賀，沒有值得指摘的地方，但我不以為然。因為明治維新之爭，本因政治見解不同而起。例如：擁護天皇者主張鎖國攘夷，擁護幕府者提倡開國改進，迨幕府敗北，擁護天皇的人也大覺大悟，成為開國主義者，認同擁護幕府者的舊論。最後大家握手言和，共商國事。若事情演變的始末如此，我當然可以理解。然而當時根本沒出現開國鎖國之爭，幕府派的人高舉君臣名分的旗幟，高喊著德川三百年的天下云云，等到失去天下，爭論的焦點也隨之喪失，他們皆佯裝若無其事。

此種行為，若是無名小輩所為吾人尚可理解，然這些發起人動輒高喊忠義論，以伯夷叔齊自居，另有一些人認為漢賊不兩立，乃逃離東京，凡此種種，我實在無法理解。說起來，勝負乃天運，敗北乃時不我予，委實不須感到羞恥。失敗了，只能感嘆自己命運不濟，退而隱居山林，或出家當和尚，暮鼓晨鐘，以度餘生。然而這些人不但不遁入空門，現仍位居高官，志得意滿，這是我不能接受的地方。

所以，忠臣義士也不可靠，君臣主從的名分論也能隨時改變，與其和這種膚淺的人為伍，不如當個在野的獨行狹。我堅定此念頭，將政治之事完全委任他人，自己只致力於自身的事業。凡此種種雖然與我無關，我也不該去管別人的節操，但是我了解這些忠臣義士的來龍去脈，總覺得他們實在可憐，雖不想認為他們沒出息，但心中仍無法排除這種想法。這是我個人的脾氣，也是導致我遠離功名利祿的原因所在。

自立的模範

第四點，姑且不論勤王佐幕這種政爭，維新政府奠定基礎之後，不僅國內的武士階級，連農人、商人的子弟，只要稍微識字，皆想進政府機關求得一官半職。即使不能進入政府機關做事，也想與政府拉點關係來賺筆錢，其熱中的情形宛如蒼蠅逐臭一般。他們絲毫不考慮到自立自主，以為必須依靠政府才能生存。

有一個歸國學人，自豪地對我說：「我決定一輩子自立自強，不想到官廳做事。」我本來就不相信他這番話，左耳聽右耳出。好一陣子沒見到那位自立自強的先生了，後來聽說他已經在中央政府擔任書記官。運氣好的人還可當地方首長，因此我也不想譴責他，鐘鼎山林各有天性，每人均可自由選擇其前途。然而全國每個人皆認為唯有進政府機關才有前途時，這就是漢學的弊病，亦即所謂的青雲之志，這是我們祖先流傳下來的一種迷思。

要打破這種迷思，讓全國人民了解文明諸國獨立自主的精神，我認為必須有人以身作則為人民的楷模。一國的獨立自主來自於國民的自立之心，若舉國皆帶著古來的奴隸劣根性，那麼國家如何維持。我認為不能再猶豫了，自己要以身作則，不在乎別人的想法，自己走自己的路，絕不依靠政府，也不拜託官員。

沒錢就不要花用，有錢則隨心所欲地用。與別人交往時盡量待人以誠，如果對方不願意的話就不與他交往。招待客人時，以自家的方式招待，若對方不滿意，就不要來。我們只盡我們最大的努力，滿意不滿意，褒貶喜怒是他家的事。被誇獎也不喜悅，被嘲笑也不生氣。如情不投意不合，那就不要交往。我絕不趨炎附勢，因此不願至政府任官。至於我的作風究竟是否成為世人的好楷模或是壞示範，我都不去想它。好就好，壞就壞，我不負責任。

從第一點至第四點看來，似乎我當初即已立下一整套理論來約束自己不要當官，其實並非如此。只不過現在為了讓人了解我的理由，我才思考當中的原因記載下來。而且因為說話總要有個順序，這才整理出條理來。我將從前種種從記憶裡挖出來，並加以記錄。總而言之，我看輕政治，不熱中政治，這是我不願接近政界的最大原因。就如同世間有人嗜酒有人討厭喝酒，如果說政府是酒店的話，那我就是不喜歡喝酒的人了。

我是政治的診斷醫生而非開業醫生

其實我並非對政治一竅不通，我既談論政治也寫文章評論政治。然而我僅止於談論、批評，自己卻不碰政治，就好像診斷醫生診斷病情而不治療一樣，而且，事實上我也無法治病。雖然病床上皆是專家在治病，但有時候也要診斷醫生的幫助。因此社會人士看了我的政治診斷書就以為我會治病，那就大錯特錯了。

明治十四年的政變

關於此事，我要稍加說明。明治十四年（一八八一），日本政界發生了大騷動，我本身也鬧了個大笑話。明治十三年冬天，當時的「執政」大隈重信、伊藤博文、井上馨三人有事與我商量，我們約在某個地方見面。他們說想發行一份政府官報，希望由我來負責。由於我不知道他們的目的，便推辭了。之後他們經常派人來勸說，我被他們說服得有點心動。最後他們告訴我一個祕密——政府準備開設國會，因此需要辦一份報紙。我認為這件事很有意義，因此答應了。但是我不知辦報的日期。

隔年，也就是明治十四年，春去秋來，我仍不知道創報的日期。我本人對這件事也不著急，但是以前志同道合的大隈、伊藤、井上三人卻起了爭執，最後導致大隈下台。大隈辭職尚不足為奇，因為大臣換人並非稀奇的事情，可是他的辭職卻波及到我身上，真是莫名其妙。

當時政府的騷動非同小可。政府一有風吹草動，政界的小輩也跟著雞飛狗跳，因此也有很多人專門造謠。其中一個謠言是，大隈是個飛揚跋扈的人，終日結黨營私，圖謀不軌。他的背後有個智多星，名曰福澤諭吉，另外還有個金主，即三菱的岩崎彌太郎，他已經捐贈三十萬圓。整個故事就像齣一眼就讓人看穿的鬧劇一般。

大隈下台之後，政府的大方針也跟著底定，並且向人民預告國會預定在明治二十三年（一八九〇）開設。在種種改革當中，教育法回歸到儒教主義，文部省的方針影響到全國，而且影響至今。我們現在看來，當時的政府官員好像發瘋似的。大隈下台後，我經常被岩倉具視叫去隱密的茶室面談。岩倉憂心如焚地說：「這次的事件，造成政府莫大的震盪，西南戰爭雖然帶給政府不少的危機，但是這次的事件若沒處理好，將造成更大的傷害。」

政府向人民宣告明治二十三年開設國會，就好像發出十年後宴客的請帖似的。然而在這十年間盡做人民厭惡的事情，不是把人抓到監牢，就是驅逐東京。更有甚者，官員開始模仿從前的諸侯公卿，搖身一變為「華族」（貴族），這種明目張膽的虛張聲勢，更讓人民忿忿不平。客人與主人尚未見面就先起衝突，真是可笑。

關於明治十四年政變的真相，我很詳細地記載下來，並收藏於家中。事到如今，也沒有必要公布，以免徒惹人厭。當時我與寺島交情相當不錯，所以把真相告訴他，我說：「我現在要是多嘴的話，政府官員一定有相當多人傷腦筋。」寺島也附和說：「雖說政治本來就是醜陋的，但這未免太過份了。我贊成你把真相公布出來。」我笑著說：「你我都已超過四十歲了，這種殺生的事還是別做比較好。」

保安條例

其實，明治十四年的政變，我絲毫都沒有參與，更沒有塵世所謂的政治野心，我只像個路人看別人慌慌張張地演戲。從政府的觀點來看，一定認為我這個旁觀者舉止可疑。保安條例公布時，聽說我也遭到檢舉，將被逐出東京。當時慶應義塾的小野友次郎在警視廳有熟人，經他祕密打聽結果，證實我和後藤象二郎同時列在放逐的黑名單裡。我心想，又不是砍頭，有什麼了不起，到時候我去東京邊界即可。沒想到隔兩天小野再來報告，他說我被放逐的命令已經取消了。

還有一件事，明治二十一年（一八八八）三月，井上角五郎[1]不知在朝鮮做了什麼事而被捕。當時引起一陣騷動，警察來我家搜查，並要我出庭做證。法庭問我一些無關緊要的事情，我只覺得似乎想陷我入罪。其實我是清白的，我只是袖手旁觀政界與人心的種種動向。

我退一步靜思，我之所以會被政界的人懷疑，最大的原因便是我不想當官。在眾人皆四處奔走拜託，希望求得一官半職的世間，只有我一個人說厭惡做官，難怪別人會起疑。而且，我並沒有退隱山林，反而住在大城市最繁華的地方，四處與人交際，而且我嘴巴滔滔不絕，手則勤寫文章，自然容易得罪人，也會讓人起疑。

一篇論說煽動人心

除了我不想當官之外，還有一個讓人起疑的地方，即我的言論多少對政治社會有所影響。譬如，有一則別人都不知道的趣事。

明治十年（一八七七），西南戰爭也已結束，社會也平靜下來，人們反而太過平靜而難過。當時我想到一個有趣的話題：國會論，於是開始起草寫專論，我將草稿拿給《報知新聞》的主筆藤田茂吉與箕浦勝人過目。我說：「你們將我這篇文章當作報紙的社論刊登出來，世人一定會喜出望外。但是你們若將這篇草稿直接付印，別人一看就知道是出自我的手筆，所以，在不影響文意的前提下，你們稍加修改，刊登之後，看看世人的反應如何。」藤田與箕浦兩人皆年輕氣盛，拿著草稿欣喜若狂地回到報社，並刊登在《報知新聞》的社論上。

當時社會上還沒有人討論國會設立的問題，我們完全不知道這篇社論能引起多大迴響。我的這篇文章，在社論欄裡連載了大約一星期，藤田、箕浦更在文中加油添醋，企圖煽動東京的同業。大約過了兩、三個月，不但東京的報紙議論喧嘩，連鄉下地方都波濤洶湧，最後

1　井上角五郎（一八五九～一九三八年）。受福澤諭吉的幫助畢業於慶應義塾，後來在時事新報社、三井銀行等地工作。

甚至地方的有志之士都到東京請願開設國會。

我自己思索了一下，雖然開設國會是一個文明進步的方針，但對我本身而言並不是必要的東西，純粹是為了好玩。沒想到這種玩票性質的政論卻使得天下大亂，而且一發不可收拾，宛如在枯萎的秋原中放了一把火，自己卻覺得害怕起來。其實國會論的種子在明治維新時即已埋下，在明治初年也有民選議院之說，然而沒想到我一執筆社論，仔細說明開設國會的理由之後，轉瞬間天下議論群起沸騰，因此《報知新聞》的社論可以說是導火線。

本來我已經忘了發表那篇社論的時日，前幾天我與箕浦見面閒聊中問起那篇社論的事情，他找來了舊報紙，日期是明治十二年（一八七九）七月二十九日至八月十日。我一想到這篇社論竟然會促使召開帝國議會，自己也覺得好笑。雖說明治十四年（一八八一）的政變我完全置身事外，而且我一直遠離政治圈，然而很多人懷疑我暗中參與政治，這其實是其來有自的。

若是我的言行對引進文明制度以及國家利益有所幫助，那是再好不過了，但若是造成反效果，那麼即使我能倖免觸犯現世之罪，死後閻羅王也不會輕易放過我。不只是報知新聞事件，其他的一切言行皆如此，我只是個診察醫生，不想占據政府官位，親自掌握政權治療天下。

我的最大志願就是使日本成為軍力強大、商業昌隆的大國。而我只做適合自己本分的事情即可，我雖與政界人士交往，但不去拜託他們，只把他們當作尋常人，我自己舒適地活在自己的喜怒哀樂的世界裡。有些官員想法與我不同，因此認為我特立獨行，性情孤僻。其實我對政府絲毫不懷怨恨之心，而且我也認為政府官員當中沒有一個是壞人。在封建門閥的時代，以我目前的作風，早就遭到淒慘的下場了。今天我還能夠平安地保住性命，完全託明治政府法律保障之福。

時事新報

我於明治十五年（一八八二）創辦《時事新報》，也就是在明治十四年（一八八一）政變之後，慶應義塾的校友頻頻勸我辦一份報紙。我自己也思考過，社會形勢不斷改變，政治、商業皆不停地變動，因見解的不同而造成敵我逐漸分明，對立益形激烈。明治十四年的政變究竟誰是誰非姑且不論，此乃因雙方見解不同而起的爭執。政治上既起衝突，經濟商業方面亦將發生衝突，而且將越演越烈。

在這個時節，最需要的就是一個不偏不黨的論說，但是如果不偏不黨只是口頭上說說而已，卻因自身的利害關係而偏心，那麼就不能成為公正持平之論。我在內心自問自答，現在日本國內，能夠經濟獨立，文思俱佳，本身對政治商業沒有野心，又能超然物外的，唉！真是捨我其誰？於是我下定決心創辦《時事新報》。

既然已經下定決心，雖有朋友前來勸我不要辦，但是我一概置之不理。不管報紙發行量多寡，我不想依賴別人，創辦者在我，倒掉也是在我，即使失敗而停刊，也不會改變我們家的生計，對我的名譽也沒有損傷，因此我創辦時即做最壞的準備。幸好直至今日，這份報紙發行還算相當順利。這雖然是我不顧一切辦報的結果，但我的朋友實在居功厥偉，他們大都是正直有為的君子，不管交代他們什麼事，皆不需擔心出差錯。

《時事新報》剛發行的前幾年由中上川彥次郎負責，之後是伊藤欽亮，現在則由我的次男捨次郎負責。會計則先後由本山彥一、坂田實，現在則由戶張志智之助擔任。由於我個人對金錢沒有概念，因此從不過問金錢出納的瑣事，完全交給別人去做，至今仍沒發生什麼問題。我無為而治，卻成為報紙長久持續的原因。

關於編輯的方針，我的信念是，執筆者應該鼓起勇氣自由自在地揮灑，但是若論及他人之事，一定要面對面與對方溝通之後才可下筆。此外不管多激烈的論調，不管多大的事件都應勇敢面對，不可逃避。一個報業人員，如果擔心與對方見面之後對不起自己的良心而不敢直言直語，另一方面，在不認識對方時又在遠處放言高論，我稱之為「背地是英雄，出外是狗熊」的文筆。這種「背地是英雄，出外是狗熊」的文筆即是不負責任的空論，亦是潑婦罵街、諂媚誹謗的毒筆。我常警戒自己，此乃君子之恥。

我年紀漸長，不打算永遠如往日苦讀苦學，希望老年餘生能夠閒靜度日，因此我將報紙交給年輕一輩經營，我逐漸遠離報業。目前報上的論說由石河幹明、北川禮弼，堀江歸一等人執筆。有時由我擬稿，他們寫好之後再由我稍加潤筆。

凡事必做最壞的打算

我這一生中最讓我費盡心血的就是翻譯著書事業。關於著書翻譯的辛苦，真是一言難盡，其詳細情形已經記載於今年再版的《福澤全集》的序言裡，此處暫且不論。著書翻譯之外，若有人問我居家處世之法，我可以用一句話來回答：凡事必做最壞的打算，屆時絕不狼狽後悔。

有生必有死，我想每個人都想平靜地面臨死亡。同理，關於我們家的經濟，我平常即已抱持不可對不起別人的方針，因此我不會有大風險。即使有賺錢獲利的機會，相對的必有遇到風險而失敗的情形，既然會有後悔的可能，我就不會去冒那個險。與其為使用錢而去賺錢，不如安貧樂道。我相信必要時我還可以去替人按摩，所以不怕餓死。也就是說，只要不畏惡衣惡食，人就變得堅強。

我在經濟上之所以不積極，就是畏懼失敗。但是在道德倫理方面，我便不能說不積極了。不管怎麼失敗，只要不妨害到我的自立自強的原則，我都勇往直前。譬如，自從慶應義塾創辦以來，幾十年來變化頗多，學生時增時減，學生減少還無所謂，有時因為收支的原因而導致教員不足，那時我也不會慌張。學生減少就減少，教員離開就離開，義塾變成空屋的話，還有我一個人留下來。我可以憑我自己的力氣去教少許的學生。萬一連學生也沒有，那我也未必非教書不可。到底有誰規定福澤諭吉必須開個大學校來教導天下的子弟？我在創辦慶應義塾的第一天就已經想到關門的那一天，所以絕不為義塾的興衰而擔憂。

我平常孜孜矻矻於校務，既治學亦為學校操心，然而治學與操心皆是虛浮的假象，我勤勉做事，心中坦蕩蕩。最近為了維持慶應義塾的校務，本義塾的校友到處募集資金。若是能成功，那對辦學將有所助益，本人當無上喜悅。可是我並沒有得失心，只在一旁靜靜觀察是否能夠成功。

至於《時事新報》也是一樣，剛開始時，我並沒有誓言讓它永遠不倒，而且我對自己說，萬一倒了我也不後悔。同理，我的著書譯書也不曾拜託別人為我寫序文，理由是，託別人寫序文或題字，本來是為了增加書本的信用，固然也是一種榮譽，但其實是想增加書本的銷路。我雖然希望我的書能夠成為暢銷書，但另一方面卻做最壞的打算，也就是說即使賣不出去也不後悔，因此我的書不曾託人寫過隻言片語。

我與別人交往也是這種態度。我年輕時是個愛出風頭的人，交際雖廣，但沒與別人吵過架。我的好朋友也很多，可是與他們交往時，我仍不忘做最壞的打算。我與他們交情雖好，但很難說何時會變心。如果變心，即停止交往。縱使停止交往，只要對我沒有危害，也無須憎恨對方，盡量不接近他即可。若是朋友因此而一一離開，最後自己變成孤立無援、孑然一身，我也不後悔、不痛苦。我從年少時即對自己說，絕不委屈自己的節操而去做痛苦的交際。

然而我這些操心都是多餘的。這六十年來，我所認識的人不知有幾千人幾萬人，有趣的是，我不曾與別人吵架或絕交。我用我的方式與朋友交往，亦即剛開始即做最壞的打算，即使失敗了也不痛苦。我輕視浮生俗世，另一方面注重自立自主，凡事但求不斷進步，不可停頓下來。我用這種方法養心，結果我的處世並沒有遇到重大的困難，至今仍怡然自得。

養生之道

我的心靈養生法如前所述。至於我的身體養生法，說起來真慚愧，我有一個惡習，那就是從小即嗜酒如命，而且是個豪飲之人。一般所謂的海量之人，未必喜歡喝酒，有的人喝不喝都無所謂。可是我並非如此，我不但喜歡喝酒，而且喜歡喝好酒，對酒的良窳，極為敏感。前幾年買酒時，我不用問價錢，一喝即可判斷，即使相差五十錢的酒我也喝得出來。

我喝大量的上等酒，品嚐眾多佳餚，之後再吃大碗的飯，可以說是個饕餮。像我這麼沉迷於醇酒的人，若是喝得爛醉如泥，則尚有自我警惕的一天；可是我的酒品頗佳，喝醉了，頂多大聲說話而已，不至口出惡言，與別人吵架。我不會因為喝酒而認真地與別人爭吵，不會打擾別人，如此反而是一種不幸。我驕矜自滿，一聽到要喝酒就當急先鋒，喝起酒來比別人多喝兩、三倍。這是我一生最感到羞愧的地方，但除了喝酒之外，我的養生法可說是非常尋常。

除了一天三餐之外，我很少吃其他的東西。這或許是從小母親就沒讓我吃零食的緣故吧！特別是吃完晚餐之後，不管再怎麼好吃的食物我都不入口。譬如，為親戚守靈時，或是附近火災而徹夜不眠時，即使大家在吃東西，我也不想吃。這大概是母親訓練我們的結果。我認為這是最好的養生習慣。

我個性相當急躁，不管什麼事都迅速做完，經常被人當作笑料。可是一提到三餐，我就彷彿變了個人，一定細嚼慢嚥。小時候我就因為吃早餐吃得太慢而被嘲笑不像個武士。我自己也想吃得快一點，但是不管怎麼努力，還是無法狼吞虎嚥。後來我看了西方的書籍，得知狼吞虎嚥對身體不好，我的缺點一下子變成了優點。從那時起，不管在什麼地方，我都細嚼慢嚥，用餐時間比別人多出一、兩倍。我認為這是很好的養生之道。

開始節制喝酒

我雖然喜歡喝酒，但在故鄉時，由於年紀尚小，不能隨心所欲地喝酒。我在長崎那一年，嚴格戒酒。到大阪之後，雖然可以隨興喝酒，但是往往沒有錢而不能喝。二十五歲那年，我到江戶，口袋裡開始有點錢，因此除了讀書之外，最大的樂趣就是喝酒。我到朋友家也喝酒，朋友到我家時，表面上向朋友敬酒，其實自己喝得很高興。我喝酒不分早上、中午、晚上，任何時間都喝得很痛快。

直到三十二、三歲，我猛然覺醒，這樣子喝下去，壽命一定減短。據我從前的經驗，遽然戒酒的話，不能持久。追根究柢，除了自我節制之外別無他法。我的戒酒就如同中國人戒鴉片般痛苦。首先我先戒朝酒，隔一段時間之後，再戒午酒。可是客人來訪時，我仍假借客人來訪的名義喝酒。漸漸地我能夠忍耐酒癮，我只替客人斟酒，自己一杯都不喝。好不容易克服了喝午酒的惡習。

至於晚上的飯酒，我知道沒有辦法完全戒掉，因此我用減量的作戰方式。嘴巴想喝，可是內心不允許，口腹與內心激烈交戰，慢慢喝得少了，直到心情平靜下來，總共花了三年。我三十七歲的時候，罹患嚴重的熱病，僥倖得以痊癒。據醫生的說法，幸好我這幾年來酒喝得較少，若是像從前那樣狂飲，這次一定脫離不了死神的魔掌。

因此我這一生狂飲的全盛時期前後大約十年。之後開始減量，不再增加。起先我自我克制，後來自然減少，想喝也喝不下。這與其說是道德上的克制，不如說是逐漸老邁的緣故。有的人年至四、五十歲，酒量越來越好，喝了薄酒還不滿意，必須喝白蘭地或是威士忌。我覺得這是不好的，即使痛苦也要戒掉。像我這種豪飲的人在三十四、五歲的時候尚能夠征服酒癮，今日的所謂豪飲之人能夠超過我的屈指可數，跟我比起來大都只能算無名小卒。我相信，慢慢自我克制的話，一定可以戒掉酒癮。

運動練體魄

我出生在貧困的家庭，身體不想動也不行。從小養成的習慣使我終身不斷地活動筋骨。少年時我盡做些粗重的工作，到了冬天，皮膚凍裂而滴血。我記得我用棉線將傷口縫起來，然後用熱油滴燙治療。到江戶之後，皮膚不再凍裂，有一天我做了一首詩：

鄙事多能年少春　立身自笑卻壞身
浴余閑坐肌全淨　曾是綿系縫瘃人

在中津藩時，若不學武藝就好像不是人似的，因此我曾向中村庄兵衛學習劍道。後來我出外學習西學，由於不再幹粗活，於是隨時拿著練武的長刀，不管是在大阪的中津藩行館，或是在緒方學堂，一有空我就做擊劍練習。至江戶後，因為當時攘夷論盛行，我不再練習擊劍，改練習舂米，沒多久，明治三年（一八七〇）我生了一場大病，病後便無法再如從前般運動。

隔年，由於岩倉大使赴歐，我的好友長與專齋奉命隨行。臨別前他從懷中拿出一盎司的奎寧，他說：「你這次得了重病，雖然已經痊癒，但是明年的這個時節會有後遺症復發，屆時你一定需要服藥。這是最好的奎寧，普通的藥店買不到。我送給你，你要好好存放。我不在的時候，你會認為我說得很有道理。」被他這麼一說，我反而不高興地反駁：「你胡說！我已經痊癒，不需要再吃藥了，你拿回去！」長與笑著說：「不知道的事不要說，這個藥你一定用得著，收下吧！」後來果然如長與所料，他出國期間，我經常發燒，奎寧服了又服，終於吃完一盎司的奎寧。我專心養病，但沒辦法恢復往日的力氣。

不向疾病諂媚

我的好友西門茲醫生告訴我：「要穿法蘭絨的衣服。」於是我從襯衫到褲子全穿法蘭絨，連和式白襪裡面也襯上法蘭絨，可以說全身纏著法蘭絨，可是一點都沒效，動輒感冒發高燒。這種情形持續兩、三年，有一天我發憤圖強，我認為我身體一直好不起來，是因為聽從醫生的命令，太介意生病，換言之，即是諂媚疾病。我對自己的身體很了解，生病的時候固然要聽從醫生的指示，現在是病後的復建養生，應該沒有特別的祕訣，於是我決定自己來試試看。

我本是鄉下的武士，少年時吃雜糧飯，喝摻南瓜的味噌湯，穿的是過短的手織木棉衣服，根本沒看過法蘭絨。我這鄉巴佬，門戶開放後在東京過著西式的生活，以流行的養生法來復健真是不搭調。鄉巴佬的身體不能適應這種過於高級的方法，因此才會感冒發燒。我立刻痛改前非，從那天開始，我脫下法蘭絨的衣褲，改穿木棉的內衣，盡量不開暖爐。平常不管居家或外出都穿純正的日本和服，也不在乎寒風吹進寬鬆的衣服內。西服只在騎馬的時候穿，成了我的騎馬裝。

除了飲食仍採用西式外，其他一切都恢復從前鄉下武士的習慣。而且我開始用舂米砍柴來鍛鍊身體，與貧困的少年時代一樣，每天汗流浹背地工作。結果，我的身體逐漸結實，既不感冒也不發燒，體重也恢復正常。我的體重除生病時體重減輕外，從十八、九歲開始至今年六十五歲為止，體重都沒有多大的改變。

我之所以恢復健康，究竟是鄉下的養生法奏效，還是病後恢復期自然來到所致，我無法判斷。總之，我相信只要注意生理上該注意的地方，鄉下生活應該很不錯。不過有些地方我還是不清楚，究竟我是讓肌膚吹寒風才變得健康？還是鍛鍊身體之後才能抵抗寒風？或者根本不在乎寒風，每天過平常的生活才好起來？凡此種種該交給醫界來研究。

擊劍舂米

我的養生是從明治三年（一八七〇）三十七歲時開始，亦即罹患大病後開始痛改前非，改變書生時代胡作非為的生活，尤其是戒掉十年來暴飲的惡習才談得上養生之道。時至今日，前後約三十年，這三十年來，早期致力於讀書求學，利用餘暇運動養生；上了年紀之後，改以養生為主，讀書則利用餘暇為之。我現在仍是早睡早起，吃飯前與年輕學子一起從三光散步到麻布古川，路程約一里半，下午則花一小時擊劍舂米，晚餐也定時進食。這樣的生活，不管下雨下雪都不改變。去年晚秋我做了一首詩：

一點寒鐘聲遠傳　半輪殘月影猶鮮
草鞋竹策侵秋曉　步自三光渡古川

我這運動養生法究竟要持續到何時，那要看我體質的強弱與恆心毅力而定。

人生行路多變化

常言道：「人生如夢。」回想我這六十餘年來，如以夢譬之，我的夢是變化多端而且熱鬧非凡。我本是小藩的小武士，被擠壓在小箱子裡，在小小的中津藩中鑽牛角尖。這微不足道的少年有一天突然跳出箱外，不僅離鄉背井，而且還背棄我從前學習的漢學，昂首走進西學之門。我研讀迥然不同的書籍，與以往完全不同的人交往，自由自在地活動。兩、三次赴外國之後，我思想逐漸廣闊，舊藩就不用說了，連日本也覺得渺小起來。所以我說這個夢熱鬧非凡、變化多端。

說起以往的艱苦，那可是非比尋常。可是人總是健忘，艱難辛勞一旦過去，也不覺得苦了。貧窮是苦的，但是貧窮過後，回想起從前的貧窮，不但不覺得苦，反而覺得有趣。我修習西學之後，不向別人低頭拜託，也沒做出什麼對不起人的事情來。我原以為只要能求溫飽即大功告成，不料明治維新時日本開放門戶，我真是感動得說不出話來。

在幕府時代，我出版了《西洋事情》一書。出版當時，我認為說不定沒有人會讀我的書，即使讀了，也絕不會想認真地在日本實施。換言之，我自認為該書如同西方的虛構小說。沒想到這本書不僅成為暢銷書，新政府的勇氣亦超越了《西洋事情》一書的內容，斷然實施了更加先進的制度，政府的作為反而使我這個作者瞠目結舌。

因此我再也不能認為大功告成，乾脆趁勢打開更大的門窗，讓西方文明諸國的空氣吹襲日本，將全國的人心徹底翻覆，在遠東建立一個新文明國，使日本與英國並駕齊驅，東西遙遙相對。於是我乃發起第二大願：適合我的工作只有靠這三寸不爛之舌與一介文人之筆。我以身體的健康為後盾，致力於慶應義塾的校務，舞文弄墨，寫出《勸學》、《文明論之概略》、《國會論》等書。我一方面教育莘莘學子，利用演講傳達我的思想，另一方面著書翻譯，雖然忙碌萬分，但我只想盡一份棉薄之力而已。

環顧國內，固然有不少難以忍受的事，然而整體來說，國家夜以繼日地進步。國家進步之後，所顯現的具體成果是日清戰爭（中日甲午戰爭）的勝利，這是官民全體的光榮，這種喜悅與感謝之情真是難以言喻，也唯有能夠活到今日才能見到此等光景。在此之前去世的同志誠然不幸，我屢屢為他們不能見到此光景而哭泣。其實日清戰爭並沒有什麼了不起，這僅是日本外交的序幕，不值得那麼高興，只是彼時身歷其境，不禁情緒激昂。新日本能有今日的進步富強，應是列祖列宗的功德所致，吾人恰巧生逢此時，方能親眼見到祖先努力的成果。這上天的恩惠，祖先的功德，正是我的第二大願望。

人的理想無窮無盡

回顧我的一生，不但沒有遺憾，可以說盡是些愉快的事情。但是人的理想是無窮無盡的，若想抱怨的話，仍然不勝枚舉。外交與國內的憲政，就交給政治家去討論。除了外交與憲政之外，在我的生涯中仍有三大理想：第一，我希望全國男女的氣質日益高尚，不忝成為真正文明進步國家的國民。其次，希望能用佛教、基督教或其他的宗教使民心祥和寧靜。第三，投下大筆資金，以資研究有形或無形的崇高學理。以上即是我的三大理想。人即使年老，只要身體健康就不得一日安閒。我現在身體仍然硬朗，心中只求能夠鞠躬盡瘁死而後已。

福澤諭吉年表（楷體表日本政經社會文化大事）

年號	西曆	虛歲	事歷
天保5	1834（1835）	1	十二月十二日（陽曆為一八三五年一月十日）誕生於大阪玉江橋中津藩倉儲批發處（現在的大阪大學醫學院）。父親百助，四十三歲，為中津藩中下級武士，母親阿順，三十一歲。福澤諭吉有一兄三姊，排行第五。
7	1836	3	六月十八日父百助歿，享年四十五歲。母子六人返回中津藩。兄三之助繼承戶長，年十一。
天保8←嘉永6	1853←1837	20←4	幼年（年月不詳）當叔父中村術平之養子，改姓中村。十四、五歲左右開始學漢學，師事白石常人，通經史。 二月，關東大地震。 六月，美國東印度艦隊提督培里（Matthew C. Perry，一七九四～一八五八年）率領四艘當時世界最先進的軍艦擅自在浦賀（神奈川縣橫須賀市）港口停靠，要求日本開放港口。
安政元	1854	21	二月，聽從兄長三之助的建議赴長崎學習荷蘭學。於長崎桶屋町光永寺當食客。接著成為砲術家山本物次郎的食客，邊工作邊向荷蘭翻譯員及荷蘭派醫生學習初級荷蘭文。 三月，二十三歲的吉田松陰為了遠渡西洋於下田港（位於靜岡縣）偷渡不成，被捕入獄。吉田松陰創辦的松下村塾（位於山口縣荻城下）培養出許多大人物，例如伊藤博文、高杉晉作、久坂玄瑞、山縣有朋等人。

年號	西曆	虛歲	事歷
安政2	1855	22	三月九日，赴大阪，入緒方洪庵之門，學習荷蘭學。 設置「洋學所」（翌年改稱「蕃書調所」，為東京大學前身）。
3	1856	23	一月，兄長三之助罹患風濕。三月，福澤諭吉罹患傷寒。五、六月，三之助任期結束，兄弟相偕返回中津。八月，福澤諭吉再至大阪緒方私塾。之後接到「九月三日兄三之助病死」的通報，於十日左右回到中津，成為福澤家的戶長（原為中村術平的養子，此時回復福澤的本姓），服喪五十日。十一月成為緒方私塾的正式生。
4	1857	24	成為緒方私塾長。
5	1858	25	奉中津藩之命赴江戶。赴江戶前，回中津向母親告別。至江戶後，目睹江戶工藝進步而大開眼界。十月下旬，借用築地鐵砲洲的奧平行館開設荷蘭學私塾——此為慶應義塾的起源。
6	1859	26	於橫濱觀光之際，發現荷蘭語無實用性，乃立志改學英語。因求師無門，於是靠英荷詞典自學英語。 十月，吉田松陰被處死。
萬延元	1860	27	一月十九日以僕從名義搭乘咸臨丸號至舊金山。閏三月十九日從舊金山出發，經夏威夷返國。此次旅行，與口譯員中濱萬次郎各買韋氏詞典一冊，為日本最早進口的韋氏詞典。回國後，擔任幕府的翻譯員。 二月，薩摩藩浪人於江戶城櫻田門外暗殺了幕府的大老（相當於宰相）井伊直弼（櫻田門事變）。十月，敕許皇女下嫁將軍家茂。

年號	西曆	虛歲	事歷
文久元	1861	28	從鐵砲洲遷居至新錢座，與中津藩武士土岐太郎八的次女錦（十七歲）結婚。
2	1862	29	跟隨遣歐使節團，一月一日從長崎出發，考察先進文明諸國的實況，於十二月十一返國。 八月，薩摩藩主一行於生麥（橫濱市）殺死擾亂隊伍的英國人（生麥事件）。
3	1863	30	開始專攻英文，並教授學生。六月參加恩師緒方洪庵的葬禮。秋季，從新錢座移居至鐵砲洲。十月十二日，長男一太郎出生。因攘夷論盛行，夜間不敢外出。 五月，長州藩於下關海峽砲擊美國、法國、荷蘭船艦（下關事件）。七月，薩摩藩（鹿兒島）砲擊英國軍艦（薩英戰爭）。
元治元	1864	31	三月二十三日從江戶出發，返回中津，六月二十六日回東京。十月，受聘於幕府外國翻譯局。
慶應元	1865	32	九月，次男捨次郎出生。
2	1866	33	出版《西洋事情》初編。
3	1867	34	一月二十三日加入幕府軍艦採購團再度赴美，六月二十七日返國。十二月二十五日以三百五十五兩買下新錢座的有馬屋行館。

年號	西曆	虛歲	事歷
明治元	1868	35	明治維新。四月，私塾移至新錢座，取名為慶應義塾（九月改元為明治，慶應為明治前的年號）。辭去幕府工作，亦拒絕出仕明治政府。
2	1869	36	東京與神戶出現牛肉壽喜燒店。發明人力車。三月，明治天皇赴東京，東京成為首都。六月，許可版籍奉還，原「藩主」改為「知藩事」。十二月，電信開通。
3	1870	37	初冬，出版《西洋事情》二編。受東京府之託，提出西洋警察制度調查書〈取締之法〉。九月，允許平民使用姓氏。
4	1871	38	三月，慶應義塾從新錢座移至三田。一月，制定郵政制度。五月，制定「新貨條例」（金本位、圓單位、十進位）。七月，設置文部省（教育部）。八月公布男子斷髮令。廢止賤民稱呼。十一月，岩倉具視使節團赴歐美。
5	1872	39	二月，出版《勸學》初編。以後數年陸續發表續編。開放婦女自由進出神社、寺院。四月，規定僧侶可吃肉、娶妻、蓄髮，法事以外可穿著便服。十二月，採用太陽曆。明治五年十二月三日改為明治六年一月一日。
6	1873	40	八月，在森有禮的號召下，與加藤弘之、西周、津田真道、箕作秋坪、中村正直等人成立「明六社」。

年號	西曆	虛歲	事歷
明治7	1874	41	四月，日本出兵攻打台灣。七月，東京銀座出現紅磚洋式建築街。十二月，瓦斯燈點燈。
8	1875	42	三月，出版《勸學》十四編。出版《文明論之概略》。
10	1877	44	二月，發生西南戰爭，九月戰爭結束，西鄉隆盛自殺。五月，明治政府的中心人物大久保利通被暗殺。
12	1879	46	一月十五日，當選東京學士會院（今日本學士院）第一任會長。七月，起草「國會論」，以藤田茂吉、箕浦勝人之名刊載於《郵便報知新聞》。
14	1881	48	九月，出版《時事小言》。
15	1882	49	三月一日，創辦《時事新報》。五月出版《時事大勢論》、《帝室論》。十一月出版《德育如何》、《兵論》。
16	1883	50	二月出版《學問之獨立》。
17	1884	51	一月出版《全國徵兵論》。六月出版《通俗外交論》。
20	1887	54	生平第一次看戲，地點是新富座。

年號	西曆	虛歲	事歷
明治22	1889	56	明治政府頒布大日本帝國憲法（明治憲法）。
23	1890	57	一月二十七日，創設慶應義塾大學部。
26	1893	60	五月出版《實業論》。
28	1895	62	四月，清廷與日本簽署「日清講和條約」（馬關條約）」，台灣割讓給日本。
30	1897	64	出版《福翁百話》。
31	1898	65	出版《福澤全集》全五卷。
32	1899	66	六月出版《福翁自傳》。
34	1901	68	二月三日下午十點五十分，因腦溢血去世。葬於東京港區元麻布之麻布山善福寺。

國家圖書館出版品預行編目資料

福澤諭吉自傳（開啟日本明治維新的啟蒙大師）／福澤諭吉著；楊永良譯. -- 三版. -- 臺北市：麥田，城邦文化出版：家庭傳媒城邦分公司發行，2020.05
面；　公分. --（和風文庫；RA7003Z）
ISBN 978-986-344-761-0（平裝）

1. 福澤諭吉　2. 傳記

783.18　　109004750

和風文庫 3

福澤諭吉自傳（開啟日本明治維新的啟蒙大師）

原　　作　福澤諭吉
譯　　者　楊永良
責任編輯　簡敏麗（初版）・巫維珍（二版）・李培瑜（三版）
校　　對　呂燕琪
封面設計　廖韡

副總編輯　巫維珍
編輯總監　劉麗真
總 經 理　陳逸瑛
發 行 人　涂玉雲
出　　版　麥田出版
城邦文化事業股份有限公司
104台北市中山區民生東路二段141號5樓
電話：02-25007696　傳真：02-25001966
發　　行　英屬蓋曼群島商家庭傳媒股份有限公司城邦分公司
104台北市中山區民生東路二段141號11樓
書虫客服服務專線：02-25007718・02-25007719
24小時傳真服務：02-25001990・02-25001991
服務時間：週一至週五09:30-12:00・13:30-17:00
郵撥帳號：19863813　戶名：書虫股份有限公司
讀者服務信箱E-mail：service@readingclub.com.tw
麥田部落格　http://ryefield.pixnet.net
香港發行所　城邦（香港）出版集團有限公司
香港灣仔駱克道193號東超商業中心1樓
電話：(852) 25086231　傳真：(852) 25789337
馬新發行所　城邦（馬新）出版集團【Cite (M) Sdn Bhd】
41-3, Jalan Radin Anum, Bandar Baru Sri Petaling,
57000 Kuala Lumpur, Malaysia.
電話：(603) 90563833　傳真：(603) 90576622
E-mail：services@cite.my

印　　刷　中原造像股份有限公司
初版一刷　2005年12月
三版一刷　2020年5月
三版二刷　2023年2月
售　　價　380元
ISBN：978-986-344-761-0

城邦讀書花園　Printed in Taiwan
www.cite.com.tw　本書如有缺頁、破損、裝訂錯誤，請寄回更換